DEUTUNG DER PLANETEN

Karen Hamaker-Zondag

DEUTUNG DER PLANETEN

Wesen und Wirken der planetarische Kräfte in Elementen, Zeichen und Kreuzen

IRIS

Die Originalausgabe erschien unter dem Titel *Wezen en Werking van de Planeten* bei Uitgeverij Schors, 1988, Amsterdam, Niederlande.
Die erste deutsche Ausgabe erfolgte 1994 im Verlag Hier & Jetzt, Bad Oldesloe.

4. Auflage 2007

Übersetzung: Christel Schanzenbach
Lektorat: Rolf Schanzenbach
Umschlaggestaltung: Studio Paul Pollmann

Gesamtherstellung: Fuldaer Verlagsanstalt GmbH, Fulda

ISBN 978-3-89060-504-3

IRIS ist ein Imprint bei Neue Erde
Neue Erde GmbH · Cecilienstr. 29 · 66111 Saarbrücken
Deutschland · Planet Erde · info@neueerde.de · www.neueerde.de

Inhalt

Vorwort

Dieses Buch ist erst nach einigem Zögern zustande gekommen. Ich wollte nicht das soundsovielste «Rezeptbuch» zur Interpretation der Planeten in den Zeichen schreiben, stellte aber bei meiner Lehrtätigkeit fest, daß viele der existierenden Astrologie-Bücher für die Praxis schlecht geeignet sind. Sie geben, für sich betrachtet, zwar durchaus zutreffende Beschreibungen, doch geschieht das in vielen Fällen auf eine Art, die jemanden, der am Hintergrund interessiert ist, nicht weiterbringt. Da steht dann beispielsweise bei dem Mond im Zeichen Widder: aggressiv und so weiter, bei der Sonne im Widder: aggressiv..., und beim Mars im Widder wieder dasselbe. Was können wir damit anfangen?

Ich habe das Problem hier sehr vereinfacht dargestellt, hoffe aber, daß deutlich ist, worum es mir geht. Es ist vollkommen richtig, daß bei all den drei Planetenpositionen Aggression und ein auf die Außenwelt gerichtetes Verhalten denkbar sind. Doch muß derjenige, der in diesem Zusammenhang mit Problemen hinsichtlich seines Gleichgewichtes zu kämpfen hat, auf eine andere Weise vorgehen, wenn es sich nicht um die Sonne, sondern um den Mond handelt, und wieder anders, wenn es um Mars geht. Es sind der Hintergrund und das Bedürfnismuster hinter der Erscheinungsform, die diese unterschiedlichen Vorgehensweisen notwendig machen. In diesem Buch habe ich mich bemüht, die Hintergründe möglichst deutlich herzuleiten und aufzuzeigen. Dadurch kann der Leser das Buch auf verschiedene Weisen benutzen:

1. Zunächst einmal tatsächlich als «Rezeptbuch». Ich hoffe aber, daß das Material nicht ohne eigene Überlegung angewendet wird. Es gibt keine hundertprozentigen, ein für alle Male gültigen «Rezepte» – alles muß immer wieder überprüft, angepaßt und weiterentwickelt werden. Ein Einblick in die Auswirkung der Planeten in den Zeichen ist allerdings unerläßlich, weil der Leser auf diese Weise etwas über seine grundsätzlichen Bedürfnisse und Antriebskräfte erfahren kann (unabhängig von Aspekten, Herrschern und anderen Faktoren, die den Ausdruck des Planetenprinzips

2. Im zweiten Anhang gebe ich in kurzer und stichwortartiger Form eine Übersicht über die Bedeutung der Planeten, der Elemente und der Kreuze. Da die Zeichen sowohl zu einem Element als auch zu einem Kreuz gehören, genügt dieses Material als Ausgangsbasis zur Kombination der astrologischen Faktoren. Der selbständig vorgehende Leser, der üben möchte, kann mithilfe der angegebenen Stichwörter versuchen, selbst zu einer Deutung zu kommen. Anhand der Beispielhoroskope in Anhang 1 kann er seine Deutung auch überprüfen. So kann dieses Werk als Übungsbuch benutzt werden. Mit zunehmender Übung kann dann hinsichtlich der verschiedenen Kombinationsfaktoren (Planeten, Elemente und Kreuze) nach einiger Zeit das «Rezeptbuch» überflüssig werden, dann nämlich, wenn man weiß, wie die Bedeutungen herzuleiten sind.

3. Um die Herleitung der Aussagen nachvollziehen zu können, ist es möglicherweise sinnvoll, zunächst das Material zur Sonne in einem Zeichen zu lesen und sich erst dann mit den anderen Planeten zu beschäftigen. So schlagen wir zwei Fliegen mit einer Klappe: Zum einen können wir sehen, wie alles logisch aufeinander aufgebaut ist und hergeleitet werden kann. Und zum anderen erhalten wir sofort Einsicht in die grundsätzlichen Eigenschaften der Zeichen, die wir bei der Deutung der anderen Planeten in diesem Zeichen heranziehen können.

4. Im ersten Anhang findet sich Übungsmaterial. An diesem kann der Leser überprüfen, wie weit er in der Lage ist, die diversen (häufig widersprüchlichen) Inhalte des Horoskops miteinander zu verknüpfen. Die kurze, aber so prägnant wie möglich gefaßte Ausarbeitung kann ihm einen Schlüssel an die Hand geben, um mit Problemen bei der Synthese der Horoskopdeutung fertigzuwerden.

Ich hoffe, daß der Leser mit diesem Buch aktiv und passiv etwas anfangen kann: durch eigene Tätigkeit sowie durch Nachlesen. Wenn dies zutrifft, hat es sein Ziel erreicht.

Dieses Buch entstand aus der Unterrichtspraxis heraus. Ohne die Rückkopplung seitens meiner Schüler, die immer wieder nach dem «Warum» fragten, wäre es nicht zustande gekommen. Ich schulde ihnen deshalb sehr viel Dank. Das gleiche gilt für meinen Mann Hans, der wie immer das Manuskript aufmerksam gelesen und zahlreiche Verbesserungen angebracht hat.

Karen Hamaker-Zondag

Kapitel 1

Die Planeten: Phasen in der Entwicklungsgeschichte der Menschheit

Zu Beginn der Entwicklung der menschlichen Art wurde die Psyche noch vom Kampf ums Dasein beherrscht. Dies äußerte sich in der Tatsache, daß der damalige Mensch hauptsächlich damit beschäftigt war, sich gegen andere Lebensformen zu verteidigen, sich Nahrung zur Aufrechterhaltung der körperlichen Leistungsfähigkeit zu suchen und sich zur Erhaltung der Art zu vermehren. Als Folge dieser biologischen Prämissen entwickelte die menschliche Psyche im Laufe der Zeit bestimmte Reaktionsweisen und Verhaltensmuster. Diese Erfahrung ist im kollektiven Unbewußten der Menschheit gelagert; sie spielt bis zum heutigen Tage eine wesentliche Rolle in der menschlichen Psyche, in Form der archetypischen Inhalte.

Die Entstehung der verschiedensten instinktiven Verhaltensmuster, gelagert in der Tiefe des Unbewußten, hat die menschliche Evolution vorangetrieben, mit der Folge, daß sich der Mensch immer weiter von den anderen Lebensformen fortentwickelt hat. Übriggeblieben sind aber – wenn auch zum Teil in modifizierter Form – fundamentale Verhaltensweisen, die auf uralten Reaktionsmustern beruhen.

Die Planeten sind die deutlichsten Symbole für bestimmte menschliche Triebfedern und Verhaltensweisen; mittels der astrologischen Untersuchung der Planeten können wir ein Bild von der möglichen Entwicklung der menschlichen Art gewinnen.

Vielleicht wird das, wofür die Planeten stehen, verständlicher, wenn wir den historischen Zusammenhang deutlich machen. In der Entwicklungsgeschichte der Menschheit spielen Sonne und Mond eine besondere Rolle. Diese sind eigentlich auch keine Planeten, auch wenn wir sie der Einfachheit halber so nennen. Die Sonne ist ein Stern, und der Mond ist ein Satellit der Erde. Die psychischen Inhalte, die die Sonne und der Mond darstellen, können wir uns am besten als zwei wichtige Teile der Psyche vorstellen: Die Sonne ist das Zentrum des Bewußtseinsfeldes und der Mond das Symbol für das Unbewußte.

Wenn die Psyche wirklich funktionieren soll, ist mehr notwendig als die bloße Existenz von Sonne und Mond beziehungsweise von bewußten und unbewußten Inhalten. Diese Inhalte werden erst dann zum Leben erweckt, wenn sie miteinander in Kontakt kommen und in Wechselwirkung zueinander treten. Erst dann können die bewußten und die unbewußten Inhalte sich gegenseitig befruchten und damit zusammenarbeiten. Erst dies ermöglicht das individuelle psychische Wachstum und die Weiterentwicklung des Menschen.

Der Planet Merkur steht für das menschliche Vermögen, Verbindungen herzustellen. Er ist die Triebkraft in unserer Psyche, die uns dazu bringt, auf eine neutrale und nicht-emotionale Art Kontakte zu schließen, Informationen zu sammeln und auszutauschen und dergleichen. Durch diesen Planeten können die bewußten und die unbewußten Inhalte der menschlichen Psyche miteinander in Verbindung kommen. In dieser Eigenschaft ist Merkur unentbehrlich für den Bewußtwerdungsprozeß. Bei aller Wichtigkeit für den innerlichen Austausch dürfen wir nicht unterschätzen, was er im Äußerlichen für uns bedeutet. Es handelt sich hier um den Planeten, der auch zwischen den Menschen den Kontakt herstellt. Durch ihn ist es dem Menschen möglich, sich in anderen gespiegelt zu sehen und dadurch sich über eigene unbewußte Inhalte klarzuwerden.*

Wir können das Gesagte wie folgt zusammenfassen:

- Sonne und Mond sind durch Merkur miteinander verbunden.
- Sonne und Mond eines Menschen werden durch Merkur mit der Sonne und dem Mond eines anderen Menschen verbunden.

Merkur ist also der Planet der Verbindung, und diese Verbindung kann auf die verschiedensten Arten zum Ausdruck gebracht werden: zum Beispiel durch die Einstellung und das Verhalten oder durch das geschriebene oder das gesprochene Wort. Merkur ist auch der Planet der Sprache als Mittel der Kommunikation und des Ausdrucks. Es ist unter anderem die Sprache, die den Menschen vom Tier unterscheidet. Das Tier übermittelt durch akustische beziehungsweise körperliche Signale Botschaften an seine Artgenossen (es sei hier nur an die komplizierte Sprache der Bienen er-

* Für weitere Informationen zum Projektionsmechanismus möchte ich auf das Buch *The I and the Not I. A Study in the Development of Consciousness* von M. E. Harding (Princeton 1973) verweisen.

innert!) – der Mensch ist in der Lage, diese Nachrichten in einem außerordentlich starken Maße zu spezifizieren: weil er die Fähigkeit zu sprechen hat. Der Planet Merkur wird durch diese Funktion im menschlichen Horoskop zu einem Symbol mit einem äußerst wichtigen Inhalt: Sowohl die Wechselwirkung zwischen dem Bewußtem und dem Unbewußtem als auch der Austausch zwischen innen und außen fällt unter diesen Begriff.

Das Denken als ein Prozeß, in dem Worte und Begriffe miteinander verbunden sind, kann sehr weit nuanciert werden; wir können die Sprache sogar als Voraussetzung für das Denken auffassen. Das Denken versetzt den Menschen in die Lage, seine Erfahrungen zu sammeln, zu verarbeiten und nach einem bereits bestehenden Erfahrungsmuster zu ordnen. Ohne Merkur könnte die menschliche Art in ihrer heutigen Form nicht überleben. Dabei ist aber anzumerken, daß der Planet Merkur gewissermaßen wertfrei oder unpersönlich ist: Wenn der primitive Mensch einmal den Schritt an die Außenwelt gemacht und Kontakte zu seinen Mitmenschen hergestellt hat, ist Merkur zwar das unentbehrliche Verbindungsglied, inhaltlich aber beeinflußt er diese Kontakte nicht. Er ist lediglich der Vermittler. Es sind die anderen Planeten (beziehungsweise psychischen Inhalte), die den Inhalt der Nachrichten bestimmen.

Der Mensch kann sich entwickeln, indem er sich verschiedene Inhalte zu eigen macht; er kann seinem Ego immer mehr Gestalt geben und lernen, sich immer besser zu behaupten. Aus einer zunächst bäuerlich geprägten Zivilisationsform nimmt der Mensch nun eine Entwicklung, in der das Individuelle von immer größerer Bedeutung ist. In der Anfangs- und vielleicht auch während der Übergangsphase war er durch Undifferenziertheit und Chaos gekennzeichnet – von Ich-Bewußtsein und von einem individualistischen Auftreten konnte nicht die Rede sein. Tierische Instinkte und menschliche Reaktionen waren schwer zu unterscheiden. Das alltägliche Dasein war beherrscht vom Kampf ums Überleben: die Jagd, die Sorge um eine «Operationsbasis» (die Zuflucht und Schutz bot und dabei auch Fluchtmöglichkeiten eröffnete) und die Betreuung der Nachkommen nahmen den damaligen Menschen vollkommen in Anspruch. Erich Neumann schreibt hierzu:

> *Die Ursprungssituation, die mythologisch als Uroboros auftritt, entspricht in der Menschheitsvorgeschichte dem psychologischen Stadium, in dem Einzelner und Gruppe, Ich und Unbewußtes, Mensch und Welt so eng verbunden waren, daß zwischen ihnen das Gesetz der «participation mystique» herrscht, das Gesetz unbewußter Identität.* *

---

* Erich Neumann: *Ursprungsgeschichte des Bewußtseins.* Frankfurt/M. 1984 (Fischer TB), S. 214.

Participation mystique bedeutet, daß das Individuum noch keinen Unterschied zwischen sich und der Gruppe macht; alles, was ihm angetan wird, geschieht der Gruppe in ihrer Gesamtheit. Das Individuum ist von seinem Gefühl her Teil aller Erscheinungen um es herum; es lebt mit der Natur und projiziert alle Hoffnungen und Ängste auf sie. Der Mensch dieser Urzeit sieht Baumgeister und hat – unter anderem – Kontakt zu den Geistern seiner Ahnen. In seinen Augen lebt alles, alles hat eine Seele, und er hat Anteil an diesem ganzen unsichtbaren Leben und muß es auf alle möglichen und unmöglichen Arten in seinem Leben berücksichtigen. Psychologisch gesehen projiziert er alle Inhalte seines Unbewußten auf das, was außerhalb von ihm ist. Er ist abhängig von den Mächten, die er außerhalb von sich selbst erlebt, welche jedoch in Wirklichkeit Widerspiegelungen seines eigenen Unbewußten sind. In diesem Zusammenhang bemerkt Erich Neumann:

> *Diese Exteriorisiertheit eines Inhaltes ist etwas Ursprüngliches, sie besagt, daß der Inhalt erst in einem späten Bewußtseinszustand als zur Psyche gehörig erkannt wird... Die Bildung und Entwicklung der menschlichen Persönlichkeit besteht weitgehend darin, daß derartige exteriorisierte Inhalte «nach innen» genommen werden.* *

Und weiter:

> *Die Menschheitsgeschichte lehrt uns, daß am Anfang das Individuum noch nicht als selbständige Einheit vorhanden war, sondern daß die Gruppenpsyche dominierte und ein sich Selbständigmachen des Einzel-Ich nicht erlaubte. Wir erkennen diesen Zustand auf allen Gebieten des sozialen und kulturellen Lebens, überall steht an seinem Beginn die Anonymität des Kollektivs... Diese ursprüngliche Gruppeneinheit besagt natürlich nicht, daß hier eine objektive Gruppenpsyche jenseits der Träger existiert, auch sind fraglos von Anfang an individuelle Unterschiede der Gruppenglieder vorhanden und gewisse Selbständigkeitsbezirke dem Einzelnen erlaubt gewesen, aber trotzdem besteht im Ursprungszustand eine weitgehende Integration des Einzelnen durch die Gruppe.* **

Wir müssen das Individuum als ein Organ innerhalb eines selbständig funktionierenden Körpers ansehen – also nicht als etwas, was frei und isoliert für sich zu betrachten wäre. Die Gruppe hat das Individuum sehr stark im Griff, so daß sich das Ego nur unter Schwierigkeiten gegenüber der Tyrannei der Gemeinschaft zeigen kann.

---

* Neumann, a. a. O., S. 219.

** Neumann, a. a. O., S. 215/16.

*Wenn die Forschung auch bereits bei den Primitiven Konflikte des Individuums mit der Gruppe nachzuweisen vermag, so ist es doch sicher, daß die Individualität, je weiter wir in der Menschheitsgeschichte zurückgehen, immer seltener wird und immer unentwickelter ist.**

Es war für den Menschen zunächst am sichersten, sich in einer Gruppe zu befinden. In der Natur bestanden viele Gefahren, und durch das Auftreten im Gruppenverband (zum Beispiel während der Jagd) gab es weniger Risiken für den Einzelnen. Diese sozialen Bindungen stärkten den Mensch in Hinsicht auf die ihm feindliche Umgebung, sie gaben Hilfe und Sicherheit.

Wie können wir diese Ausführungen nun mit den Planeten in Übereinstimmung bringen? Wir wissen, daß wir Planeten als psychische Energien betrachten können. Das beinhaltet allerdings, daß sich diese Energien auf die eine oder andere Art und Weise in unserer Psyche miteinander verbunden haben müssen, um als psychische Inhalte wirken zu können. Im Laufe der vielen, vielen Generationen seiner Geschichte hat der Mensch allmählich bestimmte Verhaltensweisen und Reaktionsmuster zur Erhaltung seiner Art entwickelt. Diese Muster sind so tief im menschlichen Geist verankert, daß sie schließlich vererbt wurden – ähnlich der Tatsache, daß den Tieren ihre Instinkte angeboren sind. Auf instinktive Weise sucht der Mensch bestimmte Situationen und Lösungswege, weil er «weiß», daß diese für seine Art die besten sind. Dieses «Wissen» hat nichts mit dem Bewußtsein zu tun – es ist die Fortsetzung des angeborenen (kollektiven) Verhaltensmusters. Im Lauf der menschlichen Evolution haben sich eine Menge verschiedener Muster herausgebildet, Erfahrungen, die im kollektiven Unbewußten der Menschheit gelagert sind, welche die menschliche Art zu dem macht, was sie ist.

*Diese vererbten, unbewußten Verhaltensmuster stellen die Antriebskräfte des heutigen menschlichen Verhaltens dar. In der astrologischen Fachsprache werden sie von den Planeten symbolisiert.***

Wir sehen also, daß die Sonne und der Mond nicht für sich allein funktionieren können. Merkur ist das Bindeglied, das die Sonne und den Mond beziehungsweise die bewußten und die unbewußten Inhalte zu einer dynamisch funktionierenden Entität werden läßt. Merkur ist jedoch gleichzeitig auch das Verbindungsglied zwischen den verschiedenen psychischen Entitäten. Durch ihn kommen Individuen miteinander in Kontakt, was zu

---

* Neumann, a. a. O., S. 216.

** Karen M. Hamaker-Zondag: *Psyche en astrologisch Symbool.* Amsterdam 1978, S. 157.

Beginn der menschlichen Geschichte zur Gruppenbildung mit dem unbewußten, biologischen orientierten Ziel Sicherheit geführt hatte. Diese Gruppenbildung als soziale Erscheinung, das Bedürfnis nach Sicherheit, wird durch den Planeten Venus wiedergegeben. Jeder hat den Planeten Venus in seinem Horoskop. In jedem Menschen ist auch das Urmuster dieses Planeten, der archetypische psychische Inhalt, präsent. Nur: Wie sich dieser Inhalt individuell äußert, ist von Mensch zu Mensch – gemäß der Struktur des Horoskops – verschieden.

In den oben erwähnten Gemeinschaften kam es schnell zur Ausbildung von Arbeitsverbänden und Freundschaften, wobei es sich um abgeleitete Inhalte des Planeten Venus handelte. Im weiteren Verlauf wandelte sich die Bedeutung der Venus, von einem aus dem Sicherheitsbedürfnis resultierenden Zusammenschluß von einer Anzahl von Menschen hin auf die Beziehung zu einem einzigen Menschen, aufgrund von einer anderen Art von Sicherheit. Sicherheit im äußerlichen Sinn spielte nun keine große Rolle mehr, weil der Mensch seine Umgebung zu beherrschen gelernt hatte. Effektivere Jagd- und Anbaumethoden erhöhten seine Überlebenschancen. Die Suche nach Sicherheit richtete sich nun auf subtilere Werte, namentlich solcher des Gefühls. Die Venus entwickelte sich damit zum Planeten der Liebe, wobei wir in der Liebe noch die Ableitung des Urmusters erkennen können, welche auf der Suche nach Sicherheit basiert. Aber auch heute noch gibt es Völker auf dieser Erde, bei denen nicht Verliebtheit Ausgangspunkt für die Heirat ist, sondern das Moment der Sicherheit sowie die Einbettung in Gruppen- oder Stammeszusammenhänge.*

Es hat zunächst den Anschein, als ob dies beim modernen Menschen nicht mehr zutrifft – wozu zu sagen ist, daß der Schein nicht selten trügt. Zwar hat sich dieser psychische Inhalt weiterentwickelt und ausdifferenziert, nichtsdestoweniger aber sind doch die elementarsten und ursprünglichsten Äußerungen im menschlichen Charakter erhalten geblieben. Diese Äußerungen tauchen immer wieder auf, was sich am besten in Zeiten von persönlichen oder gesellschaftlichen Krisen beobachten läßt. Überhaupt müssen wir nur einmal den Blick auf unsere Umgebung richten, um zu erkennen, wie stark die nicht-individuellen Gruppenwerte noch sind. Sie beeinflussen uns in einem stärkeren Ausmaß, als uns das lieb ist.

Der Einfluß der Gruppe auf das Individuum ist zunächst einmal sehr groß. Jeder Mensch hat aber Charakterzüge, die nicht in Übereinstimmung zu dem allgemein akzeptierten Verhaltenskodex der Gruppe stehen,

* Vgl. hierzu Prof. Dr. J. H. van den Berg: *Metabletica of Leer der Veranderingen. Beginselen van een historische psychologie.* Nijkerk 1970, S. 117.

was – ohne daß es ihm bewußt sein muß – zu Konfliktsituationen führen kann. In gewisser Weise ist es so, als wollte sich etwas Innerliches bemerkbar machen, um ihn als Individuum hervortreten zu lassen.

Das Individuum, beschäftigt mit der Entwicklung der eigenen Identität, erreicht irgendwann in der Geschichte seines Bewußtseins einen Punkt, an dem es sich nicht länger damit zufrieden gibt zu sagen: »Da ist etwas, was mich treibt...«, oder: »Ich fühle den Zwang zu ...«. An diesem Punkt sagt es deutlich vernehmbar: »Ich will.« Dies ist der erste Schritt auf dem Wege zur Formung eines bewußten Egos und der Beginn der Lösung von der Gruppe und ihrem Geist. Dieses Hervortreten des Ichs ist in der Astrologie durch den Planeten Mars symbolisiert. Mars ist der Planet, der den Menschen dazu bringt, »Ich« zu sagen, in dem Sinne, daß er sich selbst in den Vordergrund bringt, sich losgelöst von den anderen sieht und vehement gegen die Kräfte und Mächte angeht, die sein Ich bedrohen.

Häufig bildet das Erleben des eigenen Körpers die erste Ausdrucksform der Individualität: Zwischen dem Körper und dem Individuum besteht eine magische Beziehung. Erich Neumann schreibt hierzu:

> *Die magische Beziehung zum Körper ist ein wesentlicher Zug der Zentroversion, die Liebe zum eigenen Körper, seine Schmückung und Sakralisierung das primitivste Stadium der Selbstgestaltung. Dies zeigt sich z. B. in der weiten Verbreitung der Tätowierung bei den Primitiven und darin, daß die nicht kollektiv-einheitliche, sondern individuelle Tätowierung eine der frühesten Ausdrucksformen der Individualität ist... Die damit zusammenhängende Tendenz, individuelle Eigenschaften zu «verkörpern» und auf dem Körper zu zeigen, wirkt noch bis in die Gegenwart, sie reicht von Tracht und Mode bis zum Orden, und von der Krone bis zum Uniformknopf.* *

Die *Zentroversion*, die angeborene Neigung einer Entität, ihre Teile zu strukturieren und ihre Verschiedenheit zu einer Synthese zu bringen, hat im Laufe der Geschichte dazu geführt, daß sich aus den unbewußten Inhalten sehr langsam ein Ego als Zentrum des Bewußtsein herausbildete.**

Die Energie, wie sie durch Mars symbolisiert ist, stellt in diesem Prozeß ein unverzichtbares Verbindungsglied dar. Die enorme Bedeutung der körperlichen Sphäre ist jedoch eine Bedrohung für das sich entfaltende Ego, aufgrund der Tatsache, daß immer noch eine Abhängigkeit von biologischen Werten gegeben war.

---

* Neumann, a. a. O., S. 246.

** Zum Begriff der Zentroversion siehe Neumann, a. a. O., S. 230/31.

Neben der rein körperlichen Loslösung von der Gruppe entsteht eine andere Form der Trennung. In dem Maße, in dem der Mensch zu immer größerer Selbständigkeit gelangt, beginnt er, bewußte Aktivität zu entfalten; seine Kreativität bildet sich heraus, was für die Entwicklung der Menschheit ein großer Schritt vorwärts ist. Dieser Prozeß stellte jedoch für die Gruppe eine Bedrohung dar und insofern auch für die Sicherheit des Individuums und der menschlichen Art in ihrer Gesamtheit. Im Menschen mußte ein Gleichgewicht gefunden werden zwischen den Bedürfnissen nach Gemeinschaft und der Ausbildung einer gruppenunabhängigen eigenen Identität. Der Glaube beziehungsweise die Religion ist hier von großem Nutzen gewesen. Die Rituale, Opferhandlungen, Initiationsriten und andere Zeremonien gaben der Gruppe ein Gefühl der Verbundenheit, welches sich weit über das Individuelle hinaus erstreckte und – zunächst jedenfalls – nicht infragegestellt werden konnte. Astrologisch könnten wir sagen, daß die Dualität zwischen Venus und Mars im Individuum durch den Inhalt des Planeten Jupiter in gesellschaftlich konstruktive Gleise gelenkt wurde. Jupiter steht für die Erweiterung des menschlichen Seins, für die Suche nach dem Religiösen, dem Höheren sowie dem, was hinter den Erscheinungen liegt, der übergeordneten Einheit mit dem größeren Ganzen. In der Entwicklung der Menschheit, vor allen Dingen aber bei der Entwicklung des Bewußtseins, begannen nun Transformationsprozesse eine Rolle zu spielen: Instinktive Impulse und Mechanismen wurden jetzt dem modifizierenden Einfluß moralischer, sozialer und religiöser Faktoren unterworfen.*

> *Die Ich- und Bewußtseinsentwicklung erfolgt parallel zu einer Tendenz, sich vom Körper unabhängig zu machen. Diese Tendenz wird in der erd-, körper- und weibfeindlichen männlichen Askese augenfällig und wird in jedem Einweihungsritus der Jünglinge rituell praktiziert. All diese Prüfungen bestehen in einer Stärkung der Ichfestigkeit, des Willens und der «oberen» Männlichkeit und etablieren die Erfahrung des Ich und des Bewußtseins, sich als körperüberlegen zu fühlen.***

Diese Rituale waren begleitet vom Aufkommen der Geheimlehren und ähnlichem, wodurch eine Atmosphäre entstand, die vom Höherem, vom Metaphysischen, vom Geistigen oder auch Kosmischen geprägt war. Die Einweihung in diese Art von Wissen war wichtiger als das Bedürfnis nach Sicherheit, wie es durch die Venus widerspiegelt wird. Zunächst war es

---

* Vgl. Hamaker-Zondag: *Psyche*. A. a. O., S. 180.

** Neumann, a. a. O., S. 249.

nur die Venus gewesen, die für Werte und Normen wie zum Beispiel den Umgangsformen innerhalb der Gruppe, den sozialen Beziehungen und anderem mehr gestanden hatte (allerdings immer aus dem Blickwinkel der Sicherheit heraus). Dadurch, daß nun Jupiter dazukam (die geistigen und religiösen Bedürfnisse des Menschen), eröffnete sich eine neue Dimension. Auf diese Art erhielten die gesellschaftlichen Werte und Normen einen starken religiösen Einschlag. Der Glaube und die mit diesem verbundenen Dogmen, Rituale, Verbote und Verhaltensvorschriften waren die wichtigsten Faktoren bei der Kanalisierung der aggressiven Triebe des Planeten Mars.*

Die Aufsplitterung der Psyche des Menschen in ein Bewußtsein und ein Unbewußtes ist zur Tatsache geworden. Nicht zu leugnen ist, daß das Unbewußte auch heute noch eine große Rolle spielt. Das Ego hat sich aber aus dem Schoß der «Großen Mutter», dem Unbewußten, befreit und sich zu ständig größerer Selbständigkeit entwickelt. Die Kraft des Willens und der Drang, das eigene Wesen zu beherrschen, sind wichtige Instrumente gewesen, den instinktiven Triebkräften die Stirn zu bieten.

Der Mensch empfindet sich heute nicht mehr als eins mit dem, was ihn umgibt; er erfährt sich sehr stark als ein abgegrenztes Ganzes, das zwar vielleicht Teil von irgend etwas ist, aber doch vor allem für sich allein und isoliert steht. Er untersucht alles, was seinen Weg kreuzt, mit seinem Bewußtsein. Analyse und das Vermögen zur Differenzierung sind die Mittel, derer sich das bewußte Ego bedient, um die immense Menge an Tatsachen, Wahrnehmungen und Erfahrungen in der Welt zu erfassen. Das Individuum fühlt sich von der äußeren Welt isoliert, und in ihm ringen die verschiedensten Triebe um den Vorrang: das Bedürfnis, sich an die erste Stelle zu setzen (Mars), das Bedürfnis nach Sicherheit (Venus) und der Trieb nach Erkenntnis und nach religiösen und geistlichen Werten (Jupiter). Die Erfahrung von Freud und Leid in Zusammenhang mit diesem innerlichen und äußerlichen Kampf bewirkt, daß sich das Bewußtsein entfaltet. **

Für sich allein und isoliert konnte der Mensch sich nur behaupten, indem er immer wieder Entscheidungen traf – Entscheidungen im Hinblick auf die Bedürfnisse, die er in sich selbst fühlte, sowie im Hinblick auf den Kampf zwischen Innen- und Außenwelt. Nicht zufällig wird Saturn, welcher den Bewußtwerdungsprozeß aufgrund von Entscheidungen und Erkenntnissen widerspiegelt, auch der Planet der schmerzhaften Erfahrungen genannt.

---

* Vgl. hierzu Hamaker-Zondag: *Psyche.* A. a. O., S. 181.

* Vgl. hierzu Hamaker-Zondag: *Psyche.* A. a. O., S. 184.

Durch die Erfahrungen, die der Prozeß der Bewußtwerdung beziehungsweise Saturn mit sich gebracht hat, lernte der Mensch, nicht länger den Ahnen, Waldgeistern oder wem auch immer die Schuld an seinen Mißerfolgen zu geben. Er erkannte stattdessen, daß er diese selbst verursachte. Er lernte zu sehen, daß es ein Gesetz von Ursache und Wirkung gibt, er lernte es zu verstehen und damit umzugehen. Auf diese Art kam es dazu, daß er selbst Verantwortung übernahm und ein damit zusammenhängendes innerliches Moralempfinden entwickelte. Der heutige Mensch hat erkannt, daß er selbst – bis zu einem gewissen Grad jedenfalls – sein Schicksal gestalten kann; er ist nicht abhängig von diesen oder jenen äußeren Kräften.

Das menschliche Bewußtsein hat also verschiedene Phasen durchlaufen. Der primitive Mensch führte ein Gruppendasein, um seine Existenz zu sichern, und er lebte in einer mythologischen und magischen Welt. Aufgrund seiner Triebstruktur fühlte er sowohl das Bedürfnis, in der Gruppe zu bleiben als auch das nach Unabhängigkeit von ihr. Dies weckte einen neuen Trieb: den Drang nach geistlichem und religiösem Erleben. Die Funktion von Jupiter konnte die Polarität von Venus und Mars auf einer höheren Ebene überbrücken. Nun aber zwang der Konflikt zwischen Venus, Mars und Jupiter den Menschen dazu, immer wieder Entscheidungen zu treffen (Saturn). Dies charakterisiert den Menschen, wie wir ihn kennen: abwägend, entscheidend, handelnd und durchdrungen von der Erkenntnis, daß er verantwortlich für seine Handlungen ist.

Wir können den Entwicklungsprozeß auch auf eine andere Art betrachten. Die drei grundsätzlichen Faktoren, die das menschliche Leben bestimmen, sind:

1. Die Welt als «Außenwelt» mit allem, was sich in dieser abspielt, die unabhängig vom Individuum existiert, an der es keinen Anteil hat und die sich seinem Einfluß entzieht,
2. die Gemeinschaft als der Bereich der zwischenmenschlichen Beziehungen, und
3. die Psyche als die Welt des innerlichen menschlichen Erlebens.

Der Mensch muß sich mit allen diesen «Welten» auseinandersetzen. Seine individuelle Entwicklung hängt davon ab, auf welche Art er dies tut.

Für den Menschen der Frühzeit waren alle Welten mehr oder weniger miteinander verbunden, weil er an allen dreien unbewußt teilhatte – was wir weiter oben mit dem Begriff der *participation mystique* bezeichneten. Während seiner Entwicklung zum Individuum wurde die Außenwelt weniger wichtig, weniger bedrohlich. Der primitive Mensch projizierte seine unbewußten Inhalte in all das, was sich um ihn herum abspielte. Je weiter seine Entwicklung fortschritt, desto weniger tat er dies. Der Mensch begann nun, seine unbewußten Inhalte auf die Menschen um ihn herum zu projizieren. Er war sich dabei zunächst nicht bewußt, daß er dies tat. Tief in seinem Unbewußten verankerte Vorstellungen wurden nun auf konkrete lebende Personen übertragen. Das angeborene Frauenbild (anima) beispielsweise projizierte der Mann auf seine Frau.

Auch in unserer modernen Zeit spielt die Projektion von unbewußten Inhalten auf andere Personen immer noch eine wichtige Rolle. Allerdings hat sich hier etwas anderes dazugesellt. Mit dem Emporkommen der Tiefenpsychologie ist die Erkenntnis gewachsen, daß alle Eigenschaften, die wir anderen Personen zuschreiben, in Wirklichkeit Spiegelbilder unserer eigenen unbewußten Inhalte sind. Es ist unsere eigene Psyche, die sich in der Welt außerhalb von uns, in Menschen und in Objekten, spiegelt. Dieser Spiegelungsprozeß ermöglicht es dem Menschen zu erkennen, was sich unbewußt in ihm abspielt. Das bedeutet für seine Erfahrungen eine neue Dimension: Er hat nun damit begonnen, das, was er bislang außerhalb von sich gesehen hat, wieder in sich aufzunehmen, also dorthin zu stellen, wo es herkommt und wo es hingehört.

Im Entwicklungsprozeß des Bewußtseins – in seinen verschiedenen Stadien astrologisch durch die Planeten symbolisiert – differenzieren und verfeinern sich die Reaktionsmuster aufgrund der ständig wachsenden Erkenntnisse des Menschen. Auch wir sind intensiv damit beschäftigt, unsere Reaktionsmuster weiterzuentwickeln und unser Bewußtsein weiter auszubilden.

Venus beispielsweise war ursprünglich das Prinzip im Menschen, das ihn mit seiner Umwelt verband. Die Hilfsbereitschaft und die Liebe der Venus erstreckten sich nicht nur auf das Greifbare, sondern auch auf alle imaginären Geister, bis hin zu den Ahnen und anderem mehr. Dies alles war Teil seiner Außenwelt – auch die Dinge, an denen er nicht direkt Anteil hatte und die sich seinem Zugriff entzogen.

Später gingen die Liebe und die Hilfsbereitschaft als Folge des Sicherheitsbedürfnisses auf die Gruppe über, und noch später richteten sie sich auf eine einzelne Person aus der Gemeinschaft. Damit wurde, in abstrakter Sicht, die Venus zur Triebfeder der Liebe – Liebe zu sich selbst, zum Besitztum, zum Luxus und zum Überfluß und so weiter. Die Evolution des menschlichen Bewußtseins zeigt uns, daß hier eine Verfeinerung stattgefunden hat. Wir können aus ihr die Erkenntnis gewinnen, daß die Suche nach Sicherheit, Geborgenheit und Liebe im Äußerlichen wenig sinnvoll ist. Es kommt darauf an, daß wir diese Eigenschaften in uns selbst entwickeln. Wenn uns dies gelungen ist, werden wir die Abhängigkeit von äußerlichen Faktoren überwunden haben. Bringen wir das, was wir außerhalb von uns suchen, in uns selbst zur Entwicklung, können wir wahre Harmonie finden. Die Einsicht in die Art und Weise, wie sich das Bewußtsein weiterentwickelt und wie es um das Verhältnis zwischen Innerem und Äußerem bestellt ist, versetzt den Menschen in die Lage, seine Inhalte auf diesem Gebiet weiter zu verfeinern und damit weiter zu wachsen – auch um den Preis von «Wachstumsschmerzen».

Die älteren Planeteninhalte bleiben aber auch dann, wenn sich neue Entwicklungen ergeben, im Menschen bestehen. Gerade in Krisenzeiten – gesellschaftlicher oder persönlicher Art – machen sich diese elementaren Formen bemerkbar. Sie bringen uns dann entweder aus den Schwierigkeiten heraus oder verstricken uns noch tiefer in diese – in Abhängigkeit von den Umständen sowie der Form, in der sich die Ereignisse manifestieren.

Die Planeten bis einschließlich Saturn stellen die Entwicklung dar, die der Mensch bis heute durchgemacht hat, bis hin zum an die Gesellschaft angepaßten Individuum, das gelernt hat, seine Triebe weitgehend zu beherrschen. Der heutige Mensch ist dazu fähig, in der Gesellschaft zu leben und Verantwortung zu übernehmen.

Bis weit in das 18. Jahrhundert hinein kannte man nur die Planeten bis einschließlich Saturn. Die Evolution – wie sie durch die sieben klassischen Planeten dargestellt ist – brachte den Menschen dazu, sich zu einem mehr oder weniger sozial angepaßten Individuum zu entwickeln. Aufgrund der immer weiter fortschreitenden Anpassung und Differenzierung der psychischen Inhalte war er fähig, in der ständig größer werdenden Gesellschaft zu funktionieren. Dies war der Stand der Dinge, als am Ende des 18. Jahrhunderts Uranus entdeckt wurde, und verhältnismäßig kurz darauf auch Neptun und Pluto. Dem Menschen erschlossen sich damit neue Dimensionen; neue Inhalte stiegen aus seinem Unbewußten auf. Die Evolution der Menschheit ist aber auch heute noch in vollem Gange. Es ist nicht ausgeschlossen, daß noch weitere Planeten entdeckt werden, was dann wieder einhergehen würde mit dem Auftauchen neuer Inhalte aus dem Unbewußten, wodurch wieder neue Dimensionen des Geistes für das Bewußtsein entschlüsselt werden könnten. Inhalte, wie sie durch die letzten drei Planeten – die Transsaturnier – widergespiegelt werden, erscheinen allerdings nicht plötzlich als etwas Fremdes aus dem Nichts. Als Differenzierung anderer Inhalte sind sie seit dem Entstehen der Menschheit immer präsent gewesen und schließlich, zu einem bestimmten Punkt der Entwicklung, zum Vorschein gekommen.

Die neu entdeckten Planeten sind also erst seit verhältnismäßig kurzer Zeit in der Geschichte des Menschen vorhanden. Ihre Inhalte entziehen sich denn auch noch weitgehend dem menschlichen Willen und Bewußtsein. Wir sind noch dabei zu lernen, wie diese Planeten wirken, was sie bedeuten und was wir mit ihnen tun können. Natürlich haben wir ihre Wirkung bis zu einem gewissen Grad aus der Geschichte sowie aus dem Studium von Horoskopen mit signifikanten Stellungen dieser Planeten ableiten können. Allerdings bedeutet das nicht, daß uns diese Inhalte damit auch schon griffbereit zur Verfügung stehen. Auf die gleiche Weise, wie der primitive Mensch über Generationen hinweg Venus nur im Rahmen seines Bedürfnisses nach Sicherheit zum Ausdruck bringen konnte, drückt der heutige Mensch alle Manifestationen der transsaturnischen Planeten auf triebhafte Weise aus – sowohl in ihren schwierigsten als auch in ihren schönsten Formen. Es handelt sich eben um *unpersönliche* Planeten. Zu unserer Zeit kam es hier zur Ausformung der instinktiven Verhaltensmuster. Die uns nachfolgenden Generationen werden auf diesen aufbauen.

Die Deutung dieser Planeten im Horoskop beruht insofern nicht, wie das bei den anderen Planeten der Fall ist, auf Erfahrung aus vielen, vielen Jahrhunderten. Es handelt sich hierbei um neue Formen, neue (oder auch erneuernde) psychische Inhalte, die von der Astrologie eine Anpassung verlangen. Diese Anpassung gibt der Astrologie die Möglichkeit, sich weiterzuentwickeln. Die Astrologie sollte nicht als «statisch», als alt oder auch als überlebt angesehen werden, sondern als ein dynamisches und wachsendes Feld von Kenntnissen, das sich analog zur psychischen Evolution der Menschheit weiterentwickeln muß.

Die Abgrenzung des Egos, wie sie durch Saturn symbolisiert wird, kann sowohl auf eine harmonische als auch auf eine unharmonische Weise verlaufen. Einer der wichtigsten Mechanismen zur Stärkung des Egos ist das «Nach-innen-Holen» von äußeren Inhalten, worüber wir bereits gesprochen haben. In der Psychologie wird dieser Vorgang des «Nach-innen-Holens» auch *Introjektion* genannt. Mit dem Auftauchen von tiefen und umfassenden Inhalten im menschlichen Bewußtsein (widergespiegelt durch die Entdeckung der Planeten Uranus, Neptun und Pluto) kann der saturnische Bewußtwerdungsprozeß dem überpersönlichen Platz machen. Der Mensch erfährt diese überpersönlichen Kräfte zunächst in der Außenwelt. Erst später erkennt cr, daß sie Teile seiner eigenen Psyche sind, womit es zur Aufnahme und Assimilation dieser Inhalte kommen kann. Bei einer harmonischen Entwicklung muß dieser Prozeß kein Anlaß zu Schwierigkeiten sein; er kann das Ego und die Psyche außerordentlich bereichern. In vielen Fällen aber, in denen die Entwicklung des Egos auf keine harmonische Weise vor sich geht, wird der Assimilationsprozeß mit nicht zu unterschätzenden Problemen behaftet sein. Diese Schwierigkeiten stellen im Grunde den Kern der Probleme unserer heutigen Zeit dar.

Der Mensch stützt sich in dem Prozeß der Entwicklung seines Bewußtseins auf Analyse und Logik. Er bedient sich eines immer weiter ausgebildeten Differenzierungsvermögens, um seine Welt zu verstehen. Dies kann der Anlaß sein für eine Entfremdung zwischen Bewußtsein und Unbewußtem und der Psyche in ihrer Gesamtheit schaden. Von Natur aus sind Bewußtsein und Unbewußtes Faktoren, die einander bereichern. Durch ihre Interaktion kann der Mensch auf harmonische Weise wachsen. Ist die Entfremdung zwischen diesen beiden Systemen zu groß, trocknet der Brunnen des Bewußtseins gewissermaßen aus. Das Unbewußte kann sich dann nicht mehr äußern, es wird nicht mehr verstanden oder seine Bilder und Symbole vom Bewußtsein negiert. Warnende Träume werden dann beispielsweise entweder falsch ausgelegt oder verdrängt.

Sobald sich das Individuum vollständig zurückzieht in die Welt des Bewußtseins und sich dadurch von der Welt des Unbewußten (aus der das Bewußtsein entstanden ist) abschottet, verliert es die Möglichkeit, sich auf eine harmonische Weise weiterzuentwickeln. Es ist also ohne weiteres denkbar, daß dem Bewußtsein zuviel Raum gegeben wird. Zwei Reaktionen können hier die Folge sein: Entweder kommt es zur Ausbildung einer Neurose, bei der sich zum Beispiel Zwangshandlungen und Ängste aus dem Unbewußten sehr störend auf das Alltagsleben auswirken, oder es entwickelt sich eine Art Besessenheit. Bei dieser saugt das Ego gewissermaßen spirituelle Inhalte auf, die auf Archetypen beruhen, ohne daß es diese wirklich assimiliert. Dadurch verliert es den Boden unter den Füßen. Letzteres fällt meistens zusammen mit dem Kontaktverlust zur «weiblichen» Seite des Lebens, mit der Folge, daß die Emotionen und Gefühle unterdrückt werden. Das Individuum geht hier mit den überpersönlichen Kräften um, als ob diese nichts anderes als ein kleiner Teil des Egos seien, und verkennt dabei, daß sie viel mehr als das sind. So werden diese Inhalte ins Unbewußte verbannt, von wo aus sie dann störend zu wirken beginnen. Erich Neumann beschreibt dies wie folgt:

*Diese Abspaltung vom Unbewußten führt auf der einen Seite zu einem sinn-entleerten Ichleben, andererseits aber zu einer Belebung der nun destruktiv werdenden Tiefenschicht, welche die selbstherrliche Welt des Ich und des Bewußtseins in transpersonalen Ausbrüchen, Kollektivepidemien und Massenerkrankungen zerstört. Denn die Störung der Kompensationsbeziehung von Bewußtsein und Unbewußtem beim Einzelnen ist kein gleichgültiges Phänomen.**

* Neumann, a. a. O., S. 310.

Die transsaturnischen Planeten Uranus, Neptun und Pluto symbolisieren die neuen, überpersönlichen Inhalte der Psyche, die der Mensch in sein Bewußtsein integrieren muß. Es ist davon auszugehen, daß sich dieser Prozeß über viele Generationen hinziehen wird. Abermals steht der Mensch am Scheideweg. In der Frühgeschichte gewann er die Erkenntnis, daß er innerhalb der Gruppe eine separate Einheit war – eine Erkenntnis, die für sein Sicherheitsbedürfnis eine Bedrohung darstellte. Es ging um die Frage, wer er wirklich war. Durch seine widersprüchlichen Triebe sowie durch den Kampf um seinen Platz in der Gruppe entwickelte sich das Ego, und er entdeckte das Gesetz von Ursache und Wirkung. Später ergab sich eine neue Krise: Er war für das, was er tat, verantwortlich, was es notwendig machte, seine Grenzen kennenzulernen. Bei jedem falschen Schritt konnte er durch die unbewußten Inhalte überwältigt werden, was die Vernichtung des gerade erst mühsam strukturierten Egos bedeutet hätte, welches soeben aus dem Ozean des Unbewußten aufgestiegen war. Aber der Mensch ließ sich nicht beirren, und schließlich war er an einem Punkt angelangt, an dem er alles im Griff zu haben glaubte.

Dann aber kam es erneut zu einer kritischen Periode – einer Periode, die wohl immer noch andauert. Die Spaltung zwischen dem Nährboden und der äußerlichen Form, zwischen dem Unbewußtem und dem Bewußtsein droht in unseren Tagen zu groß zu werden. Aufs neue läuft der Mensch Gefahr, durch Gegenreaktionen des Unbewußten aufgesogen zu werden – durch die psychischen Inhalte, für die die neuentdeckten Planeten stehen. Die immer weiter fortgetriebene Ausdifferenzierung des Egos hat zu einer Art Zersplitterung des Individuums geführt, mit der Begleiterscheinung, daß jedes Gefühl der Einheit verloren gegangen ist. Auch die Gruppenzusammenhänge sind heute in unserer westlichen Gesellschaft völlig andere als früher. Heutzutage ist zwar noch die Rede von Massen, allerdings ohne jeglichen emotionalen Zusammenhang zwischen den einzelnen. Alte archetypische Zusammenhänge bestehen nicht länger, und der Mensch kann nun zur Beute der vermeintlich übermächtigen Inhalte werden, die ihn von seinem Unbewußten her angreifen. Wir sind nicht mehr besessen von etwas wie beispielsweise einem Gott, einem König oder dem Vaterland – in unserer Zeit kämpfen wir für abstraktere Begriffe wie «Arbeit», «Geld» oder «Macht». Im Dienst dieser überpersönlichen Faktoren sind wir ebensowenig Individuen, wie zu früheren Zeitpunkten, als wir noch bereit gewesen waren, uns für unsere Gottheit zu opfern.

Das zu stark entwickelte Bewußtsein mit seiner Überbetonung des Denkens und des Abstrakten, mit seiner Verherrlichung der Logik unter Ausblendung des Gefühls und der Symbole trägt ebensosehr zur Zersplitterung der Persönlichkeit bei wie zum Beispiel ein übermäßiges Machtstreben. Wir können heute immer wieder sehen, welche großen Menschenmengen unter einem Schlagwort auf die Beine gebracht werden können – ob es sich dabei nun um Geld, Politik, Macht oder um welchen «-ismus» auch immer handelt. Der in eine neue Art von Kollektivismus zurückgefallene moderne Mensch hat nicht nur weitgehend seine Individualität verloren – er bedroht durch sein Auftreten in der Masse auch die der anderen. Es ist das Kollektive, das Nicht-Individuelle und auf die Masse Ausgerichtete, das auf irgendeine Art ungreifbar ist, was in den neu entdeckten Planeten so stark zum Ausdruck kommt. In diesem Zusammenhang sind äußerst destruktive Entwicklungen möglich. Werden diese Kräfte jedoch durch ein positiv entwickeltes Ego aufgefangen, können die schönsten überpersönlichen Werte und Inhalte dieser Planeten zum Ausdruck kommen: die Fähigkeit zum Mitfühlen, zum Denken und Empfinden. Diese psychischen Kräfte und Einsichten führen dann vielleicht zu einem nicht für möglich gehaltenen Aufschwung.

Wenn wir die Planeten im Licht der Evolution des Menschen und seines Bewußtseins sehen, wird deutlich, daß sie bei jedem von uns tiefe und archetypische Inhalte symbolisieren. Ihr Inhalt gewinnt durch diese Betrachtungsweise an Verständlichkeit und Deutlichkeit. Wenn wir in manchen Büchern lesen, daß die Planeten bestimmte «Prinzipien» oder «Energien» verkörpern, erhebt sich die Frage: »Warum ist dies gerade so und nicht anders?« Diese Frage wird im Licht der historischen Betrachtung des menschlichen Bewußtseins beantwortet. Die Planeten spiegeln am Himmel die immer und immer wieder gegangenen «Pfade» der menschlichen Psyche wider; sie stellen die Erfahrungen der Menschheit dar, die als archetypische Formen in jedem von uns präsent sind und die uns erst zum Menschen machen. Aber jeder Mensch verleiht diesen Inhalten auf seine ganz persönliche Art Gestalt, und das ist der Grund dafür, daß diese auf so unterschiedliche Weise zum Ausdruck kommen.

Für die primitivsten sowie die am weitesten entwickelten Inhalte gilt: Sie sind in unserem Bewußtsein gelagert als instinktive Reaktionsmuster. Sie können sich jederzeit, wenn die Situation es verlangt, bemerkbar machen. Als Niederschlag von allen menschlichen Erfahrungen seit unzähligen Jahrhunderten umfassen die Planeten einen Schatz an Inhalten, der sowohl viele positive als auch negative Auswirkungen für das menschliche Verhalten haben kann.

Kapitel 2

Manifestationsformen der Planeten

Einleitung

Planeten geben psychische Reaktionsmuster des Menschen wieder. Erich Carl Kühr hat dies einmal folgendermaßen umschrieben:

> *In jedem Menschen wirken Kräfte, die mit kosmischen Kräften übereinstimmen. Daraus folgt, daß es nicht ein Planet am Himmel ist, der etwas in uns oder in unserer Umgebung schafft – vielmehr stimmt eine Kraft in uns mit diesem überein. Nicht Mars am Himmel splittert unsere Kräfte auf – es ist die mit diesem übereinstimmende Kraft in uns selbst, die uns auf eine Weise tätig werden läßt, daß wir unsere Energie verschwenden. Schiller versuchte mit dem Ausspruch, daß jeder in seiner Brust seine Schicksalsgestirne mit sich trüge, die Astrologie zu widerlegen – seine Aussage gibt dabei aber genau die psychologische Auffassung der astrologischen Lehre wieder!**

Planeten können wir im Rahmen der psychologischen Deutung am besten als spezifische Manifestationsformen innerlicher Reaktionsmuster betrachten. Jeder Planet ist durch «seine» Verhaltensweise und Einstellung gekennzeichnet – mit anderen Worten: Jeder Planet bedeutet bestimmte Eigenschaften, die nur ihm zuzuschreiben sind. Dies macht es möglich, in der Vielzahl der menschlichen Verhaltensweisen, Haltungen und Reaktionen bestimmte Muster zu entdecken, die in unverwechselbarer Weise einem archetypischen Inhalt zuzuordnen sind.

* Erich Carl Kühr: *Psychologische Horoskopdeutung. Analyse und Synthese.* Band 1. Wien 1948, S. 135.

Diese Inhalte können innerhalb des komplexen Zusammenspiels von Haltungen und Reaktionen sowohl in elementarer als auch in entwickelterer differenzierterer Form zum Ausdruck kommen. Dies hängt ab von der jeweiligen Situation sowie von dem Werdegang, den der Mensch genommen hat. Vielerlei Formen sind denkbar, wie sich die archetypischen Inhalte manifestieren – zunächst aber gibt es zwölf verschiedene Muster, gemäß den zwölf Zeichen des Tierkreises. Weiterhin ist von Belang, wie es um die Polarität von primitiv/archaisch auf der einen und Ausdifferenzierung und Entwicklung auf der anderen Seite bestellt ist.

Es ist überaus schwierig anzugeben, ob ein bestimmter Horoskop-Faktor nun tatsächlich vom primitiv-archaischen oder vom entwickelt-ausdifferenzierten Blickpunkt aus betrachtet werden muß. Die häufig geäußerte Meinung, daß die «schlecht bestrahlten» Planeten (Planeten also, die an kritischen Aspekten beteiligt sind) sich auch tatsächlich schlecht auswirken, scheint den Erfahrungen der psychologisch orientierten Astrologen nicht standhalten zu können. Wenn auch an dieser traditionellen Deutungsregel ein Körnchen Wahrheit sein mag: Kein Mensch ist dazu verdammt, Verbrecher zu werden oder ständig Mißerfolge zu erleiden, weil er viele kritische Aspekte in seinem Horoskop hat. Manchmal könnten wir sogar sagen, daß eher das Gegenteil der Fall sein wird. Oftmals bringen gerade problematische Horoskope das Individuum dazu, kraftvoll neue Wege zu gehen oder sich auf eine neue Art und Weise zu verhalten. Damit kann ein Mensch trotz dieser Schwierigkeiten genausoviel erreichen wie jemand, der in seinem Horoskop das als günstig eingestufte «Große Dreieck» oder fast ausschließlich harmonische Aspekte hat. Wenn auch Aspekte nicht das Thema dieses Buches sind, möchte ich doch an dieser Stelle darauf hinweisen, daß aus dem Vorhandensein vieler kritischer Planetenverbindungen in einem Horoskop niemals abgeleitet werden darf, daß es zwangsläufig zu schlechten Auswirkungen kommt.

Planeteninhalte sind psychische Faktoren, die etwas im Menschen zum Ausdruck bringen wollen. Wenn ein Planet in einem bestimmten Zeichen steht, heißt das nicht, daß der Betroffene diese oder jene Eigenschaft hat, in einer ein für alle Male feststehenden und nicht mehr zu verändernden Weise – es heißt vielmehr, daß das Muster dieses Planeteninhaltes, gefärbt durch die Äußerungsweise des betreffenden Zeichens, auf eine bestimmte Weise zum Ausdruck kommen will. Das Zum-Ausdruck-kommen-Wollen darf dabei nicht als ein bewußtes Wollen und Verlangen angesehen werden – es geschieht unbewußt, auf eine Art und Weise, bei der der Mensch sich einfach als im Einklang mit sich selbst erlebt. Dieses Muster kann den herrschenden gesellschaftlichen Auffassungen und Werten ohne weiteres widersprechen, und für das Individuum sind damit vielleicht viele soziale Schwierigkeiten verbunden. Aber weil der Mensch auf diese Weise er selbst bleiben kann, ist es ihm möglich, an diesem Muster auch unter den schwierigsten Umständen festzuhalten. Sein «problematisches» Horoskop bedeutet nicht allein die Schwierigkeiten – es gibt ihm zugleich das Rüstzeug und die Energie, sich mit den Problemen auseinanderzusetzen und sie zu bewältigen.

Faktisch ist es uns also nicht möglich zu sagen, daß jemand so und so und nicht anders ist. Es ist eine viel nuanciertere Betrachtungsweise notwendig, etwa in dem Sinne von: »Sie haben diese und jene Inhalte in sich, welche sich auf diese oder jene Art und Weise äußern können«. Dabei sind sehr unterschiedliche Manifestationen denkbar. Stellen wir uns irgendeinen Planeten in irgendeinem Zeichen vor. Es läßt sich nicht sagen, ob dieser Planet in einer primitiven oder aber in einer hochentwickelten Form zum Ausdruck kommt. Wir sollten in solch einem Falle am besten eine ganze Reihe von möglichen Äußerungsformen wiedergeben und den Nachdruck auf die Tatsache legen, daß all dies zwar angelegt ist, es aber wohl nicht dazu kommen wird, daß sich alles im Äußerlichen manifestiert. Bestimmte Dinge werden wahrscheinlich niemals zum Vorschein kommen. Das eine oder andere aber könnte einen prägenden Einfluß auf den Menschen haben. Auch ist es möglich, daß bestimmte Inhalte latent im Charakter vorhanden sind, aber noch keine Möglichkeit zu ihrer Darstellung gegeben war. Das kann seine Ursache in Behinderungen durch andere Horoskop-Faktoren haben, im Alter oder worin auch immer. Diese Inhalte können jedoch plötzlich freiwerden und in ihrer reinsten Form nach außen treten. Ob dies im hohen Alter oder bereits in der Jugend geschieht, spielt keine Rolle. Es geht darum, daß ein Horoskop eine Anzahl von Mustern (die Planeten in den Zeichen) enthält, die auf eine bestimmte Art gruppiert sind (die Planeten in ihrem Verhältnis zueinander) und die sich manifestieren wollen. Es ist durchaus möglich, diese Inhalte zu unterdrücken – was sich aber nicht unbedingt zum Vorteil auswirken wird. Wenn die Zeit reif ist, sollten auch diese Inhalte zum Ausdruck gebracht werden.

Um hier ein Beispiel zu geben: Eines Tages kam ein schüchterner junger Mann von 25 Jahren zu einem Astrologen. Er hatte sich noch nie getraut, Kontakt zu einem Mädchen zu suchen, und er war dem Leben gegenüber etwas ängstlich eingestellt. Dieser Mann hatte in seinem Horoskop eine Venus/Mars-Konjunktion im Zeichen Widder. Eine der möglichen Manifestationsformen dieser Konjunktion ist – wie wir später noch sehen werden –, sich Hals über Kopf zu verlieben. Es kann hier zum Aufflammen des alles verschlingenden Strohfeuers kommen sowie zum schnellen Zusammenfallen desselben. Weil aber der Planet Mars in seinem eigenen Zeichen steht, kann dieser Mann doch die Energie aufbringen, seinem flammenden Verlangen gemäß aktiv zu werden. Er kann auf die Herausforderung reagieren und unbeirrbar die so sehr ersehnte Eroberung machen. Bis zu diesem Zeitpunkt aber hatte sich in seinem Leben nichts derartiges ereignet.

Einige Jahre später traf der Astrologe seinen Klienten wieder. Der vormals schüchterne Mann hatte sich jetzt tatsächlich verändert – in seiner Umgebung hatte er nun den Ruf, hinter allem her zu sein, was einen Rock trug. Wir wollen hier nicht der Frage nach einer möglichen Überkompensation für das, was er in früheren Jahren vermißt hat, nachgehen – dafür wäre eine nähere Analyse seines Horoskops notwendig. Es ist aber wohl deutlich geworden, daß das zwar präsente, aber über lange Zeit nicht zum Ausdruck gekommene Muster sich nun seinen Weg nach außen gesucht hat. Dies hätte sich allerdings nicht zwangsläufig als «Schürzenjägertum» manifestieren müssen. Es wäre zum Beispiel auch denkbar, daß sich dieser Mann sehr aktiv (Mars im Widder) für andere Formen des Zusammenlebens einsetzt, wie für die offene Ehe, für freie Beziehungen, für Selbständigkeit und Entwicklungsmöglichkeiten innerhalb fester Liebesbeziehungen oder für Formen der Emanzipation (Venus im Widder).

All diese Manifestationsformen sind möglich. Es ist aber ausgesprochen schwierig anzugeben, welcher Inhalt letztendlich ans Licht kommen wird. Es könnte auch sein, daß im Laufe des Lebens nacheinander verschiedene Manifestationen zum Ausdruck kommen. Das heißt dann nicht, daß die Person damit eine vollständig andere wird – in ihr wirken dann noch immer die gleichen Muster, in Übereinstimmung mit den astrologischen Gegebenheiten. Es handelt sich dann nur um eine andere Form! Daß manche Ausdrucksformen eher gesellschaftlich akzeptiert werden als andere, braucht wohl nicht besonders betont zu werden. Das heißt aber wiederum, daß jemand noch nicht zu einem besseren Menschen geworden ist, nur weil er sich auf einmal auf eine Weise verhält, die von der Gesellschaft akzeptiert wird. Von seinem grundsätzlichen Wesen her ist er der Alte geblieben, nur hat er es gelernt, sich in dieser bestimmten Hinsicht auf eine etwas andere, nuanciertere Weise zum Ausdruck zu bringen. Dies kann andererseits sogar eine Entwicklung zum Negativen sein, dann nämlich, wenn wir uns klarmachen, daß bestimmte Charakterzüge oder Ausdrucksformen mit Rücksicht auf die Gesellschaft unterdrückt werden.

Menschen, die die Astrologie praktizieren, treffen mit ihren Aussagen über andere sehr häufig den Nagel auf den Kopf. Das rührt daher, daß in sehr vielen Fällen die Inhalte gewissermaßen eine Vorliebe für eine bestimmte Manifestationsform haben. Diese ist nicht so sehr im Inhalt selbst beschlossen – sie ist hauptsächlich gesellschaftlich beziehungsweise durch die Art der Umstände der Umgebung bedingt. Viele Astrologen stimmen denn auch darin überein, daß neben dem Horoskop die Umwelt und die Gesellschaft von überaus großer Wichtigkeit sind.

Ein Beispiel kann dies vielleicht verdeutlichen. Ein Mädchen, das in einem Stammesverband innerhalb von Afrika geboren wird, welches das gleiche Horoskop hat wie ein Mädchen der westlichen Welt, das später zu einer bekannten Schauspielerin wird, dürfte aufgrund der gesellschaftlichen Prägung seiner Umgebung höchstwahrscheinlich keine Zukunft als Filmstar haben! Aber sein Muster wird sich auf eine ähnliche Weise ausdrücken wie das der anderen Person, und es ist dann ohne weiteres denkbar, daß es zu einer sehr begehrten Frau innerhalb des Stammes wird.

Kehren wir nun aber zum Kern der Sache zurück. Das Horoskop läßt sehr wohl erkennen, welches Muster zum Ausdruck kommen muß, wenn der Mensch das Gefühl haben will, er selbst zu sein und sich auf eine optimale Weise zu entwickeln. Es sagt aber nichts aus über das Niveau oder auch darüber, wie es um die gesellschaftliche Akzeptanz bestellt ist. Was die Gesellschaft betrifft, sollte auch der Zeitaspekt in Betracht gezogen werden. Die historische Entwicklung hat dazu geführt, daß es in unserer Gesellschaft leichter geworden ist, bestimmte Energien oder Muster auf eine psychologisch verträgliche Weise zum Ausdruck zu bringen.

Stellen wir uns hier eine Frau um die Jahrhundertwende vor, die mit einer starken Spannung zwischen den Planeten Mars, Uranus und Pluto geboren wurde. Diese Frau wird in ihrer Zeit wahrscheinlich Zeichen von Hysterie gezeigt haben – aus dem Grund, daß für sie keine Möglichkeit bestand, die Spannung abzureagieren. Ihre Umgebung erwartete Dinge von ihr, die nicht in Übereinstimmung mit ihr standen. Hysterie war zu dieser Zeit ein allgemein bekanntes Phänomen, was seine Ursache darin hatte, daß diese Art von Frauen ihre Energie beziehungsweise die aufgestauten inneren Spannungen auf diese Weise nach außen bringen mußten. Innerhalb des heutigen gesellschaftlichen Rahmens könnte diese Frau ihre Spannungen, Aggressionen und Energien viel besser zum Ausdruck bringen. Sie könnte sich aktiv auf Demonstrationen ausleben, für die Emanzipation der Frauen kämpfen oder sich für den Feminismus, den Umweltschutz oder wofür auch immer einsetzen. Wichtig wäre nur, daß ihre Emotionen angesprochen sind und sie ihre Energien abreagiert. Mit diesen Charaktereigenschaften könnte diese Frau sogar als Pionier für eine wichtige Sache tätig sein. Es ist auch heute noch möglich, daß sich die hysterische Manifestationsform zeigt – zumeist dann aber nur für kurze Zeit. Dies beruht auf denselben Gegebenheiten, die sich aber nun auf eine andere Äußerungsform beziehen.

Wir könnten uns also bemühen, alle Charakterzüge anzugeben, die bei einem bestimmten Planetenstand möglich sind. Es ist aber zumeist sinnvoller zu schauen, wie es um den Hintergrund bestellt ist. Wenn wir den Hintergrund ausleuchten, stoßen wir auf den Kern der Sache – wenn wir auch nicht sagen können, warum es nun ausgerechnet zu dieser bestimmten Ausdrucksform gekommen ist. Jedes Horoskop hat – innerhalb seiner Gegebenheiten und innerhalb der Gegebenheiten der Gesellschaft, der Umwelt und der Zeit – seinen eigenen Platz. Es geht dabei darum, bestimmte Inhalte auf eine bestimmte Art und Weise zum Ausdruck zu bringen. Das ist eine der Ursache dafür, daß die Charakteranalyse ab und zu «ein Schuß in den Ofen» ist. Man hat sich dann geirrt im Hinblick auf die vielen denkbaren Äußerungsformen. Damit wird dann wieder deutlich, daß die diversen «Rezeptbücher», die für jeden Planeten eine fix und fertige Deutung im Hinblick auf Zeichen, Häuser und Aspekte enthalten, einander nicht unbedingt widersprechen. Die Unterschiede in der Manifestationsform sind auf das Muster im Hintergrund zurückzuführen. Für denjenigen, der dieses Muster erkennt, ist es nicht schwierig zu entdecken, auf welche Weise sich die Planetenstände manifestieren können.

Bedürfnismuster

Wenn wir noch einmal an das erste Kapitel zurückdenken, werden wir uns daran erinnern, daß Planeten nicht einfach willkürliche Prinzipien darstellen, die der Mensch im Lauf der Zeit «erfunden» hat, sondern daß es sich bei diesen um bestimmte archetypische Reaktionsmuster handelt, die in jedem Menschen präsent sind und zum Ausdruck kommen wollen. Die Art und Weise, wie dies geschieht, unterscheidet sich von Mensch zu Mensch.

Aus dem Vorangegangenen sollte deutlich geworden sein, daß wir bei der Betrachtung der einzelnen Planeten beispielsweise nicht jedem Menschen mit der Sonne im Zeichen Widder sagen können, daß er ein Pionier ist. Wir sollten stattdessen sagen, daß die Sonne in den Zeichen der einfachste Weg für das Ego und den tieferen Wesenskern ist, weil diese das Bedürfnis haben, sich auf die entsprechende Art zu manifestieren. Mit dieser Interpretation knüpfen wir also auf natürliche Weise an das Innerste des Menschen an, und wir berücksichtigen dabei, daß es sich um ein Bedürfnismuster statt eines starren Musters seines Wesens handelt.

Vor allem in der Populär-Astrologie stoßen wir auf sehr viele Gemeinplätze, etwa in der Art, daß jeder Widder ein aufbrausender oder auch jähzorniger und energischer Mensch und jeder Stier die Ruhe in Person ist und daß der Zwilling in der Nachbarschaft herumtratscht. Ohne jeden Zweifel gibt es aber auch ruhige Widder, redesüchtige Stiere und stille Zwillinge und so weiter. In den meisten Fällen liefert die Interpretation des Horoskops Hinweise, wie jemand seine Sonne zum Ausdruck bringen kann oder welche Schwierigkeiten sich in diesem Zusammenhang ergeben. Aber auch bei diesen Hinweisen müssen wir in Rechnung stellen, daß es sich um Bedürfnismuster handelt, die sich auf verschiedene Weise manifestieren können.

Die *Sonne* können wir uns vorstellen als den Weg, der uns am besten entspricht und der uns die Chance gibt, uns so positiv wie möglich zu entwickeln (was nicht unbedingt in gesellschaftlicher Hinsicht zuzutreffen braucht) – aufgrund der Tatsache, daß das Werkzeug uns im Wesen vertraut ist. Der *Mond* steht für ein ganz anderes Bedürfnismuster. Wenn wir in den Handbüchern nachschlagen, merken wir manchmal, daß zwischen der Stellung des Mondes und der Sonne in einem Zeichen kaum ein Unterschied gemacht wird (was den Mond betrifft, finden sich dann höchstens noch Zusätze wie «aus dem Gefühl heraus» oder «emotional»). Für die praktische Anwendung wird aber nur selten deutlich, wo nun der wesentliche Unterschied liegt. Um beim Widder zu bleiben: Die Sonne in diesem Zeichen gibt das Bedürfnis nach Pioniergeist und nach ständiger Veränderung wieder. Für den Widder-Mond gilt aber das gleiche. Beim Mond ist das Gefühlsmoment noch etwas stärker – nichtsdestotrotz ist dies eine Stellung, die ebenso für ein pionierhaftes Vorgehen spricht wie es bei der Sonne in diesem Zeichen der Fall sein kann.

Es ist hier in den Beschreibungen also kein deutlicher Unterschied auszumachen – welcher aber doch existiert. Das Entscheidende ist in diesem Fall die hintergründige Prägung. Die Sonne ist außerordentlich wichtig – sie steht für unser Ego. Durch das Beweisen von Pioniergeist kann die Widder-Sonne also in Harmonie mit sich kommen (Achtung: Es handelt sich hier nur um eine von mehreren möglichen Manifestationsformen). Der Mond hingegen spiegelt konditionierte, unbewußte Reaktionsmuster wider; er zeigt die Umstände, die zu unserem Wohlbefinden beitragen und die wir brauchen, um uns sicher zu fühlen (ohne daß uns diese bewußt wären). Es handelt sich hier auch um die Haltung, die wir schon einmal unbewußt oder instinktiv einnehmen und die sich von der Manifestationsform der Sonne deutlich unterscheiden kann. Befinden wir uns in einer Situation, in der wir uns unsicher oder unbehaglich fühlen, macht sich unser «Mondverhalten» bemerkbar, mehr als das, was von unserer Sonne nahegelegt ist.

Wenn wir nun also sagen, daß sowohl bei der Sonne als auch beim Mond im Widder pionierhafte Eigenschaften vorhanden sind, übersehen wir einen wichtigen Faktoren: Bei der Sonne besteht diese Eigenschaft aufgrund des Wesenskerns und des natürlichen Bedürfnisses, dieses Wesen zur Entfaltung zu bringen, beim Mond geht es dagegen «nur» um ein Gewohnheits- oder auch Reaktionsmuster, das mit unserem Sicherheitsbedürfnis zu tun hat. Der Mond ist damit in gewisser Weise weniger standhaft als die Sonne. Aufgrund der Tatsache aber, daß der Mond sich hauptsächlich in Situationen bemerkbar macht, in denen wir uns unsicher oder bedroht fühlen, können wir uns gefühlsmäßig sehr stark mit ihm identifizieren. Konflikte zwischen der Sonne und dem Mond können dann auch das Gefühl vermitteln, zwei verschiedene Wesenheiten zu verkörpern. Dies muß sich nicht unbedingt auf Quadrate und Oppositionen beziehen, sondern kann auch auf widersprüchlichen Elementen beruhen. Vielleicht ist der Unterschied zwischen Sonnen- und Mondzeichen am besten wie folgt zu charakterisieren: Unabhängig vom Manifestationsniveau *ist* die Sonne das Zeichen, in dem sie steht – der Mond *scheint* nur das Zeichen zu sein, in dem er sich befindet.

Dies erklärt auch, warum mit dem Mond in einem Zeichen eine größere Verletzlichkeit einhergeht als mit der Sonne. Vor allem bei bestimmten Kombinationen oder in bestimmten Situationen kann dies für die mondbeherrschte Person Anlaß zu Schwierigkeiten sein. Stellen wir uns beispielsweise eine Gruppe vor, in der jemand die Sonne im Löwen hat und eine andere Person den Mond in diesem Zeichen. Die Sonne im Löwen wird automatisch, als Ausdruck des eigenen Wesens sowie des Vorgehens im Leben, eine zentrale Position suchen und häufig wie selbstverständlich übertragen bekommen. Ergibt sich innerhalb der Gruppe dann eine unsichere Situation, wird die Person mit dem Mond im Löwen probieren, sich in der Krise zu bewähren und ebenfalls eine zentrale Position für sich in Anspruch nehmen. Allerdings gelingt ihr das nicht so wie demjenigen mit der Sonne im Löwen, wodurch es im Innerlichen wie im Äußerlichen zu Konflikten kommen kann. Die Person mit dem Löwe-Mond müßte in ihrem Horoskop noch an anderer Stelle Hinweise für die Veranlagung zur Führerschaft haben, damit der Löwe-Mond in derartigen Situationen Befriedigung finden kann.

Es dürfte deutlich geworden sein, daß der Mond im Horoskop ein sehr wichtiger Faktor ist. Die Sonne ist es, die alle Planeten symbolisch zum Licht bringt, so daß wir uns dieser bewußt werden können – der Mond aber spiegelt unsere unbewußten und natürlichen Reaktionen wider. Insofern ist er für unseren Kontakt zur Außenwelt von überragender Bedeutung. Stehen nun die Zeichen von Sonne und Mond im Widerspruch zueinander, wird der Mensch in einer ungewissen Situation sich zunächst einmal auf eine ganz andere Weise verhalten als es der Sonnenstellung entspricht. Erst dann wird möglicherweise den Beteiligten deutlich, daß dieser Mensch in Wirklichkeit «ganz anders» ist. So ist es denkbar, daß ein Mensch mit der Sonne in den Zwillingen und dem Mond im Skorpion in einer bedrohlichen Situation erst einmal in aller Stille abwartet, wie sich die Dinge entwickeln, um dann später lauthals über seine Verhaltensweise zu schwadronieren. Erst kommt die Reaktion des Mondes, dann die der Sonne. Die zwei Inhalte unterscheiden sich von ihrem Hintergrund her so stark voneinander, daß es möglicherweise einige Zeit dauert, bis der Betroffene merkt, daß sein Verhalten paradoxe Züge hat. Aber das Bedürfnismuster seines Mondes bewirkt, daß das Verborgene – auf welche Weise auch immer – ihn doch weiterhin beschäftigen wird.

Einige Deutungsregeln

Eine klassische astrologische Deutungsregel ist: »Die Planeten kommen immer gemäß dem Zeichen, in dem sie stehen, zum Ausdruck.«

Einfacher gesagt: Ein Planet behält immer seinen grundsätzlichen Inhalt. *Merkur* beispielsweise bleibt immer der Planet des Denkens, der Kontakte und der Verbindungen – die Art aber, auf die der Merkur-Inhalt sich manifestiert, wird durch das Zeichen angegeben, in dem er steht. Merkur im *Widder* wird also das Bedürfnis haben, feurig und spontan zu reden, rasch zu denken, schnell Kontakte zu knüpfen (welche allerdings häufig nur von kurzer Dauer sein könnten) und so weiter. Merkur im *Stier* dagegen hat das Bedürfnis, sicherheitsorientiert zu denken und sich beim Nachdenken Zeit zu lassen. Das gleiche gilt für die Kontakte zu den Mitmenschen. In beiden Fällen steht Merkur also für die Art des Denkens und die Prägung der Verbindungen – es kommt aber zu sehr unterschiedlichen Auswirkungen, wie sich dies bemerkbar macht.

Das Zeichen sagt also etwas darüber aus, wie sich das planetarische Muster äußert – allerdings verrät es uns nicht, ob dies auf eher primitiv-archaische oder auf hochentwickelte Weise vor sich geht. Der «bedächtige» Stier-Merkur kann sowohl Faulheit als auch die Einsicht bedeuten, daß übertriebene Eile in den seltensten Fällen von Nutzen ist. Wir dürfen in diesem Zusammenhang auch nicht vergessen, daß es sich bei der Interpretation des Planeten in einem Zeichen um eine erste Annäherung handelt. Wir müssen weiterhin die Aspekte, das Haus, die Herrschaftsbeziehungen und dergleichen mehr berücksichtigen. All dies übt einen Einfluß aus und variiert das Grundmuster – es widerspricht ihm oder differenziert es aus.

Die Zeichen bilden also den Hintergrund, vor dem wir die Planeten betrachten müssen. Die Zeichen sind aber selbst wieder Kombinationen aus Elementen und Kreuzen. Jedes der drei Zeichen eines Elementes gehört zu einem bestimmten Kreuz, und jedes der vier Zeichen eines Kreuzes ist Bestandteil eines bestimmten Elementes. Es gibt keine zwei Zeichen, die zum selben Kreuz und zum selben Element gehören. Hieraus resultieren die zwölf verschiedenen Zeichen, von denen jedes einzelne – bei gewissen Übereinstimmungen – eine einzigartige Kombination der Faktoren darstellt. Die Kombination, die dem jeweiligen Zeichen zugrundeliegt, kann in der Deutung als Hintergrund der betreffenden planetarischen Energie benutzt werden.

In den folgenden Kapiteln werden die Planeten gemäß den Elementen analysiert. Dabei wird deutlich, daß sich beispielsweise der Planet Mars im Element Feuer auf eine ganz bestimmte Art und Weise manifestiert (auf eine Weise, die seinem Inhalt weitgehend entspricht). Die Verarbeitung all dessen, was mit diesem Mars-Inhalt im Innerlichen sowie im Äußeren verbunden ist, ist aber auch bei den drei Feuerzeichen vollständig verschieden voneinander. Jedes dieser drei Zeichen gehört zu einem anderen Kreuz, und das Kreuz bestimmt die Manifestationsform und den Wirkungsprozeß. Um hier ein kurzes Beispiel vorwegzunehmen: Die marsische Aktivität kommt im Feuerzeichen Widder auf einfache Weise nach außen und ist sehr beständig, aus dem Grund, daß der Widder sowohl ein Feuerzeichen ist als auch zum kardinalen Kreuz gehört. Die letztere Tatsache ist die Ursache dafür, daß er von allen Feuerzeichen das am stärksten auf die Außenwelt gerichtete ist. Das heißt wiederum nicht, daß ein Mensch mit dem Mars im Löwen nicht ebenfalls aktiv sein kann – für ihn aber wird die Mars-Energie mehr mit dem Inneren zu tun haben, und die Handlungen, die aus seinem Energiemuster erwachsen, werden hier zu einem Niederschlag im inneren und unbewußten Leben führen (das Zeichen Löwe gehört schließlich zum fixen Kreuz). Das hat zur Folge, daß die Mars-Energie nach außen hin trotz der Feurigkeit recht gedämpft in Erscheinung tritt. Gleichfalls möglich wäre, daß sie sich aufstaut und sich von Zeit zu Zeit dann um so explosiver entlädt.

Wenn wir erst einmal erkannt haben, wie sich die Kombinationen der Zeichen und Planeten hinsichtlich der Elemente und Kreuze auswirkt, wird uns die astrologische Interpretation nicht mehr allzuviel Mühe machen. Auf diese Weise wird dann verständlich und nachvollziehbar, warum sich eine bestimmte Planetenstellung auf diese oder jene Weise manifestiert. Es ist unbefriedigend zu lesen, daß der Planet A in dem Zeichen Widder diese und jene Auswirkungen hat und sich im Zeichen Stier so und so auswirkt. Dies zeigt uns nicht, welche Motive und Antriebskräfte mit dieser Stellung verbunden sind. So ist es uns dann auch nicht möglich, die Probleme, die mit diesem Planeten in Verbindung stehen, zu lösen. Es ist nicht das Wissen, daß der Widder-Mars auf die Welt der Erscheinungen losstürmt, das uns weiterhilft, sondern die Erkenntnis, daß er dies tun *muß*. Für diesen Planeten (und damit für einen bestimmten Teil der Psyche) ist es eine Notwendigkeit, ein solches Verhalten zu zeigen, und die Reaktionen der Außenwelt spielen keine Rolle dabei. Der Löwe-Mars dagegen kann die Erkenntnis gewinnen, daß er durch sein Aktivitätsmuster mit seinem eigenen Unbewußten konfrontiert wird (die fixen Zeichen verarbeiten die Inhalte der Planeten mittels eines nach innen gerichteten Prozesses). Der dem Löwe-Mars häufig nachgesagte Geltungsdrang ist für den betreffenden Menschen notwendig, um sich mit sich selbst auseinanderzusetzen, wobei dies wiederum unabhängig davon ist, ob die Außenwelt das nun zu würdigen weiß oder nicht.

Hinter den Manifestationsformen, auf die die Planeten in den Zeichen (sowie die anderen Horoskop-Faktoren) zum Ausdruck kommen, verbergen sich die vielfältigsten psychischen Prozesse, wovon wir uns oftmals kaum eine Vorstellung machen. Es ist aber wichtig, diese Welt von Prozessen kennenzulernen. Wir können damit eine Vorstellung von der enormen Vielfalt der menschlichen Motive und Antriebskräfte, Verarbeitungsweisen und Erfahrungen bekommen. Daneben können wir die Erkenntnis gewinnen, daß jeder Mensch seine ganz persönliche Weise hat, sich zum Ausdruck zu bringen. Jeder Mensch ist mit sich selbst konfrontiert und muß die Erfahrungen seines Lebens seinem Wesen gemäß betrachten und verarbeiten. Insofern ist Astrologie weit mehr als das schematische Auflisten von möglichen Charakterzügen. Sie ist etwas Dynamisches aufgrund der Erkenntnisse, die sie uns von den psychischen Prozessen vermittelt, welche den Hintergrund der Charakterzüge bilden.

Persönliche und unpersönliche Planeten

Bei der Deutung der Planeten ist es von großer Wichtigkeit, zwischen den sogenannten «persönlichen» und «unpersönlichen» Planeten zu unterscheiden, so, wie ich das in dem Buch *Elemente und Kreuze* getan habe.* Sehr viel mit der Persönlichkeit haben die Planeten *Sonne, Mond* und *Merkur* zu tun (es sei noch einmal daran erinnert, daß auch Sonne und Mond der

* Karen M. Hamaker-Zondag: *Elemente und Kreuze. Die Typenlehre C. G. Jungs in der Astrologie.* Verlag Hier & Jetzt, Hamburg 1991.

Einfachheit halber Planeten genannt werden, obwohl sie das in astronomischer Hinsicht nicht sind). Die Manifestationsformen dieser Planeten sind bei jedem Individuum deutlich zu erkennen. Ebenfalls wichtig sind *Venus* und *Mars.* Danach nimmt der «Persönlichkeitswert» der Planeten langsam ab. *Jupiter* und *Saturn* haben eine Übergangsposition. Ihr persönlicher Wert ist geringer, aber ihr Hintergrund beziehungsweise ihr Zeichen kommt oftmals im Charakter noch recht deutlich zum Ausdruck.

Danach kommen die transsaturnischen Planeten *Uranus, Neptun* und *Pluto.* Diese färben weniger den individuellen als den gesellschaftlichen Hintergrund. Sie stehen für lange Zeit in einem Zeichen, was zur Folge hat, daß alle Geborenen dieser Jahre diese Planeten von dem gleichen Hintergrund her erleben. Daß diese Planeten «unpersönlich» genannt werden, bedeutet aber nicht, daß sie keine Bedeutung hätten. Ganz im Gegenteil. Das Unpersönliche geht hier aus der Tatsache hervor, daß diese Planeten noch sehr stark mit dem Unbewußten des Menschen verbunden sind. Dies ist die Ursache dafür, daß diese Planeten so unberechenbar für das Bewußtsein sein können. Natürlich sind Uranus, Neptun und Pluto Bestandteil eines jeden Horoskops – in jedem Horoskop aber stehen sie anders, und sie treten demgemäß auch bei jedem anders in Erscheinung. Ihre Stellung in einem Zeichen ist kein individuelles Charakter-, sondern ein Generationsmerkmal. Diese Planeten kommen aber trotzdem im Horoskop auf sehr individuelle Weise zum Ausdruck, deshalb nämlich, weil sie immer wieder an anderen Aspekten beteiligt sind und in anderen Häusern stehen. Aus dem Angeführten sollte deutlich geworden sein, daß die Interpretation dieser Planeten in den Zeichen – das Thema dieses Buches – also etwas schwierig ist und nur in einem kollektiven Sinn erfolgen kann. Aus diesem Grund werden die drei Transsaturnier in den folgenden Kapiteln zusammengefaßt behandelt.

Zusammenfassung

Wenn wir das Angeführte resümieren, können wir folgende Richtlinien zur Deutung geben:

1. Planeten spiegeln bestimmte psychologische Inhalte wider.
2. Planeten stellen Bedürfnismuster dar, welche der Mensch von sich aus zu befriedigen sucht.
3. Bedürfnismuster können auf die verschiedensten Weisen zum Ausdruck kommen.
4. Das Niveau, auf dem sich das Bedürfnismuster manifestiert, ist nicht aus dem Horoskop zu ersehen.
5. Das Individuum als Träger des Horoskops funktioniert innerhalb einer bestimmten Umgebung, einer bestimmten Zeit und einer bestimmten gesellschaftlichen Ordnung.
6. Die Energien der Planeten bedeuten keine feststehenden und unveränderlichen Charakterzüge. Sie haben innerhalb ihres Bedürfnismusters mehrere Ausdrucksmöglichkeiten.
7. Die Art und Weise, wie sich ein Planet manifestiert, ist durch das Zeichen bestimmt, in dem er steht.
8. Jedes Zeichen ist Bestandteil eines Elementes und eines Kreuzes.
9. Der Planet gibt durch das *Element*, in dem er steht, wieder, wie der betreffende Bestandteil der Psyche sich zur Außen- und zur Innenwelt verhält.
10. Der Planet symbolisiert durch das *Kreuz*, in dem er steht, auf welche Weise der Prozeß des Verarbeitens vor sich geht. Dies zeigt, wie Erfahrungen und psychische Prozesse in die Psyche integriert werden.
11. Die Planeten bewahren auf jeden Fall ihre Inhalte. Die Art und Weise des Ausdrucks aber wird durch die Zeichen bestimmt.
12. In der Deutung muß zwischen persönlichen und unpersönlichen Planeten unterschieden werden. Die persönlichen Planeten wirken charakterformend, die unpersönlichen haben eine kollektive Bedeutung.
13. Persönliche Planeten sind Sonne, Mond, Merkur, Venus und Mars.
14. Eine Übergangsposition nehmen Jupiter und Saturn ein.
15. Unpersönliche Planeten sind Uranus, Neptun und Pluto.

Kapitel 3

Planeten im Element Feuer

In dem folgenden Teil werden wir die zentralen Begriffe der Planeten – wie sie in Anhang 2 aufgeführt sind – mit den Elementen und den Kreuzen kombinieren. Manchmal wird es dabei notwendig sein, auf bestimmte Einzelheiten mehrmals einzugehen – im Hinblick auf den Sinn und Zweck dieses Buches dürften solche Wiederholungen auch kaum stören. Das Ziel besteht ja darin, auf der Basis der im zweiten Anhang angeführten Kernbegriffe zu erkennen, wie wir die Faktoren beziehungsweise die Planeten in den Zeichen sinnvoll interpretieren können. Der Schwerpunkt liegt also darin, wie sich die Kombinationen auswirken.

Feuer und das kardinale Kreuz: Widder

(Inferiores Element: Erde)

☉ ♈ *Sonne im Widder*

Die Antriebskraft, sich selbst zu verwirklichen, kann hier am besten umgesetzt werden auf die Art und Weise, wie das kardinale Kreuz seine Erfahrungen verarbeitet. Die Spontanität und die Impulsivität des Feuerzeichens werden hier am stärksten zum Ausdruck gebracht – in die Außenwelt, die für das kardinale Kreuz so wichtig ist. Das Widder-Bewußtsein ist darauf gerichtet, immer wieder neue Impulse von außen zu erhalten, ohne allerdings sein Verhalten (Stichwort: Ich-Bezogenheit der Feuerzeichen) an diese anzupassen.

Zwar paßt der Widder – was einen subtilen Unterschied ausmacht – sein Bewußtsein an die Außenwelt insofern an, als daß die Umgebung, die Menschen um ihn herum und die Gesellschaft, in der er lebt, ihm die vitalen, unverzichtbaren Impulse liefern, die er zur Entwicklung seines Bewußtseins braucht. Das Element Feuer ist aber in einem sehr starken Maße auf sich bezogen, was bedeutet, daß die Außenwelt im großen und ganzen nur vom eigenen Blickpunkt aus erlebt wird. Das Sich-Abgrenzen gegen die Außenwelt, was häufig so charakteristisch ist für Menschen mit der Sonne im Widder, entspringt dem Wunsch nach Anpassung des Bewußtseins an die Außenwelt und ist zugleich der Versuch, es mit dieser in Übereinstimmung zu bringen. In beiden Fällen aber ist es die Außenwelt, auf die die Aufmerksamkeit des Bewußtseins gerichtet ist.

Für den Widder ist es notwendig, sich der Welt von seinem Feuer-Hintergrund her zu nähern. Der Widder verarbeitet seine Erfahrungen, indem er aktiv in der Welt beschäftigt ist. Er orientiert sich an dieser und ist abhängig von den Impulsen, die er von ihr empfängt beziehungsweise ihr entnimmt. Das Element Feuer steht für eine Haltung, die auf sich selbst gerichtet und von Spontanität, Wärme, Vitalität, Lebendigkeit und Loyalität im Hinblick auf das gekennzeichnet ist, was die Aufmerksamkeit erregt hat. Feuer bedeutet auch viel Vertrauen in die Zukunft. Gleichermaßen denkbar ist jedoch eine Einstellung, die von Konkurrenzdenken und Strebertum, Penetranz, Sorglosigkeit oder auch einem übertriebenen Ehrgefühl gekennzeichnet ist.

Die Sonne im Element Feuer steht für das Bedürfnis nach Freiheit und Entwicklung des eigenen Selbstes. Wichtiger als alles andere ist, daß sich immer wieder neue Möglichkeiten ergeben. Es ist nicht nötig, daß jede neue Chance ergriffen wird – entscheidend ist, daß dieser Mensch weiß, daß er sie hat. Der Feuer-Sonne sind Alltagstrott und Routine ein Greuel; sie hat ein großes Bedürfnis nach Abwechslung und nach Abenteuern, wobei es keine Rolle spielt, ob diese im Innerlichen oder im Äußerlichen erlebt werden. Das Bedürfnis nach immer neuen Erlebnissen und Möglichkeiten macht es ihr unmöglich, sich auf eine bestimmte Form festzulegen. Formen – seien sie nun konkret greifbar oder abstrakt – sind nichts für sie. Aber gerade aufgrund dieser Tatsache schaut sie intuitiv hinter die Formen und fragt nach deren Ursprung, Entstehung und inneren Logik. Sie ist insofern in der Lage, diverse Komponenten von ihrer Psyche her zu integrieren.

Unter den Feuerzeichen ist der Widder dasjenige, das am meisten nach außen gerichtet ist, aus dem Grund, daß das Element Feuer hier mit dem kardinalen Kreuz kombiniert ist. Der Widder muß immer wieder aufbrechen – auch wenn es sich dabei nur um kleine Sachen handeln mag. Sowohl das Element Feuer, das sich selbst in der Welt darstellt, als auch der Verarbeitungsprozeß des kardinalen Kreuzes zielen auf die Außenwelt. Infolgedessen ist ein abenteuerliches und unbeständiges Leben, das vielerlei Chancen bietet, genau das richtige für den Widder. Es gibt ihm die Möglichkeit, mit sich selbst im Gleichgewicht zu bleiben und seinen inneren Antriebskräften gemäß zu handeln. Der Widder ist psychisch am ausgeglichensten, wenn er auf diese Art durchs Leben gehen kann. Dies gilt ungeachtet der Tatsache, daß seine Unbeständigkeit manchmal auf Kritik stößt.

Kann der Widder sich vollständig entfalten, bringt er sich auf energische, warmherzige, lebenslustige und optimistische Art und Weise zum Ausdruck. Weil es sich hier um eine Kombination aus kardinaler Qualität und dem Element Feuer handelt, ergreift er schnell die Initiative, bringt die Dinge aber nicht immer zu einem Abschluß. Er zieht sein Selbstvertrauen aus seinem Pioniergeist, aus seiner Kraft, neue Wege zu gehen sowie aus seinem Bedürfnis nach Unabhängigkeit. Weil er so sehr auf die Umgebung ausgerichtet ist (kardinales Kreuz), dabei aber eine starke Selbstbezogenheit aufweist (das Element Feuer), kann er einen (sportlichen) Wettkampfgeist und Geltungsdrang entwickeln. Er ist oftmals von streitbarer Natur, aber nur für die Zeit, in der ihn eine Sache gefangen hält. Später dann geht er zur nächsten Aktivität über. Er braucht Abwechslung (Feuer), und zwar hauptsächlich in der Außenwelt (kardinales Kreuz). Das ist der Grund dafür, daß er sowohl im übertragenen als auch im buchstäblichen Sinn in die Außenwelt zieht (dies beispielsweise im Gegensatz zum Zeichen Krebs, das ebenfalls zum kardinalen Kreuz, aber auch zum Element Wasser gehört, welches mehr nach innen gerichtet ist).

Kann der Widder seine Energie nicht zum Ausdruck bringen, ist manchmal ein außerordentlich widerborstiges Verhalten die Folge. Wir sehen dann, daß sein gesunder Wetteifer in Aggressivität umschlägt, was in schwierigen Fällen sogar zu Gewalttätigkeit führen kann, die vor nichts und niemandem haltmacht. Aus der Ich-Bezogenheit kann dann purer Egoismus werden. Unter diesen Umständen hat der Widder den Kontakt mit seiner Umgebung verloren und ist sich nur noch selbst Gesetz. Der Widder aber braucht die Umgebung; er muß sich an ihr abreagieren. Letzteres führt dazu, daß Widder-Menschen manchmal als gefühllos und rücksichtslos gelten. Hierbei handelt es sich jedoch um ein Bild, das der Wirklichkeit nicht gerecht wird. Diese Äußerungsform liegt auf die eine oder andere Art ja in der Tatsache begründet, daß das Übermaß an Energie nicht widdergemäß zum Ausdruck gebracht werden kann. Wenn Energie blockiert ist, entlädt sie sich in gewaltigen Ausbrüchen. Das ist der Grund dafür, daß der Widder oftmals im Ruf steht, impulsiv und unberechenbar zu sein oder wie ein Rammbock zu Werke zu gehen.

Andererseits ist mit der großen Lebensenergie häufig ein mutiges und tapferes Auftreten verbunden. Der Widder kann sich geradezu glühend für seine «feurigen» Ideale und Ziele einsetzen. Die Kombination des Feuer-Elementes mit der kardinalen Qualität ergibt das Bild einer Persönlichkeit, die sich am wohlsten fühlt, wenn sie die Welt erobern und auf eine intensive Art erleben kann. Die Energie muß hier einfach nach außen gebracht werden, ob dies nun den Grenzen und Regeln entspricht oder nicht.

☽ ♈ *Mond im Widder*

Die unbewußte emotionale Reaktion auf die Umgebung ist durch das Element Feuer (Haltung) und das kardinale Kreuz (Art und Weise der Verarbeitung) gekennzeichnet. Jemand mit dem Mond im Widder kann denn auch genauso stürmisch auf die Welt zugehen wie ein Mensch mit der Sonne in diesem Zeichen. Der Mond im Widder braucht, um sich wohlzufühlen oder ein Gefühl der Sicherheit zu bekommen, den Kontakt mit der Außenwelt. Dies kann sich darin äußern, daß dieser Mensch immer auf der Suche nach neuen Impulsen aus der Umgebung ist und voller Enthusiasmus und «Feuer» auf die Dinge losstürmt, mit denen er sich emotional identifiziert.

Mit dem Widder-Mond sind sehr schnell und stark aufflammende Gefühle verbunden, die aber genauso schnell wieder abkühlen können. Das hängt zusammen mit dem Bedürfnis nach Abwechslung und Aufregung. Dieser Mensch wird viel Energie (Feuer) einsetzen für Dinge, die ihn ansprechen – wozu allerdings zu sagen ist, daß dies im allgemeinen nur für kurze Zeit der Fall sein dürfte. Wird er an diesem Energieeinsatz gehindert, ist er bereit, den Kampf aufzunehmen. Mit dem Widder-Mond kann eine ungemein streitbare oder auch aggressive Haltung verbunden sein. Mit seiner emotionalen Identifikation steht er für die Dinge ein, die er unternimmt, was immer wieder den Anschein von großem Selbstvertrauen erweckt. Seine Freiheit ist ihm außerordentlich wichtig, was ihn sehr ungeduldig gegenüber allen hemmenden Faktoren reagieren läßt (kardinal = außengerichtet, Feuer = ichbezogen). Dieser Mensch hat nur zu schnell das Gefühl, daß er in die Enge getrieben wird. Kommt es zu einer derartigen Situation, wehrt er sich mit Händen und Füßen.

Die Direktheit und die Impulsivität des Elementes Feuers haben zur Konsequenz, daß jemand mit dem Mond im Widder in schwierigen Situationen schnell gereizt oder brüsk reagiert – manchmal in einer heftigeren Form, als dies bei der Sonne in diesem Zeichen der Fall ist. Ansonsten ist der Mensch sogleich Feuer und Flamme, wenn sich neue Entwicklungen ergeben. Der Widder-Mond fühlt sich am wohlsten in einer unabhängigen und freien Position, die viel Abwechslung bietet – sowohl im Hinblick auf seine engere Umgebung als auch auf den gesellschaftlichen Verband überhaupt. Er kommt am besten zum Ausdruck, wenn er von anderen nicht behindert wird und sich voller Enthusiasmus mit potentiellen Entwicklungen beschäftigen kann. Allerdings dürfen wir dies nicht mit Zielstrebigkeit verwechseln – diese Eigenschaft ist für den Widder-Mond, der ja immer wieder dazu neigt, Strohfeuer zu entfachen, nicht unbedingt charakteristisch.

Der Mensch mit einem Widder-Mond lebt unbewußt stark aus sich selbst heraus und berücksichtigt dabei nicht immer die Belange der anderen. Letzteres geschieht nicht aus der Absicht heraus, andere zu verletzen – es ist nur einfach so, daß dieser Mensch in seiner Begeisterung oft nicht merkt, was er anrichtet. Er stellt sein Licht nicht unter den Scheffel, und er wird schon einmal als sensationslüstern, aufdringlich und anderes mehr bezeichnet. All dies liegt aber überhaupt nicht in seiner Absicht. Daß das Häusliche nur von geringer Bedeutung für ihn ist, braucht wohl kaum betont zu werden. Den Widder-Mond als rastlos und unsensibel zu bezeichnen, trifft nicht den Kern. Die Empfindsamkeit dieses Menschen äußert sich gerade in seiner Unternehmungslust. Wenn er daran gehindert wird, dieses Leben zu führen, wird er heftige Reaktionen zeigen. Sein Zuhause ist die Welt, und es ist sein Bestreben, hier eine Rolle zu spielen. In dieser Hinsicht ist er empfindlicher als die Sonne im Widder. Dies hat seine Ursache darin, daß diese Verhaltensweise für sein Wohlbefinden vom Unbewußten her nötig ist. Insofern können die Reaktionen beim Mond im Widder schärfer und heftiger sein als bei der Widder-Sonne.

☿ ♈ *Merkur im Widder*

Wie bei der Sonne und dem Mond auch sehen wir hier einen stark nach außen gerichteten Inhalt. Merkur im Widder knüpft schnell Kontakte, häufig auf eine sehr offenherzige Weise (Feuer). Ihn interessiert nicht so sehr das Tiefgründige bei der Begegnung als vielmehr die Anzahl der Verbindungen sowie die Abwechslung und das Tempo. Merkur im Widder verarbeitet seine mentalen Aktivitäten durch die intensive Beschäftigung mit der Außenwelt (kardinales Kreuz). Seine Aufmerksamkeit ist aktiv auf das Geschehen um ihn herum gerichtet.

Das Element Feuer mit seiner Geschwindigkeit in Verbindung mit dem kardinalen Kreuz bewirkt das schnelle Denken, das wir bei dieser Planetenposition beobachten können. Es sind in diesem Zusammenhang auch spitze Bemerkungen oder in entschiedenem Tonfall vorgebrachte

Äußerungen möglich. Mit der starken Ich-Bezogenheit des Elementes Feuer steht dieser Mensch zu seiner Meinung, und er bringt sie zum Ausdruck (das kardinale Kreuz). Die Verarbeitung der Ideen geschieht mittels der Konfrontation mit der Außenwelt. Daß die Gespräche insofern schon einmal hitzig werden können, liegt dabei auf der Hand. Mit dem Widder-Merkur ist eine Neigung zur Individualität und zum Grundsätzlichen verbunden, und dieser Mensch wird in seinem Denken und in der Kommunikation auf provokante und unkonventionelle Weise vorgehen, wobei dafür einfach eine Art «Kampfgeist» verantwortlich sein könnte. Merkur im Element Feuer bedeutet den Drang nach Freiheit, und im Zeichen Widder äußern sich das Denken und die Kommunikation auf eine kardinale Art. Merkur im Widder braucht die Gewißheit, daß Raum für die eigene Meinung besteht und Unabhängigkeit und Freiheit gewährleistet sind.

Der Planet Merkur symbolisiert die Art und Weise, wie wir unsere Welt mental ordnen. Er steht für die mentale Aktivität des Menschen. Wenn sich dieser Planet im Zeichen Widder befindet, dürfte viel nach außen gerichtete mentale Energie die Folge sein. Das bedeutet aber nicht, daß jeder Mensch mit dieser Merkur-Stellung mentale Höchstleistungen vollbringt. Es ist vielmehr so, daß die Willenskraft das Gehirn ständig beschäftigt hält. Die Gedanken dieses Menschen stehen niemals still. Das hat vielleicht Nervosität und Reizbarkeit zur Folge, was sich auf verschiedene Weise äußern kann: in schnellem und überdrehtem Reden, in der Unfähigkeit zuzuhören, in Konzentrationsmangel und in zu schnellen Schlußfolgerungen oder auch in Schlaflosigkeit. Andererseits kann eine der Stärken dieser Planetenposition Entschlußfreudigkeit, eine rasche Auffassungsgabe sowie Schlagfertigkeit sein.

Mit dieser Stellung ist die Bereitschaft verbunden, für seine Ideen einzustehen. Was das kardinale Kreuz angeht, wird derjenige seine Ideen aber schnell wieder loslassen. Bei dem Widder-Merkur folgen die Gedanken und Einfälle so schnell aufeinander, daß eigentlich niemals Zeit ist, sich ein zweites Mal mit einer Sache zu beschäftigen. Daß hier höchst originelle und immer wieder neue Gesichtspunkte möglich sind, darf uns nicht überraschen. Wir sollten aber nicht davon ausgehen, daß diese immer praktisch und an der Realität orientiert sind.

♀ ♈ *Venus im Widder*

Venus im Widder bedeutet viel Energie und Enthusiasmus im Hinblick auf Gefühlskontakte. Die Kombination aus Feuer-Element und kardinalem Kreuz ergibt ein stark nach außen gerichtetes Bedürfnis nach Sicherheit. Der Mensch mit der Widder-Venus sucht insofern nach warmen, intensiven oder auch glutvollen Freundschaften oder Beziehungen. Gleichfalls befriedigt werden muß die Lust nach Abenteuern und Abwechslung. Die Venus im Widder bedeutet in dieser Beziehung mehr als in jedem anderen Zeichen ein ungestümes Vorgehen.

Das Element Feuer verleiht dem Liebesimpuls etwas Idealistisches. Für die Venus im Zeichen Widder besteht nämlich das Bedürfnis nach einer Verbindung, die nicht auf materieller Sicherheit, sondern auf einem Ideal beruht (wobei es allerdings sein kann, daß sich hinsichtlich des Ideals Veränderungen ergeben – Abwechslung ist hier das Stichwort). Die Freiheit, nach der das Feuer so verlangt, spielt auch in der Äußerung von Gefühlen eine entscheidende Rolle: Mit dem Feuer werden mit Leidenschaft Gefühlsbande geknüpft – wobei aber doch Selbständigkeit und Unabhängigkeit gewahrt bleiben sollen. Darum ist mit der Widder-Venus eine Neigung für freie Beziehungen, offene Ehen oder überhaupt für Verbindungen gegeben, in denen die Partner der Ansicht sind, daß beide sich für sich allein entfalten müssen.

Feuer mit seiner Ausrichtung auf Möglichkeiten braucht Spielraum im Hinblick auf Beziehungen. Die Widder-Venus (Feuer in Verbindung mit dem außengerichteten kardinalen Kreuz) möchte es sich vielleicht offenhalten, mehr als nur eine Beziehung zu führen – wie es um die Umstände im einzelnen auch bestellt sein mag. Aber das muß nicht so sein. Wenn der Partner sich auf interessante und abwechslungsreiche Weise darzustellen versteht, kann das Bedürfnis der Widder-Venus nach neuen Impulsen und Entwicklungen auch innerhalb *einer* Beziehung befriedigt werden. Es geht bei Venus im Widder nicht darum, daß der Mensch den festen Willen zur Untreue hätte (wie es uns manche Bücher scheinbar glauben machen wollen) – das Entscheidende ist, daß hier das Bedürfnis nach Liebe und Schönheit mit einem Übermaß an außengerichteter Energie verbunden ist und der kleine Kreis der Familie schnell als beschränkt und beschränkend erfahren wird.

Das Bedürfnis nach Schönheit, das von der Venus symbolisiert wird, stimmt im Feuerzeichen Widder nicht immer mit den herrschenden Werten und Normen überein. Die äußere Form – überhaupt die Form – sagt der Widder-Venus wenig. Ihr geht es stattdessen um Inhalte, um Kriterien wie Individualität oder Originalität. Wichtig ist nicht die Form, sondern die zugrundeliegende Idee oder der Zusammenhang mit anderen Ideen oder Möglichkeiten. Hierin liegt für die Widder-Venus der Schlüssel für Schönheit und Harmonie.

Mit dieser Stellung bringt der Mensch seiner Umwelt viel Wärme entgegen, und es spielt eigentlich keine Rolle für ihn, welche Reaktionen er damit hervorruft. Dem Widder ist es wichtig, in der Umgebung Spuren zu hinterlassen. Mit der Widder-Venus zeigt der Mensch häufig ein Verhalten, das von großer Anteilnahme oder auch Aufrichtigkeit geprägt ist. Wenn aber das hochaufgeloderte Strohfeuer ausgebrannt ist, läßt er möglicherweise die alte «Flamme» sitzen und macht sich auf den Weg für die nächste Eroberung. Dies geschieht nicht aus dem Wunsch heraus, jemanden zu verletzen, sondern deshalb, weil das Neue und Abwechslung so wichtig sind. Aber auch bei dieser Widder-Stellung wird seitens der Mitmenschen oft über mangelnde Rücksichtnahme und wenig Einfühlungsvermögen geklagt. Es ist allerdings auch so, daß der Mensch mit der Widder-Venus zutiefst deprimiert ist, wenn der Partner die Beziehung beendet.

Wir müssen uns immer darüber im klaren sein: Wenn der Widder Probleme hat, wird er seiner Natur gemäß in die Welt ziehen. Neue Eroberungen zu machen ist seine Art und Weise, Schmerz zu verarbeiten. Er ist durchaus nicht weniger empfindlich als andere – es erscheint nur manchmal so.

♂ ♈ *Mars im Widder*

Mars steht im Widder in seinem eigenen Zeichen. Hier kann er also alle seine Qualitäten – sowohl die «guten» als auch die «schlechten» – optimal zur Entfaltung bringen. Mit den Feuerzeichen gehen eine verstärkte Tatkraft und viel Energie einher. Mit dem Mars im kardinalen Zeichen Widder werden die Aktivitäten direkt auf die Umgebung gerichtet. Es ist denn auch nicht verwunderlich, daß es dabei manchmal zu sehr dynamischen oder auch zu übermäßig starken Auswirkungen kommt.

Mars steht für die Kraft im Menschen, die ihn von den anderen unterscheidet. In Verbindung mit einem Feuerzeichen kommt es zu einer aus sich selbst heraus lebenden Energie, die sehr ichbezogen ist und die sich mit der eigenen Person in der Außenwelt beschäftigt, ohne sich dabei besonders viel um andere zu kümmern. Das kardinale Kreuz braucht die Konfrontation mit der Außenwelt – dies ist die Art und Weise, auf die die Widder-Inhalte am besten verarbeitet werden. Der Widder zeigt viel Energie bei seinen Aktivitäten, und der Mars in diesem Zeichen bewirkt ungemein viel Tatkraft. Das Ich-Gerichtete des Feuers und das Ich-Gerichtete des Mars bedeuten bei dieser Stellung ein überaus starkes Bedürfnis, den eigenen Weg zu gehen, ohne jemandem Rechenschaft ablegen zu müssen. Die Energie, die dabei zur Verfügung steht, ist außerordentlich groß (es handelt sich um ein Feuerzeichen!).

Wenn der Widder an etwas interessiert ist, setzt er sich dafür mit ganzer Kraft ein, was sicherlich damit zusammenhängt, daß hier die mit dem Element Feuer verbundene innere Vision nach außen gebracht wird. Mars im Widder gibt Selbstvertrauen und Mut, und es ist denkbar, daß dies in Tollkühnheit oder auch Kampfeslust umschlagen kann. Geltungsdrang ist ebenfalls ein Stichwort, und möglicherweise läuft dieser Mensch Gefahr, nur seine eigenen Interessen gelten zu lassen, was ihn in den Ruf bringen kann, egoistisch zu sein. Wenn die Energie des Widder-Mars sich nicht entladen kann, führt die aufgestaute Spannung (die mit dem kardinalen Kreuz einhergehende Energie muß nach außen kommen) zu Aggressivität, Unberechenbarkeit oder sogar zu Gewalttätigkeit.

Mars im Widder zeigt seine Fähigkeiten da, wo rasches Handeln, Konkurrenzgeist und ein energisches Auftreten verlangt werden, wo Neuland betreten werden muß oder wo Kraft nötig ist. Die überaus aktive und bahnbrechende Kraft kann sich allerdings auch schon einmal destruktiv auswirken. Allerdings ist womöglich aber gerade das der Anlaß dafür, daß etwas Neues entsteht. Der Mars im Widder kommt vielleicht auf eine Art und Weise zum Ausdruck, die roh und ungeschliffen ist und die nichts von sozialen Umgangsformen hält, bei der aber der Ausspruch «harte Schale, weicher Kern» zutreffen kann.

Mit dem Widder-Mars erhalten wir also das Bild von einer Persönlichkeit, die sich uns energisch, aktiv, feurig, kämpferisch und mit einem Gefühl für Individualität präsentiert. Abwechslung und Abenteuer sind für sie wichtig. Das Übermaß an Energie, welches im Rahmen unserer Gesellschaft nicht ganz einfach zum Ausdruck zu bringen ist, kann unter Umständen auch zu einem aggressiven Verhalten führen. Dieses wird aber für gewöhnlich nur von kurzer Dauer sein – sobald etwas Neues auftaucht, ist der Widder-Mars wieder beschäftigt. Spannungen können denn auch am besten durch vielfältige geistige und körperliche Aktivitäten abgebaut werden. Passivität und Routine dagegen sind Gift für diesen Menschen.

♃ ♈ *Jupiter im Widder*

Der Expansionsdrang von Jupiter im Widder ist groß. Mit dem Planeten Jupiter geht das innerliche Bedürfnis nach der Ausweitung des Horizontes einher, was auch dem Element Feuer entspricht, welches ständig auf der Suche nach neuen Möglichkeiten ist. Weil wir es hier mit dem kardinalen Kreuz zu tun haben, manifestiert sich dies auch in äußerlicher Hinsicht. Wir können also beim Widder-Jupiter von einem Bedürfnis nach ständig neuen Erfahrungen sprechen, welche eine Erweiterung des Gesichtsfeldes bedeuten. Es geht des weiteren darum, den Drang nach Weiterentwicklung und innerlichem Wachstum auf eine abwechslungsreiche und vor allem auch individualistische Weise zu befriedigen. Mit dieser Stellung sind neue Einsichten und Erkenntnisse von großer Wichtigkeit. Das Bedürfnis nach geistigen und religiösen Erlebnissen kann am besten im Rahmen von immer wieder anders gelagerten Erfahrungen befriedigt werden. Allerdings bringt der Widder-Jupiter auch die eigenen Überzeugungen voller Feuer und Enthusiasmus nach außen.

Mit dem Widder-Jupiter ist das Bestreben verbunden, das Leben in vollen Zügen zu genießen. Das Abenteuer übt hier einen starken Reiz aus, weil es in Übereinstimmung mit dem Bedürfnis steht, sich von innen heraus zu erweitern und zu entwickeln. Die Suche nach Glück und einer sorgenfreien Existenz und der Wunsch nach immer wieder neuen Erfahrungen sind Beschreibungen dafür. Die Erfahrungen müssen nicht tiefgründig sein – das Entscheidende ist, daß es hier um etwas geht, was außerhalb der eigenen Person liegt.

Freiheit und Entfaltungmöglichkeiten können für diesen Menschen eine fast schon heilig zu nennende Bedeutung annehmen. Er wird sich mit Hingabe für alle Ziele einsetzen, die mit diesen Idealen zu tun haben. Diese Ziele müssen nicht in der eigenen Person begründet liegen, sie können auch mit allem zusammenhängen, was sich in der Außenwelt abspielt. Das kardinale Kreuz richtet seine Energie ja überwiegend nach außen.

Der Widder-Jupiter wirkt aus einem Feuerzeichen heraus, was in gewisser Weise eine Ich-Bezogenheit zur Folge hat. Allerdings wird er gemäß der Ausrichtung auf die Umgebung sein Entfaltungsstreben auch gerne zum Nutzen anderer zur Anwendung bringen. Er ist in der Lage, mit Warmherzigkeit und Enthusiasmus beim Aufbau von allem, was der Umgebung dienen kann, behilflich zu sein. Durch die Freude, die er daran hat, und die Anerkennung, die ihm entgegengebracht wird, kann er innerlich wachsen. Auf diese Weise kann Jupiter durch die Rückkoppelung mit der Außenwelt auch innerlich zu persönlichem Wachstum und Fortschritt führen.

♄ ♈ *Saturn im Widder*

Die innengerichtete und verschlossene Haltung, die mit dem Planeten Saturn einhergeht, ist schlecht in Verbindung zu bringen mit dem Zeichen Widder, das von allen das am stärksten auf das Äußerliche gerichtete ist. Mit dieser Stellung besteht ein sehr starkes Bedürfnis nach Formung eines Bewußtseins sowie einer eigenen, deutlich ausgeprägten Individualität.

Das Element Feuer aber geht die Dinge ja oftmals zu schnell an (was hier um so stärker gilt, weil es sich um das kardinale Kreuz handelt), während saturnische Prozesse nun einmal ihre Zeit brauchen.

Das saturnische Verantwortungsgefühl hat ebenfalls seine Schwierigkeiten mit dem Zeichen Widder, welches so sehr auf Abenteuer und Abwechslung eingestellt ist. Damit hängt es zusammen, daß der Mensch mit einem Widder-Saturn manchmal undurchdachte Dinge tut, wenig Durchsetzungsvermögen zeigt oder sich blindwütig in die Sache verbeißt, mit der er sich identifiziert. Das sorglose, abenteuerliche Leben, wie es der Widder anstrebt, steht im Widerspruch zum begrenzenden Saturn. Es gibt hier zwei Arten der Reaktion: Entweder geht Saturn der Konfrontation aus dem Weg und entwickelt dem Leben gegenüber Ängste (was natürlich überhaupt nicht zu dem so lebenslustigen Element Feuer paßt), oder er überkompensiert die Angst, indem er immer wieder zu beweisen versucht, was für tolle Abenteuer er erlebt. Daß dies zu negativen Auswirkungen führt, braucht wohl nicht näher erläutert zu werden. Ursache dafür ist jedenfalls ein Mangel an Selbstvertrauen.

Saturn als der Lernprozeß durch Schmerzen im Zeichen Widder wirft den Menschen durch seine eigenen unverantwortlichen Taten, durch sein unbedachtes Handeln und die Schwierigkeiten, die daraus hervorgehen, auf sich zurück. Wird die Lektion gelernt, erfährt der Mensch in sich eine Kraft, die ihn auf sehr individuelle Weise lehrt, er selbst zu sein. Bis dorthin ist es aber häufig ein langer Weg. Es ist nicht leicht für Saturn, sich in diesem Zeichen zu entfalten.

⛢♆♇ ♈ *Uranus, Neptun und Pluto im Widder*

Schon bei den Planeten Jupiter und Saturn spielen auch kollektive Faktoren bei der Deutung eine Rolle (siehe Kapitel 2). Was Uranus, Neptun und Pluto angeht, ist dies – zumindest, was die Zeichen betrifft – in einem noch viel stärkeren Ausmaß der Fall. Bei den Menschen derselben Jahrgänge stehen diese Planeten in denselben Zeichen. Natürlich hat dies auch eine Bedeutung auf der persönlichen Ebene – wichtiger aber sind die kollektiven Auswirkungen dieser Stellungen, aus dem Grunde eben, daß über viele Jahre hinweg alle Geborenen diese Stellung aufweisen.

Mit diesen drei Planeten geht es um die innerliche Neigung zum Durchbrechen der Form und das Bedürfnis nach Originalität (Uranus), um das Bestreben, die Form zu verfeinern, aufzulösen oder zu transzendieren (Neptun) und um den Drang, Macht, Konfrontation und Transformation zum Ausdruck zu bringen (Pluto). Was nun das Zeichen Widder betrifft, könnten wir sagen, daß sich all dies in einem auf die Außenwelt gerichteten Sinn manifestiert. Die Energien sind durch eine (unbewußte) Ich-Bezogenheit gekennzeichnet und kommen von einem immateriellen Hintergrund aus zur Wirkung. Die Konfrontation mit der Außenwelt (kardinales Kreuz) kann hier einen unterstützenden Einfluß ausüben.

Uranus bedeutet in diesem Zeichen, daß es um das Bedürfnis geht, den eigenen Entwicklungsmöglichkeiten gemäß zu leben und die eigene Individualität hervorzuheben. Persönliche Freiheit spielt eine wichtige Rolle. Auffallend ist, daß die Tiefenpsychologie zu der Zeit, als Uranus in diesem Zeichen stand, einen großen Aufschwung nahm und gänzlich neue Wege aufzeigte. Diese Wege stehen uns auch heute noch zur Verfügung, um die Individualität zu entwickeln und um zu einem «neuen» Menschen zu werden. Widder als das erste Zeichen steht in gewisser Weise für den neuen Zyklus, der ja den Abschluß des alten und einen Neuanfang markiert. Uranus kann insofern in diesem Zeichen auf prägnante Weise nach außen treten. Als Uranus im Widder stand, fand der Mensch neue Wege und Möglichkeiten, seine Individualität zu entfalten. Alle Menschen, die diese Stellung in ihrem Horoskop haben, tragen diesen Aspekt der Zeit in sich. Sie führen uns diese Entfaltungsmöglichkeiten vor Augen.

Neptun wirkt im Widder auf eine Art und Weise, die dem in mehrfacher Hinsicht entgegengesetzt ist. Sehr wahrscheinlich werden einerseits die Identität und die eigenen Entwicklungsmöglichkeiten in einem diffusen Licht erscheinen, andererseits aber könnten in diesem Zusammenhang auch verfeinerte Formen auftreten. Dies gilt insbesondere für den Menschen, der reif für die feineren Schwingungen Neptuns ist.

Pluto im Widder: Es wird noch einige Zeit dauern, bis diese Stellung Realität ist – wie bei Neptun in diesem Zeichen auch. Wir dürfen für diese Zeit neue Entwicklungen im Hinblick auf die Individualität sowie Autoritätskonflikte und persönliche Konfrontationen erwarten.

Um es noch einmal resümierend zu sagen: Für alle Planeten im Zeichen Widder gilt, daß sie in der Außenwelt zum Ausdruck kommen wollen – und werden. Ob dies nun unbewußt geschieht oder nicht: Sie können sich aufgrund des kardinalen Kreuzes nun einmal am besten entfalten, wenn sie ihre Energie nach außen bringen.

Feuer und das fixe Kreuz: Löwe

(Inferiores Element: Erde)

☉ ♌ *Sonne im Löwen*

Das Element Feuer macht sich auch bei dieser Stellung bemerkbar. Allerdings verarbeitet der Löwe seine Erfahrungen auf eine ganz andere Art und Weise als der Widder. War beim Widder alles auf die Außenwelt gerichtet sowie auf die Wahrnehmung der Einwirkung auf diese, geht es beim Löwen hauptsächlich um das Innere: die eigene innere Stimme und die Anpassung des Bewußtseins an die innerlichen, aus dem Unbewußten stammenden Forderungen der Psyche. Die Art und Weise, auf die der Löwe seinem Leben am besten Ausdruck verleihen kann, ist der des Widders entgegengesetzt: Der Löwe verarbeitet die Erfahrungen mit der Außenwelt und die daraus resultierenden Probleme in sich selbst. In diesem Verarbeitungsprozeß spielt die Außenwelt keine Rolle mehr. Wo der Widder sich seinem Wesen gemäß in äußerlicher Aktivität abreagiert, wird der Löwe innerlich aktiv.

Das Eingehen auf die innere Stimme ist beim fixen Kreuz keine bewußte Entscheidung. Es ist vielmehr ein selbstverständliches Muster, welches kaum einmal infragegestellt wird. Diese Art und Weise des Verarbeitens ist für den Löwen so natürlich, daß er sich nicht vorstellen kann, ein anderes Verhalten zu zeigen. Zu einem gewissen Teil gilt dies auch für das kardinale und für das veränderliche Kreuz – allerdings in einem weniger starken Maße als für das fixe Kreuz, aus dem Grund, daß dieses am stärksten von sich selbst ausgeht.

Das Feuer richtet sich hier gewissermaßen bei der Integration der Erfahrungen nach innen. Jemand mit der Sonne im Löwen wird sich also nicht durch die ununterbrochene Beschäftigung mit und in der Außenwelt zu verwirklichen suchen, sondern durch die Beschäftigung mit sich selbst. Das kann zu der Kritik führen, egoistisch zu sein – was auf den Löwen mehr oder weniger zutrifft. Das stark ichbezogene Feuer-Element in Kombination mit dem fortwährend in sich forschenden fixen Kreuz läßt im allgemeinen tatsächlich wenig Raum für andere. Das soll aber nicht heißen, daß der Löwe-Mensch nun in seiner Ich-Betonung einsam durchs Leben geht. Im Gegenteil: Oftmals kann er sehr viel für andere bedeuten, gerade weil er so sehr auf sich bezogen ist. Seine große Kraft liegt in der Auseinandersetzung mit seinem Unbewußten. Kann er sich in diesem Gefecht behaupten, wird das seiner Selbstdarstellung zugute kommen und sein Selbstvertrauen stärken. Der Löwe, der Selbstvertrauen ausstrahlt, kann für andere eine Stimulanz sein.

Die Auseinandersetzung mit dem Unbewußten führt möglicherweise aber auch dazu, daß der Löwe auf bestimmte Dinge oder Ereignisse geradezu besessen reagiert. Vielleicht fixiert er sich auch auf den Streit als solchen (die Krise) oder auf das ständige Flüchten davor. Letzteres dürfte ihm aber schwerfallen, weil er mit dem fixen Kreuz ja immer auf die Konfrontation mit dem eigenen Unbewußten ausgerichtet ist. Der Mensch mit der Löwe-Sonne kann mit dem fixen Kreuz zu einem strahlenden Führer oder auch zu einem wahren Despoten werden, abhängig davon, welche Seite in ihm die Oberhand gewinnt.

Weil das fixe Kreuz im Zeichen Löwen immer wieder unbewußte Inhalte in das Bewußtsein ruft, wird das Ego (symbolisiert durch die Sonne) stets aufs neue mit dem Ozean der Ur-Erfahrungen konfrontiert. Im Laufe des Wachstumsprozesses setzt sich dieser Mensch dann mit diesen Inhalten auseinander. Für den sowohl durch das Kreuz als auch das Element stark auf sein Ich bezogenen Löwen stellt diese Konfrontation einen Quell der Unsicherheit dar. Als Reaktion darauf wird häufig versucht, Anerkennung und Respekt zu bekommen und eine Machtposition zu bekleiden. Aus der Auseinandersetzung mit der persönlichen Unsicherheit können Qualitäten wie Führungs- und Willensstärke, Selbstvertrauen und ein Gefühl der Würde resultieren. Wenn sich aber Blockaden und Hemmungen bemerkbar machen, werden – in welchem Ausmaß auch immer – mit der starken Ich-Bezogenheit Tyrannei, Herrschsucht und Egoismus verbunden sein. Prahlerei und Machtgehabe wären weitere Stichworte.

Die Lebenslust des Elementes Feuer ist auch beim Löwen vorhanden. Sie tritt aber nicht so stark zutage wie bei den anderen Feuerzeichen. Der Löwe braucht denn auch keine großartigen Abenteuer in der Außenwelt. Er kann über lange Zeit an ein und demselben Platz bleiben und sich vollständig auf eine Sache konzentrieren – unter der Voraussetzung, daß ihm bei seiner innerlichen Unsicherheit Anerkennung zuteil wird.

Dieser innere Kampf (der dem Löwen vielleicht nicht einmal bewußt ist) liegt auch dem Hinweis verschiedener Astrologiebücher zugrunde, daß man dem Löwen nur fortwährend auf die Schultern klopfen muß, um sich seinen Beistand zu sichern. Jede Anerkennung, die er erfährt – ob sie nun eigentlich ernst gemeint ist oder nicht –, ist ihm eine Stütze. Wenn wir aber weiter in den astrologischen Büchern lesen, daß der Löwe ein außerordentlich starkes Ich-Bewußtsein hat und voller Selbstvertrauen ist, dann scheint dies ein Widerspruch zu sein. Der Löwe ist aber nicht von vornherein diese selbstbewußte Erscheinung – es handelt sich hier lediglich um die am besten geeignete Art und Weise, sich dem eigenen Wesen gemäß zum Ausdruck zu bringen. Wir sehen hier seinen schwachen Punkt, den zu heilen er bemüht ist.

Der Löwe hat das Bedürfnis, sich selbstbewußt und optimistisch darzustellen, und oftmals entwickelt er deshalb in seinem Leben tatsächlich großes Selbstvertrauen. Wie dem auch sein mag – in diesem Punkt ist er empfindlich, und das liegt auch der häufig geäußerten Bemerkung zugrunde, daß der Löwe denjenigen wie eine heiße Kartoffel fallen läßt, der ihn einmal verletzt hat. Solch eine Verletzung bedeutet für ihn nichts anderes, als daß ihn jemand – bewußt oder unbewußt – daran hindert, er selbst zu werden, was er nicht ertragen kann. Dies ist unvereinbar mit seiner Löwe-Energie, die strömen will. Diese Sensibilität und seine schnell aufkommende Reizbarkeit stehen – wie das Festhalten an Statussymbolen, Urkunden, Medaillen und anderen greifbaren Beweisen von Anerkennung auch – in enger Verbindung zum fixen Kreuz. Das fixe Kreuz läßt Bruchstücke des inferioren, im Unbewußten gelagerten Elementes – in diesem Fall das Element Erde – aufsteigen. Das Element Erde ist in einem sehr starken Maße auf das Konkrete ausgerichtet beziehungsweise auf die stoffliche Erscheinungsform der Dinge. Der schwache Punkt des Löwen liegt also in der Konfrontation mit dem Stofflichen, welches er mit Zwang integrieren will, und in seiner persönlichen Unsicherheit (beides als Folge der Wirkung des fixen Kreuzes). Das Vertuschen dieser Unsicherheit durch die Überbetonung des Stofflichen (Prahlen mit Luxus) ist dem Löwen nicht fremd.

Da hier das Element Erde inferior ist, hat der Mensch mit der Löwe-Sonne insofern Schwierigkeiten, als daß es nicht der Kontrolle seines bewußten Willens zugänglich ist. So ist es also möglich, daß er in einem Moment alles besitzen möchte und im nächsten Haus und Hof hergibt. Der Löwe schenkt vielleicht aus dem Grund, Selbstvertrauen und Anerkennung zu finden, und möglicherweise sind seine Gaben von geradezu königlichen Ausmaßen. Mit dem fixen Kreuz hat dieser Mensch die Möglichkeit, mit unbewußten Inhalten und auf unbewußte Weise sein Bewußtsein zu stärken.

Um es noch einmal zusammenzufassen: Der Löwe verfügt über viel Dynamik, Lebenskraft, Wärme und Kreativität. Er ist auf sein Inneres ausgerichtet. Aus der Auseinandersetzung mit seinen unbewußten Inhalten resultiert seine persönliche Unsicherheit, welche er aufs intensivste bekämpft, weil dies die Art und Weise ist, auf die er sein Ego am besten zur Entfaltung bringen kann. Loyalität, Edelmut, Willenskraft und Ehrgeiz können ihm dabei helfen. Treten Hindernisse auf, können Egozentrik, Herrschsucht und anderes mehr auftreten. Alle diese Manifestationsformen haben aber – so unterschiedlich sie auch zu sein scheinen – eine gemeinsame Quelle: Es handelt sich hier um die Kombination einer feurigen Lebenseinstellung mit einer festen (regressiven) Art und Weise, die Erfahrungen zu verarbeiten.

☽ ♌ *Mond im Löwen*

Bei dieser Mondstellung wird das nach außen gerichtete Feuer gewissermaßen durch das fixe Kreuz im Zaum gehalten: Alles wird nach innen geholt, die Verarbeitung geschieht im Inneren, und die Ergebnisse dieses Prozesses werden im Inneren gehalten. Lebenslust und Enthusiasmus kommen – wie bei der Sonne im Löwen auch – zum Ausdruck, und zwar beim unbewußten emotionalen Verhalten. Dieses ist nun auf das Innere bezogen und kommt schwieriger nach außen. Weil die Energie auf eine regressive Weise nach innen gerichtet ist, brechen häufig unbewußte Inhalte in das Bewußtsein ein, was für viel Unsicherheit sorgen kann (wie wir es auch bei der Löwe-Sonne gesehen haben). Beim Mond in diesem Zeichen kommt es aber zu etwas anderen Auswirkungen: Mit dem Mond ist ein größeres Bedürfnis nach Sicherheit als mit der Sonne verbunden, mit der Folge, daß der Löwe-Mond in Situationen der Unsicherheit schneller mit Überkompensation reagiert.

Der Löwe-Mond braucht die Gewißheit, in seiner Umgebung beziehungsweise der Gesellschaft überhaupt eine wichtige Rolle zu spielen. Das nicht deshalb, weil ihm der ganzheitliche Aspekt wichtig wäre (das sehen wir mehr beim kardinalen Kreuz) – es resultiert vielmehr aus seinem Gefühl der Unsicherheit, welches seinen Grund in dem Aufsteigen von allerlei destruktiven Inhalten in die Psyche hat. Auf der einen Seite könnte dies also zu einem Bewußtseinszustand der Ausgewogenheit führen, auf der anderen Seite aber, bei der Überkompensation, zu einer aufgeblähten Bewußtseinshaltung. Wegen der problematischen Begleitumstände, die mit dem fixen Kreuz verbunden sind, wird der Mond schneller als in jedem anderen Zeichen hier zur Überkompensation neigen. Als Folge ergibt sich für diese Stellung ein deutlich wahrnehmbares Bedürfnis nach Macht, Ehre und Anerkennung – sowohl in gesellschaftlicher als auch in familiärer Hinsicht. Es sind also tyrannenhafte Eigenschaften denkbar – zu gleicher Zeit aber ist der Mensch mit einem Löwe-Mond für jede Ehrerweisung und Anerkennung so dankbar, daß er im Gegenzug unbeschränkte Hilfe und Freundschaft anbietet. Dieser Mensch kann ein guter Führer sein, aber schlecht Kritik vertragen (wobei nur wenige wissen, wie unsicher er im Grunde seines Wesens eigentlich ist).

Eine Entsprechung wäre hier der strenge, von seiner Frau und seinen Kindern keinen Widerspruch duldende Familienvater, der im Grunde seines Herzens liebevoll und gerecht ist.

Auch hier besteht das Bedürfnis nach Abwechslung, welches aber keine ausschlaggebende Rolle spielt. Das fixe Kreuz hat zur Folge, daß auch das dem Feuer entgegengesetzte Element Erde an die Oberfläche steigt. Das bedeutet bei dieser Mondstellung ein Bedürfnis nach – vor allem materieller – Sicherheit, welches sich zu den unpassendsten Momenten manifestieren kann. Insofern wird – was bei den anderen Feuerzeichen nicht gilt – der Mensch mit dem Mond im Löwen ausharren und nicht sofort auf jede Gelegenheit reagieren. Dieser Mensch hat das Bestreben, seinen Platz zu behaupten und sich häuslich auf ihm einzurichten, gemäß den Maßstäben, die ihm Ehre und Ansehen verschaffen könnten.

Das Gefühl seines persönlichen Wertes ist dem Menschen mit einem Löwe-Mond von großer Bedeutung. Das gleiche gilt für sein Freiheitsbedürfnis. Wir dürfen beides nicht infragestellen. Mehr als bei jedem anderen Zeichen ist mit dem Löwe-Mond ein empfindliches Ego gegeben. Dieser Mensch ist für jedes Kompliment dankbar – mit der feuertypischen Naivität ist er aber auch für Schmeicheleien empfänglich. Eitelkeit ist ebenfalls eine Schwäche von ihm.

Wenn der Löwe-Mond sich in seiner Umgebung oder Gesellschaft respektiert fühlt und seinen Großmut zeigen kann, werden wir erkennen, daß dieser Mensch sehr viel zu geben hat.

☿ ♌ *Merkur im Löwen*

Die Erfahrungen, denen der Löwe-Merkur begegnet, werden auf eine idealistische Art (Feuer) verarbeitet. Es kommt diesem Menschen darauf an, Möglichkeiten und Potentiale zu erkennen – was im Grunde nichts anderes als der innerliche Zusammenhang mit den anderen Tatsachen ist. Das Bedürfnis, hinter die stoffliche Erscheinungsform zu blicken und die großen Zusammenhänge zu entdecken, ist deutlich ausgeprägt. Dies ist nach außen hin nicht unbedingt ersichtlich, aus dem Grund, daß das fixe Kreuz in seiner Beschäftigungsweise in einem so starken Ausmaß nach innen gerichtet ist.

Der Mensch mit dieser Merkur-Stellung schweigt, wenn es nötig ist, was aber nicht heißt, daß in seinem Inneren Stille herrschen würde. Das Denken erfährt hier keine Unterbrechung, und es geht sehr viel weiter, als es die konkrete Situation des Augenblicks erwarten läßt. Feuer steht für das Bestreben, den Horizont zu erweitern, was auch für den Feuer-Merkur gilt. Wir haben es hier mit einem weitblickenden Menschen zu tun, mit jemandem, der nicht auf die Details schaut, sondern lieber in großen Zusammenhängen denkt. Ein Löwe-Merkur vertieft sich in das, womit er beschäftigt ist (fixes Kreuz) – in buchstäblichem und in übertragenem Sinn. Seine Arbeitsweise ist nicht unbedingt schnell; sie geschieht auf eine Art, die aus dem Inneren kommt. Es kann eine große Vision vorhanden sein, die mehr oder weniger den Stempel der Persönlichkeit trägt. Feuer steht ja für Ich-Bezogenheit, und das fixe Kreuz hört auf die Forderungen, die das eigene Innenleben stellt. Das fixe Kreuz ist beim Löwe-Merkur zugleich die Ursache dafür, daß bestimmte, dem Element Erde zugehörige unbewußte Inhalte emporsteigen (ohne daß der Mensch dies möchte; siehe beispielsweise Kapitel 7); es hat außerdem damit zu tun, daß diese Inhalte von einer Art sind, die das bewußte Ich schädigen können.

Das Denken des Löwe-Merkurs kann – mehr als es bei den anderen Merkur-Stellungen im Element Feuer der Fall ist – eine Ausrichtung auf das Materielle bedeuten. Manchmal haben diese Menschen das Bedürfnis, äußerliche Anerkennung für ihr von Unsicherheit geprägtes Denken zu suchen. Klappt dies nicht, könnte es dazu kommen, daß keine Widerrede geduldet wird oder Pläne geschmiedet werden, die immer größere Dimensionen annehmen und schließlich nichts mehr mit der Wirklichkeit zu tun haben. Bekommt Merkur im Löwen jedoch das Vertrauen und die Ehre, die er – seiner Überzeugung nach – verdient, wird er es uns mit einer stolzen und dabei warmherzigen Hilfsbereitschaft danken.

Merkur gibt auch einiges im Hinblick auf die Art der Kommunikation zu erkennen. Der Mensch mit dem Löwe-Merkur neigt wahrscheinlich zu einer etwas autoritären Sprechweise. Es ist ihm wichtig, Selbstbewußtsein in seiner Art zu sprechen zum Ausdruck zu bringen. Manchmal besteht auch die Neigung, die Worte statusbewußt zu wählen. In seinen Kontakten sowie seiner Art zu reden ist dieser Mensch im allgemeinen freundlich und leutselig, warmherzig und loyal. Bestehen aber Behinderungen oder Blockaden, kann es zu einem Verhalten kommen, das von Geltungssucht, Angeberei und anderem mehr geprägt ist. Normalerweise aber steht der Löwe-Merkur für ein Denken und eine Art der Kommunikation, die stark durch die eigene Persönlichkeit gefärbt sind. Der persönlichen Unsicherheit soll dadurch entgegengetreten werden, daß man etwas darstellt.

♀ ♌ *Venus im Löwen*

Das Bedürfnis nach Harmonie und Schönheit, nach Wärme und Liebe zeigt sich in diesem Fall auf Löwe-Art: auf eine feurig-intensive, loyale und warmherzige, lebenslustige und ichbezogene Weise (Feuer). Dies gilt trotz der Tatsache, daß das fixe Kreuz normalerweise keine derart ungestüme Einstellung bedeutet.

Venus im Löwen hat viel mit den durch das fixe Kreuz aufsteigenden unbewußten Inhalten zu tun. Diese Inhalte tauchen immer wieder auf, ohne daß der Mensch das möchte, und er kommt zumeist nicht darum herum, ihnen Aufmerksamkeit zu schenken. Insofern bringt die Löwe-Venus das Bedürfnis nach Harmonie, Schönheit und Liebe zwar auf eine Feuer-Weise nach außen, zeigt dabei aber häufig unbewußte Erd-Merkmale, nämlich das Bedürfnis nach Sicherheit auf materiellem Gebiet. Die schönen Dinge des Lebens, Luxus und Bequemlichkeit sind typische Manifestationsformen der Löwe-Venus. Aufgrund der einwirkenden unbewußten Erd-Inhalte aber ergeben sich hier immer wieder Störungen. Die Löwe-Venus ist in einer Sekunde in der Stimmung, gutherzig ihren Besitz zu verschenken, und im nächsten Augenblick übt das Glücksspiel eine unwiderstehliche Faszination auf sie aus. Wie wir das im einzelnen auch interpretieren mögen: Das Feuer ist hier auf die Möglichkeiten ausgerichtet, die die Zukunft bringen könnte.

Auch der Planet Venus unterliegt den störenden Einflüssen der Inhalte des fixen Kreuzes. Die Unsicherheit, die aus dem Unbewußten resultiert, spielt hier immer wieder eine Rolle. Die Löwe-Venus braucht aus dieser Unsicherheit heraus oft viel Aufmerksamkeit, um sich bestätigt zu fühlen, und sie wird diese Aufmerksamkeit einfordern, wenn sie ausbleibt. Wenn hinsichtlich der Psyche Blockierungen vorhanden sind, kann dies soweit gehen, daß der Mensch mit dieser Stellung fortwährend Aufmerksamkeit, Beachtung oder auch Geschenke verlangt, vom Partner unerbittlich Gehorsam fordert oder vielleicht sogar angebetet werden möchte.

Normalerweise ist die Löwe-Venus ein guter Gastgeber – im übertragenen Sinn des Wortes. Die Anerkennung, die der Mensch hierbei erfährt, stärkt sein Ego und schmeichelt ihm. Der sanftmütige Inhalt der Venus in dem «königlichen» Zeichen Löwe verleiht oftmals großen Charme und kann feurige und leidenschaftliche Liebesbeweise bedeuten, wozu noch zu sagen ist, daß im Inneren viel mehr zustande gebracht wird als die Außenwelt zunächst bemerkt. Das Verteidigen seiner Würde, die für den im Grunde so empfindlichen Löwen derart wichtig ist, spielt auch bei der Venus in diesem Zeichen eine Rolle. Bei Blockaden kann es hier zur Prunk- und Prahlsucht kommen, bei Frauen auch zum Einsatz ihrer Weiblichkeit als Machtmittel. Das mitunter auch auf «königliche» Weise mit Geld umgegangen wird, bedarf wahrscheinlich keiner besonderen Erwähnung.

Auf der anderen Seite vermag die Löwe-Venus mit großer Anteilnahme und Herzlichkeit zu helfen, wenn jemandem Unrecht geschehen ist.

Dann reicht dieser Mensch bereitwillig die Hand, um dem anderen wieder aufzuhelfen. Wir können dabei davon ausgehen, daß er dies auf eine Weise tut, die von viel Takt und Würde gekennzeichnet ist. So wirkt seine Hilfsbereitschaft auf positive Weise auf das eigene Selbstgefühl zurück.

♂ ♌ *Mars im Löwen*

Der Mars in einem Feuerzeichen bedeutet, daß der Mensch viel Energie zur Verfügung hat. Wenn der Mars im Zeichen Löwe steht, kann es sich insofern um eine sehr energische, dynamische und lebendige Persönlichkeit handeln; aber auch hier gilt, daß der Tatendrang dem Bedürfnis entspringt, das eigene Ego zu stärken. Der Löwe-Mars kann viel Arbeit verrichten und Großes leisten – er möchte aber auch dafür anerkannt werden. Das fixe Kreuz, welches ihn aus dem Unbewußten heraus ständig mit seiner Unsicherheit konfrontiert, bewirkt, daß das Ego auf alle möglichen Weisen nach Anerkennung von der Außenwelt sucht. Wird ihm diese vorenthalten, kann ein sehr aggressives Verhalten die Folge sein. Wir können aber auf den unermüdlichen Einsatz und die große Arbeitslust rechnen, wenn wir dem Menschen mit dem Löwe-Mars zeigen, daß wir seine Leistungen zu schätzen wissen. Dabei will er keine ungerechtfertigten Schmeicheleien hören – Feuer bedeutet ja eine große Aufrichtigkeit in diesen Dingen. Nur wenn große Blockaden und Probleme vorhanden sind, wird der Löwe-Mars mehr Anerkennung fordern als ihm zusteht.

Das Bedürfnis nach Ehre und Bestätigung seines Egos und seines Könnens bedeutet, daß der Mensch mit dieser Stellung zu stolz ist, sich mit schlechter Arbeit zufriedenzugeben. Es ist auch sein Wettkampfgeist, der ihn in dieser Beziehung antreibt – es ist ihm ein Ansporn, der Schnellste, der Beste oder was auch immer zu sein.

Fühlt sich dieser Mensch in seiner Individualität angegriffen, kann er sich vehement und resolut zur Wehr setzen. Die Suche nach Bestärkung des eigenen Ichs ist sowohl eine Mars- als auch eine Löwe-Eigenschaft (im Zeichen Löwe ist das Element Feuer mit dem fixen Kreuz kombiniert). Das bedeutet, daß der Löwe-Mars ein starkes Bedürfnis hat, sich seiner Identität und seinem Ego gemäß darzustellen, und hier auch nach Anerkennung strebt. Er sucht die Anerkennung in der Außenwelt – es sind aber doch sein eigenes Urteil und seine eigenen Wertvorstellungen, die ihn tätig werden lassen. Für das fixe Kreuz ist die innere Stimme hier das Entscheidende, und wir dürfen denn auch die Suche nach Anerkennung in der Außenwelt nicht mit der Verarbeitungsweise des kardinalen Kreuzes verwechseln. Es geht hier darum, daß es sich um eine Hilfsmaßnahme des Bewußtseins handelt, sich gegen das Unbewußte zur Wehr zu setzen.

Der Löwe-Mars kann sein Aktivitätsmuster psychisch dann gut verarbeiten, wenn er der inneren Stimme Gehör schenkt und den unbewußten Forderungen nachkommt. Seine Empfindlichkeit richtet sich denn im Grunde auch nicht auf den Gegenstand, der seinen Zorn erregt. Es geht vielmehr um den Streit, den Mars im Inneren mit sich selbst führt. Diesem Kampf liegt wiederum die Angst zugrunde, sich nicht als Individuum darstellen zu können. Es handelt sich also letzlich um das Bedürfnis, sich dem eigenen Wesen gemäß zu präsentieren. Der Löwe-Mars kann hierbei ausgeprägte Führungsqualitäten entwickeln. Er sollte sich aber davor hüten, andere nur deshalb herumzukommandieren, um sich die schmutzige Arbeit zu ersparen. Der Kern von all diesem ist jedoch, daß der Löwe-Mars durch Aktivität und Arbeit sowie die Auseinandersetzung mit anderen Selbstbestätigung sucht.

♃ ♌ *Jupiter im Löwen*

Der auf Ausbreitung und Erweiterung gerichtete psychische Inhalt, der vom Planeten Jupiter symbolisiert wird, hat im Zeichen Löwen keine besonderen Probleme. Das Feuer des Löwen strebt voraus, in die Zukunft. Neue Entwicklungen und große Pläne faszinieren das Feuer, nicht die Einzelheiten und Details. Jupiter stimmt damit überein, so daß wir bei der Stellung von Jupiter im Löwen viel Engagement und große Pläne und ein großes Expansionsbedürfnis erwarten können. Aber auch das unsichere Ego des vermeintlich so selbstsicheren Löwen, das so sehr auf Anerkennung erpicht ist, wird hier die Manifestationsform Jupiters beeinflussen. Jupiter also wird probieren, diese Unsicherheit wieder wettzumachen, und vielleicht kommt es dabei zur Überkompensation. Zunächst einmal ist aber ein durch und durch joviales und wohlwollendes Verhalten zu erwarten. Jupiter im Löwen kann sich auf eine geradezu königliche Weise äußern und viel Würde verleihen. Die unbewußten Inhalte des Elementes Erde, die hier bei dem fixen Kreuz aufsteigen, haben möglicherweise aber auch Prunk- und Genußsucht zur Folge.

Das religiöse und geistige Bedürfnis Jupiters ist aber auch in diesem Zeichen gegeben. Es ist ein Gefühl für die höheren Werte vorhanden – auf welche Weise dies im täglichen Leben auch zum Ausdruck kommen mag. Eine hervorgehobene gesellschaftliche Position, von der aus der Mensch sein Wohlwollen zeigen kann, ist eine der möglichen Äußerungsformen. Auch für Arbeit im religiösen Bereich ist dieser Mensch geeignet: Der warmherzige und leutselige Jupiter im Element Feuer kann anderen Mut machen, allein schon durch seinen jovialen Enthusiasmus. Weil es sich um das fixe Kreuz handelt, hat die Außenwelt zudem das Gefühl, daß die Wärme bei diesem Mensch aus dem Inneren kommt.

Auch für Jupiter im Löwen ist Anerkennung wichtig. Bekommt er sie, ist er die Güte selbst. Muß er darum kämpfen, können egoistische Züge in Erscheinung treten und Autoritäts- oder Machtkonflikte die Folge sein.

♄ ♌ *Saturn im Löwen*

Der psychische Inhalt Saturns hat es im Löwen schwer. Das Element Feuer ist kein idealer Platz für ihn, und zwar aus dem Grund, daß die auf die Außenwelt und die Zukunft gerichtete Haltung des Elementes Feuer schlecht zu dem im Hier und Jetzt lebenden, innengerichteten Saturn paßt. Das fixe Kreuz wiederum läßt vermuten, daß Saturn in diesem Zeichen ohne größere Schwierigkeiten zum Ausdruck kommt – was aber nicht zutrifft. Saturn als der Inhalt, der den Menschen in die Lage versetzt, sein Bewußtsein zu strukturieren, wird im Zeichen Löwen ja mit den verschiedensten unbewußten Faktoren konfrontiert. Diese Faktoren schwächen das Bewußtsein, was der Grund dafür ist, daß der Löwe ein solch starkes Bedürfnis nach Bestätigung hat. Die bewußtseinsstrukturierende Saturn-Kraft muß im Zeichen Löwe also einen «Zwei-Fronten-Krieg» führen: Zum einen muß sich diese nach innen gerichtete Kraft in einem Zeichen behaupten, das außengerichtet ist; zum anderen hat sie sich mit den fortwährend aus dem Inneren aufsteigenden verunsichernden unbewußten Faktoren auseinanderzusetzen.

Saturn im Löwen kann darum wie ein in die Enge getriebenes Tier reagieren, wenn sich Einmischungen seitens der Außenwelt ergeben. Das Ego ist hier sehr verletzlich, woraus immer wieder neue Macht- und Autoritätskonflikte erwachsen können.

Dies alles muß nicht bedeuten, daß der Mensch mit einem Löwe-Saturn zu einem Leben in Mißmut und Melancholie verdammt ist. Er kann im Gegenteil viel Lebensfreude entwickeln – auch wenn Saturn hier das Element Feuer einigermaßen abkühlen wird. Die Umgebung wird sich allerdings darüber im klaren sein müssen, daß jemand mit dieser Stellung in seiner Identität und seinem Bewußtsein sehr empfindlich ist und kaum Kritik vertragen kann. Das heißt nun aber wieder nicht, daß dieser Mensch kein oder nur sehr wenig Ich-Bewußtsein hätte. Es ist nur so, daß er aus sich heraus die – manchmal schmerzhaft starke – Notwendigkeit fühlt, sein Bewußtsein zu entwickeln. Und dies ist der Grund dafür, daß er in diesem Punkt so verletzlich ist.

Wie bei allen anderen Saturn-Stellungen gibt es auch hier wieder zwei Reaktionsmöglichkeiten: Entweder werden die Löwen-Eigenschaften überkompensiert und wir sehen einen Menschen, der sich in einer nicht zu verantwortenden Form dem Leben hingibt und seinen Mangel an Ich-Identität hinter Luxus und Ausschweifungen versteckt, oder es handelt sich um jemanden, der zunächst mit einer gewissen Scheu und Schuldgefühlen zu tun hat, wenn es um die Freuden des Lebens geht. Es sind hier natürlich viele Zwischenformen denkbar. Hervorzuheben ist aber, daß bei dem Löwe-Saturn das Bedürfnis, das eigene Ich-Bewußtsein und die eigene Identität auszubilden, überaus groß ist. Es handelt sich hierbei um den empfindlichsten Punkt der Psyche.

⛢♆♇ ♌ *Uranus, Neptun und Pluto im Löwen*

Der kollektive Einschlag, der mit diesen Planeten verbunden ist, macht die persönliche Deutung schwierig. Allgemein können wir sagen, daß die innerliche Neigung zum Durchbrechen der Form und das Bedürfnis nach Originalität (Uranus), das Bestreben, die Form zu verfeinern, aufzulösen oder zu transzendieren (Neptun) und der Drang, Macht, Konfrontation und Transformation zum Ausdruck zu bringen (Pluto), im Zeichen Löwe zunächst einmal auf feurige Weise nach außen hin in Erscheinung treten. Aufgrund des fixen Kreuzes aber fällt die Manifestation dann doch weniger heftig aus, als vielleicht zu erwarten wäre. Die psychischen Energien werden aus dem Element Feuer heraus ichbezogen sein und viel unbewußtes Material enthalten (fixes Kreuz). Innerliche Konflikte sind bei diesen Planeten im Zeichen Löwen gut möglich.

Interessant ist in dieser Hinsicht zum Beispiel, daß heute die Menschen, die **Pluto** im Löwen haben, auf die eine oder andere Weise von außen her (fixes Kreuz) mit Generationskonflikten zu tun haben, die eigentlich als Autoritätskonflikte zwischen Eltern und Kindern anzusehen sind. Dabei symbolisiert Pluto als Planet der Macht, daß keine Möglichkeit besteht, diesem Prozeß auszuweichen. Der von innen heraus wirkende Pluto (fixes Kreuz) hat nun Anerkennung nötig.

Uranus im Löwen steht für eine Generation, die das Bedürfnis hat, ihre eigene Identität auf sehr individualistische und unkonventionelle Weise zum Ausdruck zu bringen. Erfindungsreichtum und neue Auffassungen hinsichtlich der menschlichen Identität spielen hier eine große Rolle. Extreme Formen könnten sich in absoluter Egozentrik oder auch verweigerter Anerkennung der Individualität anderer bemerkbar machen.

Die Generation mit **Neptun** im Löwen hat eine Zeit der ungewöhnlichen Expansion mitgemacht (derjenigen, welche sich vom Ende des Ersten Weltkrieges bis zur Krise am Ende der 20er Jahre erstreckte). Sie mußte ihre zu großen Erwartungen mit einer weltumfassenden Identitätskrise, die von chaotischen Zügen geprägt war, bezahlen. Neptun im Löwen hat in gewisser Weise bei der Auflösung des festen Ich-Bildes vorbereitend gewirkt – einige Jahrzehnte später wurden dann die umwälzenden und transformierenden Inhalte von Pluto und Uranus in den vorbereiteten Boden gesät.

Feuer und das veränderliche Kreuz: Schütze

(Inferiores Element: Erde)

☉ ♐ *Sonne im Schützen*

Schütze als das dritte Feuerzeichen hat das veränderliche Kreuz als Werkzeug mitbekommen, was bedeutet, daß es weder gänzlich auf die Außenwelt orientiert ist (wie das kardinale Kreuz) noch gänzlich durch die eigene innere Stimme regiert wird (wie das fixe Kreuz). Seine Kraft liegt im Schaffen von Übergängen zwischen diesen zwei Arten der Verarbeitung, wodurch es im besten Falle Gegensätze vereinigen und zu einer lebensnahen Weisheit kommen kann. Anderen vermag dieser Mensch damit eine Hilfe zu sein. Im schlechtesten Falle ist er farblos und hat keine Richtung. Allerdings kann auch dann noch sehr deutlich sein, daß es um das Element Feuer geht.

Wenn auch das Element Feuer als nach außen gerichtet charakterisiert ist, kann es doch sein, daß der Schütze – aufgrund des veränderlichen Kreuzes – bei allem Tatendrang eher nach innen gekehrt ist. Die regressive Energierichtung konfrontiert ihn mit Inhalten aus seinem Unbewußten, und sein angeborenes Bedürfnis, Übergänge herzustellen und an der Integration zu arbeiten (veränderliches Kreuz), bewirkt, daß er vielleicht eine Zeitlang so intensiv wie der Löwe mit sich selbst beschäftigt ist, um dann wieder mit neuem Elan und neuem Optimismus nach außen hin aktiv zu werden – so, als wäre das nie anders gewesen. Das erweckt bei der Außenwelt den Eindruck von Unbeständigkeit. Allerdings hat der Schütze tatsächlich ein großes Bedürfnis nach Abwechslung. Er sucht nach den unterschiedlichsten Erfahrungen, die er dann auf Feuer-Art integriert. Er ist auf der Suche nach dem roten Faden, er will wissen, wie es um die verborgenen Zusammenhänge bestellt ist, und geht hier auf eine eher intuitive Art und Weise vor. Der Schütze muß Möglichkeiten vor sich sehen; seine Beweglichkeit bedeutet ein ständiges Bedürfnis nach Abwechslung. Mit dem Feuerzeichen ist dieser Mensch von seiner Natur aus an Neuentwicklungen interessiert. Dies ist auch der Quell für seinen Optimismus. Es spielt keine Rolle, auf was seine Aufmerksamkeit gerade gerichtet ist – wenn es nur neu und auf irgendeine Weise mit dem roten Faden verknüpft ist und weiterhin neue Entwicklungen garantiert (innerlicher oder äußerlicher Art).

Die Erweiterung des Horizontes ist ein gutes Stichwort für dieses Zeichen. So bleibt dieser Mensch in Bewegung und erhält immer wieder neue Impulse. Dies versetzt ihn auch in die Lage, immer wieder Neues zu integrieren oder aufzulösen. Mit dem veränderlichen Kreuz ist es ihm auf diese Weise auch möglich, sein Gleichgewicht zu bewahren. Wenn ein Schütze nicht mehr auf der Suche ist, ist er zum Stillstand gekommen (in körperlicher oder auch in geistiger Hinsicht); er kann dann seine Probleme nicht mehr lösen, und letztlich ist er dann nicht mehr er selbst.

Sein Enthusiasmus, seine Ausrichtung auf die Zukunft und seine ständige Suche gehen mit hohen Idealen einher. Es kann sein, daß diese zu hochgespannt sind, als daß sie zu verwirklichen wären – nichtsdestotrotz lehnt es der Schütze ab, sich mit eher konkreten oder alltäglichen Zielen zu beschäftigen. Das Hier und Jetzt hat für ihn relativ wenig Wert. Seine Beweglichkeit birgt allerdings die Gefahr in sich, daß er bei der Ausrichtung auf neue Impulse, Visionen und Ideale blind wird für die Gegenwart und gewissermaßen im intuitiven Erschauen von Möglichkeiten erstarrt. Dies kann zur Entfremdung von seiner Umgebung führen, wozu allerdings zu sagen ist, daß er seinen Mitmenschen ohnehin nicht besonders viel Aufmerksamkeit entgegenbringt.

Durch das auch nach innen wirkende veränderliche Kreuz steigen von Zeit zu Zeit unbewußte Inhalte auf. Insofern kann er auch hierauf sein Augenmerk richten und hier seinen Expansionsdrang befriedigen. Es ist möglich, daß dieser Mensch sich von sich aus Normen setzt und diesen gemäß lebt. Der Schütze kann sich auszeichnen durch viele Kenntnisse auf den verschiedensten Gebieten – wobei dahingestellt ist, ob das Wissen eher konkreter oder eher abstrakter Natur ist. Auch die Philosophie kann diesen Menschen faszinieren.

Ist die psychische Energie blockiert, kann es sein, daß sich das veränderliche Kreuz immer wieder auf unvorhersehbare Weise und in überkompensierender Form bemerkbar macht. In diesem Fall entpuppt sich der Schütze vielleicht als jemand, der fanatisch einem Hobby nachgeht oder der in Tagträume verfällt. Das von innen Kommende (also der fixe Teil des veränderlichen Kreuzes) macht sich dann in der Außenwelt als Ich-Fixierung bemerkbar, wobei der Mensch dies ja zum Ausdruck bringen muß (der kardinale Teil des veränderlichen Kreuzes). In diesem Fall wird also die eigenen Meinung zu Lasten der der anderen überbetont. Der Schütze hört dann zwar noch zu, widerspricht aber sofort oder legt das Gesagte in seinem Sinne aus.

Das Element Feuer in Verbindung mit dem veränderlichen Kreuz bewirkt, daß der Schütze das Neue und die Möglichkeiten braucht und daß er auf der einen Seite wie ein Widder auf alles losstürmen kann, auf der anderen Seite aber wie der Löwe auch innerlich beschäftigt ist. Insofern ist der Wunsch nach Anerkennung auch bei ihm gegeben. Es ist aber nicht so, daß er nur durch das Element Feuer beschrieben werden kann. Wenn er nicht mehr die Möglichkeit hat, Übergänge zu schaffen, Verbindungen herzustellen oder an der Integration von etwas zu arbeiten – kurz gesagt: nach der Synthese zu suchen –, reagiert der Schütze mit Depression. Dann verliert er den Kontakt zu seinem eigenen Wesen.

☽ ♐ *Mond im Schützen*

Der Schütze-Mond kann die lebenslustigen und feurigen Qualitäten seines Elementes gut nach außen bringen, weil es sich hier um eine nach außen gerichtete psychische Energie handelt (zumindest gilt dies zum Teil). Die Beweglichkeit ist, genau wie bei der Sonne im Schützen, sehr groß. Weil das veränderliche Kreuz aber sowohl nach innen als auch nach außen wirkt, wechseln sich in emotional geprägten oder verunsichernden Situationen Reaktionen von innen heraus (in denen nur der inneren Stimme Gehör geschenkt wird) mit Reaktionen ab, die Anteilnahme an der Umgebung und der Außenwelt verraten. Manchmal kann sich als Folge hieraus ergeben, daß die Umwelt aus dem Verhalten dieses Menschen einfach nicht klug wird. Weil das veränderliche Kreuz von Zeit zu Zeit Energie aus dem Unbewußten emporholt (wie es das fixe Kreuz ständig tut), kann mit dem Schütze-Mond Unsicherheit im Gefühlsbereich einhergehen. Er weiß dann möglicherweise überhaupt nicht, wie er reagieren soll. Dieser Konflikt sowohl mit dem Inneren als auch mit der Umgebung macht diesen Menschen zu einem Suchenden. Das Kreuz, in dem der Mond steht, verleiht Beweglichkeit sowie das Bedürfnis nach immer neuen Erfahrungen. Das Suchen bringt diesem Menschen neue Blickwinkel und die Erweiterung des Horizontes. Äußern kann sich dies darin, daß Reisen unternommen werden – im Äußeren oder im Inneren. Letzteres bedeutet dann den Philosophen, der nach geistigen beziehungsweise inneren Werten sucht.

Um sich sicher und wohlzufühlen, muß der Schütze-Mond seine Ideale auf das Höhere richten, auf das Geistige und das, was seinen Geist erweitert. Es geht hier um die Entfaltung seines Potentials. Die Außenwelt wird Zeuge dieses Prozesses. In Situationen der Unsicherheit ergreift dieser Mensch gerne das Wort oder lenkt das Gespräch in eine bestimmte Richtung. Er wird seine Freude daran haben, wenn andere merken, daß er viel weiß, und es kann sein, daß er seine Mitmenschen von der Wichtigkeit seiner Taten überzeugen will. Er ist durchaus in der Lage, in Situationen der Unsicherheit anderen zu helfen – vielleicht, indem er auf die Sonnenseiten des Lebens hinweist oder andere mit seinem Enthusiasmus ansteckt.

Dieser Mensch kann sich selbst für bestimmte Dinge so begeistern, daß er die anderen mit seinem Temperament einfach mitreißt. Dies hat seine Ursache vor allem in der unbewußten emotionalen Identifikation, von der das Element Feuer zeugt. Der Schütze-Mond ist insofern imstande, verfahrene Situationen zu retten. Allerdings muß dazu noch gesagt werden, daß Takt nicht seine Stärke ist. Wenn ihm die Gegenwart nicht gefällt, wird er das sagen. Und es ist meistens so, daß das Hier und Jetzt mit der Zukunft, wie er sie sich vorstellt, nicht mithalten kann.

Mit seinem Bedürfnis nach immer neuen Erfahrungen und neuen Dingen versteigt er sich häufig zu unerreichbaren oder auch verschrobenen Zielen. Seine Ideale haben oftmals mehr vom Luftschloß an sich als von realisierbaren Vorstellungen. Es kann aber sogar sein, daß die emotionale Identifikation mit diesen Zielen beziehungsweise Ideen durch nichts und niemanden zu erschüttern ist. Mit der zum Teil regressiven Energie verbeißt er sich dann in diese Vorstellungen und verkündet sie seiner Umgebung lauthals mit dem nach außen gerichteten Energie-Teil. Der Schütze-Mond muß sich mit irgend etwas identifizieren, und in den meisten Fällen kann dieser Mensch das von seinem Gefühl her auch relativieren (veränderliches Kreuz). Bei Störungen aber sind «fixe» Ideen möglich. Vielleicht versucht dieser Mensch dann nach Idealen zu leben, die überhaupt keinen praktischen Wert haben.

Der Schütze-Mond wird das Bedürfnis, den Horizont zu erweitern (Feuer und das veränderliche Kreuz), auch als Mittel gebrauchen, um sich in verunsichernden Situationen zu behaupten. Er wird sich beispielsweise voller Enthusiasmus seiner eigenen Entwicklung widmen und mit großem Interesse philosophische Themen verfolgen. Er ist aus eigenem Antrieb heraus bestrebt, neue Erkenntnisse zu gewinnen, und er möchte diese auch an andere weitergeben – von dem Wunsch ausgehend, daß sich auch der Horizont der Mitmenschen weitet.

Wenn er aus seiner Umgebung positive Reaktionen erhält, stärkt ihn das und trägt zu seinem Wohlbefinden bei. Wahrscheinlich aber werden auch negative Reaktionen seine enthusiastische Einstellung nicht mäßigen können. Letzteres ist der Grund dafür, daß sich der Schütze-Mond manchmal besser durchsetzen kann als die Schütze-Sonne. Mit seinem Bedürfnis nach Sicherheit nimmt er eben immer wieder die Haltung an, in der er sich am sichersten fühlt!

☿ ♐ *Merkur im Schützen*

Der archetypisch-objektive Inhalt des Planeten Merkur kommt im Element Feuer auf stark gefärbte Weise zum Ausdruck. Dies hat seinen Grund in der Tatsache, daß das Feuer mit der Formung einer Vision beschäftigt ist und aus einer starken Ich-Bezogenheit heraus reagiert, wodurch eine ziemlich subjektive Einstellung entsteht. Bei dem suchenden Schützen ist das von allen Feuerzeichen am stärksten der Fall. Der Schütze-Merkur braucht – gemäß dem «feurigen» Verlangen, den Zusammenhang und das Wesen hinter den Dingen zu erkennen – eine Lebensanschauung, in die die Erkenntnisse und Erfahrungen eingepaßt werden können. Insofern tritt der Mensch mit dieser Merkur-Stellung den Tatsachen nicht immer besonders objektiv gegenüber, sondern zieht es vor, diese seiner Anschauung anzupassen. Er verbindet die Tatsachen intuitiv miteinander und ist eifrig bestrebt, den roten Faden hinter den Geschehnissen zu entdecken.

Wenn der Schütze-Merkur aus diesem inneren Impuls heraus tätig wird, sucht er nach einer Lebensanschauung, der gemäß er leben kann (selbst um den Preis, von seiner Umwelt belächelt zu werden). Allerdings hat er niemals das Gefühl, daß er hier zu einem Ende gekommen ist – dafür ist sein Hunger nach Expansion (Element Feuer) und sein Bedürfnis nach Abwechslung (veränderliches Kreuz) zu groß. Dieser Mensch muß immer weiter suchen und sich immer wieder neue Fragen stellen – das ist seine Art der Verarbeitung. Auf diese Art kann er sich im Leben behaupten. Der Verarbeitungsprozeß des veränderlichen Kreuzes besteht darin, Verbindungen zu entdecken und Gegensätze aufzulösen und zur Integration zu bringen. Die Art und Weise, auf die der Schütze-Merkur auf die Tatsachen des Lebens blickt, ist denn auch von der Suche nach der Synthese oder Integration gekennzeichnet.

Kommen die nach außen gerichteten Impulse zum Tragen, wird dieser Mensch das, was er entdeckt hat, der Welt verkünden – die Erweiterung des Horizontes wird dann auf die Mitmenschen projiziert. Dies bedeutet die guten Lehrfähigkeiten des Schützen, welche allerdings manchmal eingeschränkt sind, weil er aufgrund der aufsteigenden unbewußten Impulse sehr viel Bestätigung haben möchte. Das kann zur Überbetonung der eigenen Standpunkte und Aktivitäten führen, und dies ist der Grund dafür, warum es gelegentlich so schwierig ist, mit jemandem zu reden, der den Merkur in diesem Zeichen hat. Oftmals läßt derjenige mit dieser Planetenstellung nur seine Meinung gelten und räumt anderen nur die Entscheidung ein, sie zu übernehmen oder den Mund zu halten.

Auf der anderen Seite ist der Schütze-Merkur in der Lage, Zusammenhänge und Verbindungen aufzuzeigen, auf eine intensive Weise, die mitreißend wirken kann. Die Einsichten, die er dabei vermittelt, können andere weiterbringen.

In der Kommunikation bedeutet diese Schütze-Stellung viel Beweglichkeit – im wörtlichen und im übertragenen Sinne. Weil er in Gedanken die große Linie vor Augen hat, kann es mitunter sein, daß er Sprünge macht, denen andere nicht immer gleich folgen können. Seine Art des Sprechens und Verhaltens ist enthusiastisch, lebendig und mitreißend. Er hat seine Freude daran, seine Meinung kundzutun, und in manchen Fällen tut er dies auf eine Weise, die nicht gerade von Taktgefühl zeugt.

Normalerweise bedeutet diese Stellung, daß der Mensch nach etwas sucht. Wenn er jedoch in dem veränderlichen Kreuz an der Grenze zwischen Bewußtsein und Unbewußtem «hängenbleibt» und es nicht mehr schafft, in die Tiefe zu gehen oder sich über die Dinge zu erheben, kann er sich auf eine Ideologie versteifen und nichts anderes mehr gelten lassen. Ist die psychische Energie blockiert, wird er um jeden Preis versuchen, sie zu verteidigen, was zur Folge hat, daß er in seinem Denken nicht mehr offen ist. Dies steht natürlich im Widerspruch dazu, daß wir es hier zunächst mit einem freien Geist zu tun haben, der nach der Wahrheit sucht.

♀ ♐ *Venus im Schützen*

Das Bedürfnis nach Harmonie und Schönheit, nach Sicherheit und Liebe wird auf eine feurige Weise nach außen gebracht. Lebenslust, Wärme, Offenherzigkeit und vor allem Beweglichkeit sind hier Stichworte. Schönheit, Harmonie und Liebe werden mit dieser Stellung weniger im Stofflichen als vielmehr auf der ideellen Ebene gesucht. Schütze als das Zeichen der Suche beschäftigt sich im allgemeinen nur in sehr geringem Umfang mit der materiellen Ebene – eigentlich tut er das nur dann, wenn er sich in der nach innen gerichteten Phase des veränderlichen Kreuzes befindet. In diesem Zeitraum kommen ja viele unbewußte Inhalte nach oben, die mit dem Erd-Element verbunden sind, welches ja hier die unbewußte beziehungsweise inferiore Funktion ist.

Auch die Schütze-Venus ist auf der Suche. Das ist der Grund dafür, daß wir für diese Stellung in Büchern oft «Untreue» und «auf Affären aus» lesen können. Diese Manifestationsform ist möglich, aber nicht zwangsläufig. Wenn der Partner stimulierend wirkt und die Partnerschaft abwechslungsreich verläuft, ist das Bedürfnis nach Veränderung schon erfüllt. In diesem Fall denkt der Mensch mit der Schütze-Venus gar nicht daran, auf Abwege zu gehen. Nur wenn Blockaden hinsichtlich des starken Bedürfnisses nach Abwechslung vorhanden sind, macht er sich auf die schon angesprochene Eroberungsjagd.

Diesem Menschen ist es wichtig, daß die Beziehung die eigene Entwicklung nicht behindert. Die Schütze-Venus steht im Ruf, freiheitsliebend zu sein. Das heißt nicht, daß dieser Mensch niemals heiraten oder eine feste Beziehung eingehen möchte; entscheidend ist nur, daß das Bedürfnis nach emotionaler und materieller Sicherheit immer seinem Wesen gemäß zum Ausdruck kommen muß.

Das Materielle ist diesem Menschen nicht sehr wichtig. Er fühlt sich dann sicher und gut, wenn die Beziehungen seine Aufmerksamkeit erregen, wenn sich immer wieder neue Entwicklungen ergeben und er mit dem Partner nach dem Idealen streben kann (Feuer und das veränderliche Kreuz). Schönheit wird hier nicht nur bei stofflichen Dingen erfahren, sondern auch direkt in Lebensprozessen, wie zum Beispiel der Natur. Auch Ideale sowie die Philosophie können hier Schönheit bedeuten und einen großen Reiz ausüben.

Der Mensch mit der Schütze-Venus vermag anderen vorbehaltlos zu helfen; er kann viel Liebe und Wärme geben. Beziehungen – im engen oder im weiten Sinn – beruhen hier mehr auf Idealen sowie einer geteilten Lebensanschauung als auf gemeinsamen finanziellen Interessen. Bestehen aber Blockaden, kann der Wunsch zutage treten, immer mehr und mehr zu wollen, was letztlich in vielerlei Hinsicht zu großer Unzufriedenheit führt. Das Ideal für die Zweierbeziehung wird dann so hoch gesetzt, daß es schlechthin unerreichbar ist. Dies ermöglicht es der Schütze-Venus, sich wieder auf die Suche zu machen. Die Folge davon dürften zumeist Kontakte mit wenig Tiefgang sein, nach dem Motto: Mehr Masse als Klasse.

Die Schütze-Venus verleiht dem Menschen in seinen Beziehungen das Bedürfnis, sich nicht mit dem Bestehenden zufriedenzugeben, sondern immer nach Weiterentwicklung bestrebt zu sein. Dieser Mensch möchte mit jemandem zusammenleben, der seine Vision teilt. Die Schütze-Venus sucht hinsichtlich ihrer Partner und Freunde nach dem idealen Zusammensein. Fühlt sie sich in den Beziehungen wohl, kann sie viel Wärme geben.

♂ ♐ *Mars im Schützen*

Wenn Mars, der Planet der Energie, in dem veränderlichen Zeichen Schütze steht, ist es nur zu logisch, daß viel Tatkraft, Arbeitsfreude und Betriebsamkeit die Folge sind. Weil es sich um das veränderliche Kreuz handelt, kann das sowohl auf innerlichem als auch auf äußerlichem Gebiet zum Ausdruck kommen. Diesem Menschen ist es wichtig, sich von anderen abzugrenzen und die eigene Individualität unter Beweis zu stellen. Feuer als Element weist eine starke Ich-Bezogenheit auf sowie das Bedürfnis, sich von anderen abzuheben. Das veränderliche Kreuz bedeutet, daß immer wieder neue Erfahrungen in die eigene Persönlichkeit aufgenommen werden und es zu dem Versuch kommt, diese in Theorien zu integrieren. Die eigene Meinung, Freiheit und Entfaltungsmöglichkeiten werden mit Feuer und Flamme verteidigt. Mit dem Schütze-Mars ist das Bedürfnis verbunden, sich durch seine Arbeit oder Aktivitäten von anderen zu unterscheiden. Letztlich ist es diesem Menschen egal, auf welche Weise er dies erreicht: ob durch Leistungsbereitschaft (er kann über viel Wetteifer verfügen), ob durch eine innerliche Andersartigkeit oder durch eine unkonventionelle Sicht der Dinge.

Dem Schütze-Mars fällt es schwer, über längere Zeit bei einer Art von Aktivität zu bleiben. Das veränderliche Kreuz zwingt diesen Menschen dazu, viel zu unternehmen und sich an den verschiedensten Aktivitäten zu beteiligen, allerdings als Einzelner inmitten der anderen – oder auch sogar gegen die Interessen der Mitmenschen. Ideelle Ziele spielen hier oftmals eine große Rolle. Um seine Aktivitäten zu entfalten, muß dieser Mensch in Übereinstimmung mit dem veränderlichen Kreuz handeln.

Das Schütze-Mars kann sich mit seiner ganzen Kraft für ein Ideal einsetzen – was sich auch auf Dinge bezieht, die nichts mit der Realität zu tun haben. Er ist zum Kampf bereit, und recht schnell läßt er hier aggressive Züge erkennen. Dies geschieht nicht aus dem bewußten Willen heraus, sondern aufgrund der Tatsache, daß die Mars-Energie in einem Feuerzeichen nun einmal schnell an die Oberfläche kommt. Die Phase der

Aggressivität ist für gewöhnlich sehr bald vorbei, und leider ergibt es sich oft, daß dieser Mensch dann vor einem Scherbenhaufen steht und bereut, was er angerichtet hat.

Wie bereits angeführt, ist Freiheit für den Schütze-Mars ein wertvolles Gut. Es geht dabei weniger um Unabhängigkeit an sich oder um Ungebundenheit – ähnlich wie bei der Schütze-Venus muß der Mensch hier frei sein, den eigenen Weg zu gehen, sich weiter zu entfalten und die Suche fortzusetzen. Das Schütze-Moment der Suche kann durch den aktiven Mars direkt in Taten umgesetzt werden. Das macht sich möglicherweise in einer regen Reisetätigkeit bemerkbar, die auf dem Bedürfnis beruht, neue Horizonte kennenzulernen (wobei sich letzteres auch als neue Dimensionen hinsichtlich der Psyche auswirken kann). Kommt diese Energie aber nicht frei zum Ausdruck, flieht der Schütze-Mars vielleicht sofort, wenn er das Gefühl hat, eingeschränkt zu werden. Das kann sein Verhalten sowohl gegenüber den Eltern in seiner Jugend als auch später bei anderen Partnern prägen.

Der Schütze-Mars braucht für sein Wohlbefinden Bewegungsfreiheit. Er muß viele Möglichkeiten haben, um sich weiterentwickeln zu können. Das kann sich aber auch auf ihn selbst beziehen (Schütze hat auch Antriebskräfte, die sich auf das Innere richten). Voraussetzung dafür ist allerdings, daß er auch in dieser Hinsicht die eigene Individualität ausleben kann.

♃ ♐ *Jupiter im Schützen*

Der Planet Jupiter, der das menschliche Bedürfnis nach Expansion und Erweiterung widerspiegelt, fühlt sich in seinem eigenen Zeichen Schütze zuhause. Seine Ursache hat das darin, daß dies ja ebenfalls auf Weiterentwicklung und auf das Suchen ausgerichtet ist. Insofern kann sich also Jupiter hier seinem eigenen Wesen gemäß entfalten.

Das Bedürfnis Jupiters nach geistigen und religiösen Werten ist in dem suchenden Zeichen Schützen verstärkt. Dieses Bedürfnis kommt hier auf «Feuer-Art» zum Ausdruck, allerdings unter Beteiligung des veränderlichen Kreuzes. Dieses ist bestrebt, die Dinge und Erfahrungen zu verbinden und zu integrieren. Dadurch kann eine Entwicklung stattfinden in Richtung des Religiösen, des Ideellen und des Metaphysischen, in Abhängigkeit von der Einstellung der betreffenden Person. Auch dürfen wir bei dieser Stellung mehr als bei jeder anderen vermuten, daß hinter allem der zugrundeliegende Sinn gesucht wird und die Tatsachen gemäß ihrer Bedeutung im übergeordneten Ganzen beurteilt werden. Ob der Schütze-Jupiter nun von einer eher traditionellen oder modernen Lebensanschauung ausgeht – kennzeichnend ist das Bedürfnis, die Dinge in etwas einzuordnen, was den Rahmen des Alltags übersteigt.

Diese Suche nach einem umfassenden Weltbild läßt den Menschen mit dem Schütze-Jupiter im allgemeinen recht bald eine mehr oder weniger idealistische Einstellung entwickeln, der gemäß er zu leben versucht. Anders als beim Schütze-Mars wird er sich aber nicht unbedingt aktiv für diese einsetzen – es geht hier um die Haltung, die er wie selbstverständlich einnimmt und von der er kaum abzubringen sein dürfte. Es handelt sich hier um seine tiefste Überzeugung, aus der heraus er seine Umgebung beurteilt und auf das reagiert, was geschieht. Sein innerer Glaube stärkt ihn hierin, wobei darauf hingewiesen werden muß, daß «Glaube» hier nicht nur religiös oder metaphysisch verstanden werden darf. Ansichten hinsichtlich gesellschaftlicher Phänomene können für diesen Menschen ebenfalls von außerordentlich großer Wichtigkeit sein.

Charakteristisch für den Schütze-Jupiter ist, daß er immer wieder nach neuen Werten sucht, die er integrieren kann. Sein Ideal wäre es, einen solchen Schatz an Weisheit zu sammeln, daß er über alles, was in der Welt geschieht, nur noch milde lächeln kann. Daß hier bei Blockierungen der Energie keine Weisheit, sondern Überheblichkeit oder auch Prahlerei entsteht, liegt auf der Hand. Wenn sich der Schütze-Jupiter auf eine Vision versteift, zeigt er viel Ungeduld. Er ist dann bemüht, Bestätigung von anderen zu erhalten, geht dabei aber zu aufdringlich vor, betreibt Schönfärberei und verhält sich egozentrisch. Wie dem auch sein mag – entscheidend ist, daß jeder Mensch mit dieser Stellung das Bedürfnis hat, aus einer Vision heraus ein Weltbild zu konstruieren, wobei es keine Rolle spielt, ob dies nun religiöse Züge hat oder nicht.

Der Mensch mit einem Schütze-Jupiter fühlt sich am wohlsten, wenn er an einem umfassenden und idealistischen Weltbild arbeiten und dieses nach außen hin zum Ausdruck bringen kann. Es kommt für ihn darauf an, daß die Tatsachen und Erfahrungen miteinander verbunden sind und ein innerer Zusammenhang besteht. Von seiner inneren Einsicht aus (ob diese nun bewußt oder unbewußt ist) urteilt und handelt er. Es ist für ihn weniger wichtig, ob seine Ansichten mit der konkreten Realität übereinstimmen. Entscheidend ist, daß sie Ausdruck seiner Vision sind (Element Feuer), welche darauf zielt, sich immer weiter zu verändern (veränderliches Kreuz).

♄ ♐ *Saturn im Schützen*

Der Planet des Lernprozesses durch Schmerz wirkt im Element Feuer auf eine Art und Weise, die dem natürlichen Ausdruck von Lebenslust entgegengesetzt ist. Dabei besteht – was zunächst paradox klingt – durchaus das Bedürfnis, das Leben in vollen Zügen zu genießen. Es geht hier um das Verlangen nach einer unkomplizierten Freude, welche Saturn im Element Feuer erst nach vielen Mühen zeigen kann. Die nach außen gerichtete, ungezügelte Qualität des Feuers paßt nicht zu dem Moment der Kontrolle und Selbstbeschränkung, wie es durch Saturn dargestellt ist. Auch das auf Expansion und Erweiterung gerichtete Zeichen Schütze bietet Saturn kein angenehmes Domizil. Andererseits kann mit dem Planeten Saturn in diesem Zeichen das Bedürfnis einhergehen, die Ausbildung des Egos auf Schütze-Art verlaufen zu lassen, was allerdings doch viel Mühe kostet. Insofern ist diese Stellung für die meisten Betroffenen ein schwacher Punkt.

Letzteres kann sich auf die verschiedensten Weisen äußern. Saturn im Schützen kann Lebensangst bedeuten und das Expansionsbedürfnis des Schützen beschränken, was heißt, daß in diesem Fall das Moment des Suchens verdrängt wird. Allerdings wird auch dann dieser Inhalt bestehen bleiben. Genausogut denkbar ist aber, daß es zum Ausschlag in die andere Richtung kommt. Dann würde die Suche eine größere Rolle als bei der Sonne, dem Mars oder dem Jupiter in diesem Zeichen spielen, einfach aus dem Grund, daß der Saturn zeigen will, daß auch er zu leben versteht. Insofern ist es bei dieser Stellung möglich, daß vollkommen unrealistische Reisepläne geschmiedet werden oder sich der Mensch Exzessen und Ausschweifungen hingibt – und dabei trotz allem die untergründige Lebensangst nicht los wird. Auf diese Art aber kann der Schütze-Saturn, wenn er erst einige Male auf die Nase gefallen ist, die eigenen Grenzen kennenlernen.

In seinem Inneren hält der Schütze-Saturn Ausschau nach dem Idealen und nach einer Lebensphilosophie, welche er für den Abgrenzungsprozeß bei der Formung des Bewußtseins benutzen will. Das kann aber für das Ego die Gefahr mit sich bringen, aus dem Bedürfnis nach Sicherheit dogmatisch an Ansichten festzuhalten, was im Widerspruch zu innerer Weisheit stehen würde.

Mit dem Schütze-Saturn ist auf der anderen Seite der Wunsch nach vielfältigen Erfahrungen gegeben, weil das veränderliche Kreuz diese für seine Art der Verarbeitung braucht. Das ist sicherlich häufig der Anlaß für Schwierigkeiten – das Veränderliche ist auf das Schaffen von Übergängen ausgerichtet, nicht auf Konzentration und die Schaffung einer Form. Die

Zielgerichtetheit, wie wir sie beispielsweise beim Element Erde sehen, ist dem Element Feuer fremd – das Konkrete und Reale wirken im Hinblick auf die Ideale und Ziele eher störend. Konkretheit und Realismus sind aber im Zusammenhang mit Saturn wichtig für den Aufbau der Persönlichkeit.

Der Schütze-Saturn wird aus dem Verlangen heraus, das Leben zu genießen, von Zeit zu Zeit in extreme Manifestationsformen dieses Zeichens verfallen – sowohl in materieller als auch in geistiger Hinsicht. Doch nach einigen unangenehmen Erfahrungen könnte dieser Mensch hier eine Haltung gewinnen, die vielleicht etwas weniger Lebenslust, dafür aber mehr Einsicht verkörpert.

⛢♆♇ ♐ *Uranus, Neptun und Pluto im Schützen*

Von diesen sich kollektiv auswirkenden Planeten können wir sagen, daß die innerliche Neigung zum Durchbrechen der Form und das Bedürfnis nach Originalität (Uranus), das Bestreben, die Form zu verfeinern, aufzulösen oder zu transzendieren (Neptun) und der Drang, Macht, Konfrontation und Transformation zum Ausdruck zu bringen (Pluto), sich in dem Zeichen Schützen mit Feuer und Enthusiasmus manifestieren werden. Das Bedürfnis nach Expansion und bedeutungsvollen Erlebnissen spielt dabei eine herausragende Rolle. Die Inhalte dieser drei Planeten kommen auf markante Weise zum Ausdruck – im Inneren wie im Äußerlichen. Da es jedoch um Inhalte geht, die bislang nicht oder kaum dem menschlichen Willen unterworfen sind, kann es hinsichtlich der Auswirkung sowohl zu positiven als auch zu negativen Extremen kommen.

So spiegelt beispielsweise **Neptun** im Schützen als Zeitbild zwei verschiedene Dinge wider: Einerseits das Bedürfnis, die Form der Suche nach fernen Horizonten zu verfeinern oder zu transzendieren beziehungsweise über die Gegenwart hinauszubringen – womit das Drogenproblem, das während des Laufs von Neptun durch das Zeichen Schütze besonders stark in Erscheinung getreten ist, zusammenhängt. Der Mensch sucht neue Erlebnisse und strebt nach Sinn und Bedeutung; durch den Gebrauch von Drogen erhält er seine Vision. Auf der anderen Seite wuchs zur gleichen Zeit, beispielweise in der Wissenschaft, die Erkenntnis, daß Materie von ganz anderer Art ist als bislang angenommen. Es wurden immer mehr Stimmen von Menschen und Gruppen laut, die auf die Bedeutung des Nicht-Materiellen und Geistigen hinwiesen. Die Tatsache, daß sich der menschliche Horizont über das Tast- und Greifbare hinausentwickelt hat, ist ebenfalls eine Äußerung des «auflösenden» Neptun im Zeichen Schütze, welches nach den übergeordneten Zusammenhängen sucht. In beiden Fällen ist der Mensch auf der kollektiven Suche nach dem, was hinter der Form ist. Er gewann nun eine Vorstellung, in der Inhalt und Form in einem ganz neuen Verhältnis zueinander stehen – die bisherigen Grenzen verschwammen. Die Manifestationsformen des zugrundeliegenden Bedürfnisses fallen bei dem Drogenproblem und den wissenschaftlichen Erkenntnissen natürlich vollkommen unterschiedlich aus. Das Zeitbild eines Planeten in einem Zeichen wird später weiter ausgebaut durch die Generation, die diese Stellung im Horoskop hat – die «Kinder dieser Zeit».

Uranus und **Pluto** haben im Schützen ebenfalls eine innerliche und eine äußerliche Auswirkung. Auffassungen und Erkenntnisse stehen einander in sehr ausgeprägter Form gegenüber und sind vielleicht unvereinbar. Uranus verkörpert neue und originelle Einsichten und Auffassungen, Pluto in diesem Zeichen könnte die Erkenntnisse abrunden und weiterführen. Allerdings sind im Gefolge dieser Entwicklungen viele Machtkonflikte zu erwarten – sowohl im Menschen selbst als auch in der Welt um ihn herum.

Kapitel 4

Planeten im Element Erde

Erde und das fixe Kreuz: Stier

(Inferiores Element: Feuer)

☉♉ *Sonne im Stier*

Der Weg, für den der Mensch mit der Sonne im Stier von Natur aus am besten ausgerüstet ist, ist der des Aufbaus von Sicherheit im materiellen und stofflichen Sinne. Die Welt des Stiers ist die der konkreten Wirklichkeit und der konkreten Sinne. Der Stier gehört zum fixen Kreuz. Das heißt, daß er sich nicht nur an der konkreten Welt orientiert, sondern auch die Impulse aus ihr in sich selbst verarbeitet. Das gilt sowohl für stoffliche als auch für nicht-stoffliche Erfahrungen.

Der Stier braucht aufgrund des fixen Kreuzes viel Sicherheit – mehr als die anderen Erdzeichen. Das fixe Kreuz bedeutet, daß viel unbewußte Inhalte ins Bewußtsein emporsteigen und für Verunsicherung sorgen können. Insofern ist der Wunsch nach Sicherheit (Erde) noch verstärkt. Dies ist der Grund dafür, daß der Stier oftmals im Ruf steht, materialistisch zu sein. Es ist aber hoffentlich deutlich geworden, daß keine ideologischen Überlegungen hierfür verantwortlich sind – es handelt sich einfach um eine notwendige Vorgehensweise, um innerlich Sicherheit und Ruhe zu erfahren. Hier liegt auch die Ursache dafür, daß ihm Veränderungen so schwerfallen und daß er seine Probleme mit überraschenden und unvorhersehbaren Situationen hat. Der Stier denkt am liebsten lange und gründlich über etwas nach, bevor er handelt, und dies ist der Grund dafür, daß Stiere manchmal träge in ihren Reaktionen wirken und über lange Zeit in einer bestimmten Haltung oder Situation ausharren können. Der Nachteil dabei ist, daß mit dieser gering ausgeprägten Flexibiliät viele Chancen ungenutzt verstreichen.

Auf der anderen Seite gibt es wenige Zeichen, die so zuverlässig und solide wie der Stier sind. Durch sein Beharrungsvermögen kann der Stier auch an Dingen weiterarbeiten, auf die kein anderer mehr einen Pfifferling gibt – und manchmal zeigt es sich dann, daß er damit das Unmögliche möglich macht. Diese positive Begleiterscheinung verdanken wir wieder dem fixen Kreuz. Die Verarbeitungsweise, die mit diesem Kreuz verbunden ist, holt ja die unbewußte untergeordnete beziehungsweise inferiore Funktion nach oben, und das ist hier die Feuer-Funktion. Das führt im Hinblick auf die Bewußtseinseinstellung zu einer gewissen Unsicherheit, und unbewußt besteht die Neigung, Möglichkeiten zu sehen – selbst in Dingen, die von anderen abgeschrieben werden (Element Feuer). Das Bedürfnis nach Sicherheit, also die Vertrautheit mit einer Situation beziehungweise die Gewöhnung an diese, versetzt den Stier in die Lage, sehr viel Energie für das aufzubringen, was ihm wertvoll erscheint und was ihm ein Gefühl der Sicherheit gibt.

Mit seiner Bedächtigkeit und dem Bedürfnis, alles von innen heraus geschehen zu lassen, kommt der Stier als fixes Zeichen nur langsam in Schwung. Wenn er sich aber ersteinmal in Bewegung gesetzt hat, ist er kaum zu stoppen. Dann kann er die Kraft einer Lokomotive entfalten und alles niederwalzen, was sich ihm in den Weg stellt. Hat er seine Richtung gefunden, lenkt er seine Energie konzentriert in diese. Von daher rührt also seine geballte Energie und Arbeitskraft.

Mit der Suche nach Sicherheit kann eine eher konservative Einstellung verbunden sein. Wenn sich zuviele Veränderungen ergeben, bringt ihn das aus dem Gleichgewicht. Der Stier sucht die Sicherheit, wie bereits angedeutet, insbesondere auf der konkreten, stofflichen Ebene – auf diese Ebene ist er eingestellt, hier kann er Dinge sehen, hören und greifen, hier fühlt er sich sicher und zuhause. Das Bedürfnis, sich auf dieser Ebene zu entfalten, kann auf die verschiedensten Weisen zum Ausdruck kommen. Zum einen dürfte dieser Mensch eine Neigung zum Besitztum haben, zum anderen könnte er mit dem Stoff arbeiten, um sich in dieser Tätigkeit selbst zum Ausdruck zu bringen. Sinn für Kunst, Form und für das Verschönern von Dingen sind Eigenschaften, die mit dem Stier in Zusammenhang gebracht werden, weiterhin das Betreuen und Aufziehen von Pflanzen und Tieren.

Auch abstrakte Gegebenheiten möchte der Stier zu etwas Stofflichem oder Wirklichem machen, aus dem Bedürfnis heraus, sich an ihnen «festhalten» zu können. Eine Idee hat für ihn nur dann einen Wert, wenn sie von praktischem Nutzen ist. Das Element Feuer verkörpert die Suche nach den verschiedensten Möglichkeiten – für den Stier ist in seinem Hier und Jetzt immer nur eine einzige Sache möglich. Warum sollte er sich schon mit dem Dach beschäftigen, wenn die Wand noch gar nicht steht? Das Abstrakte und das Ideelle müssen für ihn im Konkreten wurzeln, sonst kann er nichts damit anfangen.

Der Stier-Mensch neigt dazu, den Partner als seinen Besitz zu betrachten. Aus seinem Bedürfnis nach Sicherheit heraus verzichtet er nicht gern auf dessen «stoffliche Anwesenheit». Das ist der Grund dafür, daß wir bei diesem Zeichen häufig große Eifersucht wahrnehmen können: Der Verlust seines «Besitzes» stellt eine grundsätzliche Bedrohung seiner Sicherheit dar, und genau hier liegt sein schwacher Punkt. Hier kann er sich wie ein Tier in die Enge getrieben fühlen (das fixe Kreuz) und als Reaktion darauf wie ein Elefant im Porzellanladen wüten.

Ergeben sich Behinderungen hinsichtlich des Bedürfnisses nach Sicherheit – auf welchem Gebiet auch immer –, kann der Stier die verschiedensten überkompensierenden Reaktionen zeigen. Vielleicht ist dann die übertriebene Ausrichtung auf den Erwerb von Besitztümern und der Wunsch, «steinreich» zu werden, die Folge, vielleicht jagt er dann allem nach, was Genuß verspricht und Reize bietet (was sich auch auf die Sexualität erstrecken kann), vielleicht verteidigt er seine oder die familiären Besitztümer auf eine Art und Weise, die unklug oder sogar tollkühn zu nennen ist. Kann sich der Drang nach Sicherheit aber auf eine normale Weise äußern, entpuppt sich der Stier als ein kunstsinniger, schöpferischer, freundlicher und bedächtiger Mensch, der viel Liebe und Ehrfurcht hat vor allem, was lebt. Dieser Mensch kann anderen ein Vorbild sein – sowohl in der Einfachheit als auch in den Genüssen, die das irdische Leben bietet.

☽ ♉ *Mond im Stier*

Die unbewußten Gefühlsreaktionen sind, wenn sie aus dem konkreten und stofflichen Element Erde stammen, vom Bedürfnis nach dem Konkreten und Greifbaren geprägt. Dies ist es, was hier letzten Endes Sicherheit verschafft. Der Mond, der schon von sich aus nach emotionaler Sicherheit sucht, wird aus dem fixen Kreuz heraus im Zeichen Stier ein noch stärkeres Bedürfnis nach Sicherheit haben, wobei der Nachdruck auf dem Konkreten liegt. Impulse aus dem Unbewußten werden wegen des fixen Kreuzes regelmäßig in das Bewußtsein eindringen und das Ego unter Druck setzen. Das hat eine untergrabende Auswirkung, die das Bedürfnis nach

Stabilität und Sicherheit zunehmen läßt – wie es auch schon bei der Stier-Sonne der Fall gewesen war.

Befindet sich der Stier-Mond in einer unangenehmen Lage, wird er seinem Wesen gemäß nach den konkreten Gegebenheiten der Situation suchen, also nach dem, was ist. Über die Umstände der Situation hinauszudenken und sich mögliche Entwicklungen auszumalen, ist nicht seine Sache. Er kann dies nicht – versucht er es, bekommt er das Gefühl, daß ihm die Dinge aus der Hand gleiten. Das fixe Kreuz bringt ihm aus dieser Unsicherheit heraus das Bedürfnis nach Dingen, an denen er sich festhalten kann. Das hat oftmals zum Resultat, daß der Stier-Mond in seinen Gefühlsreaktionen sehr voreingenommen und konservativ erscheint. Insbesondere gilt dies für Situationen, in denen er nicht weiß, woran er ist.

Das Festhalten und das Sichere – die konkrete Ebene also – stellen für den Stier-Mond eine Quelle des Wohlbefindens dar. Weil dem so ist, wird er diese Haltung auch gerne in anderen Situationen zeigen. Allerdings drückt sich das dann auf eine andere Weise aus. Dann bewirkt seine Ausrichtung auf die konkrete stoffliche Welt die Möglichkeit, die Freuden des Lebens unbeschwert zu genießen. Der Stier-Mond ist denn auch versessen auf alle kleinen und großen Bequemlichkeiten und auf den Umgang mit Materie. Eine weitere Quelle der Befriedigung ist das Verschönern seiner Umgebung. Die Art, auf die er das tut, kann die verschiedensten Formen annehmen: sich im Garten mit Pflanzen zu beschäftigen (in einer schönen Umgebung, die den Sinnen schmeichelt), mit Hingabe zu kochen, künstlerisch oder auch handwerklich beschäftigt zu sein beziehungsweise zu malen, Skulpturen zu schaffen, zu töpfern und anderes mehr. Ebenfalls denkbar wäre, etwas für das Äußere des Menschen zu tun – zum Beispiel das Kreieren (oder notfalls das Verkaufen) von Parfüm. Die zentrale Botschaft ist die, daß sich dieser Mensch wohlfühlt, wenn er mit dem konkreten, alltäglichen Leben beschäftigt ist, mit Dingen, die er mit seinen Sinnen wahrnehmen kann.

Bei behinderten Äußerungsformen stoßen wir auf Überkompensationen in Form von übertriebener Genußsucht, Sinnesfreude und Faulheit, bis – auf der anderen Seite – hin zu Geiz.

Die Familie und die Sorge dafür ist diesem Menschen in den meisten Fällen sehr wichtig. Doch besteht hier die Gefahr, daß der Partner und die Kinder als Besitz erfahren werden. Werden diese – in welcher Form auch immer – angegriffen, ist der ansonsten so ruhige und friedliche Stier in seiner Reaktion nicht wiederzuerkennen (wozu noch zu sagen ist, daß der Stier Streit oder auch Krieg vor allem deshalb verabscheut, weil dies ein so großes Moment an Unsicherheit beinhaltet). Es kann sein, daß es dem Stier-Mond noch schwerer als der Stier-Sonne fällt, die Kinder, wenn sie herangewachsen sind, aus dem Haus gehen zu lassen. Dies resultiert aus der Tatsache, daß es hier um unbewußte Lust- und Unlustgefühle geht!

Der Stier-Mond nähert sich also der Welt aus einem emotionalen Bedürfnis nach Sicherheit heraus. Das fixe Kreuz verleiht für gewöhnlich auch den Wunsch nach tiefgründigen Erfahrungen, was in Krisensituationen schon einmal besonders anspruchsvoll machen kann. Allerdings garantiert dies auch Loyalität. Der Stier-Mond hält – ebenfalls wie die Sonne in diesem Zeichen – an den Dingen fest, die ihm wertvoll erscheinen. Er ist in dieser Hinsicht ein außerdentlich stabiler und zuverlässiger Faktor.

☿ ♉ *Merkur im Stier*

Merkur, der für das Bedürfnis nach Kontakten und nach Beweglichkeit steht, hat Mühe, in dem nach innen gerichteten und ruhigen Zeichen Stier zum Ausdruck zu kommen. Die Lebenserfahrungen werden mit dieser Stellung nach vertrauten Mustern geordnet, die ihre Bewährungsprobe in der Realität bestanden haben. Das Materielle prägt die Sicht auf das Leben. Alles wird auf das konkret Wahrnehmbare zurückgeführt, auf die stoffliche Realität. Möglichkeiten werden nur so weit gedacht, wie sie tatsächlich realisierbar sind. Mit dem Irrealen läßt sich dieser Mensch lieber nicht ein, weil das Ungreifbare und Unerklärliche ihn verunsichert. Wenn er sich doch einmal mit okkulten oder parapsychologischen Dingen beschäftigen sollte, wird er immer versuchen, sich diesen Erscheinungen so konkret wie möglich zu nähern oder sie doch auf irgendeine Weise rational zu erklären.

Das Element Feuer, welches hier im Unbewußten liegt, wird diesem Menschen aber von Zeit zu Zeit einen Strich durch die Rechnung machen. In diesem Fall wird das Suchen nach der Erweiterung des Horizontes, nach mehr Möglichkeiten und dergleichen im Stier unbewußt und auf zwanghafte Weise nach oben kommen (Element Feuer). Der Stier-Merkur zeigt dann Launen, die ihn von der Realität wegführen, und es kann dann sein, daß er sich die abstrusesten und wildesten Theorien und Geschichten zu eigen macht. Mit dem Stier-Merkur können sogar abergläubische Züge verbunden sein.

In seiner Art des Kommunizierens ist dieser Mensch ruhig und abwartend und bemüht, nichts Falsches zu sagen. Er hat das Bedürfnis, nachzudenken, bevor er etwas tut oder sagt, und er will wissen, was von ihm erwartet wird, bevor er zum Handeln übergeht. Diesem Menschen fällt es insofern leicht, sich mit Überlegung geschäftlichen Dingen zu widmen und Plänen Form zu verleihen. Allerdings hat er Schwierigkeit damit, etwas zur Ausführung zu bringen: Der Stier-Merkur neigt nun einmal dazu, alles beim alten zu lassen.

♀ ♉ *Venus im Stier*

Als psychischer Inhalt, der unser Bedürfnis nach Sicherheit widerspiegelt, hat der Planet Venus im Zeichen Stier eine ausgezeichnete Stellung inne. Venus beziehungsweise das Bedürfnis nach Sicherheit kann in diesem auf Sicherheit gerichteten Zeichen gut zum Ausdruck kommen. Es ist allerdings möglich, daß mit der Stier-Venus hier Übertreibungen einhergehen. Wie dem auch sein mag – wir sehen bei der Stier-Venus ein starkes Bedürfnis nach emotionaler und materieller Sicherheit sowie den Wunsch nach viel Wärme. Dieser Mensch ist seinerseits in der Lage, andere zu verwöhnen – möglicherweise aber tut er hier zuviel des Guten. Es ist auch denkbar, daß er für seine Beziehung auch dann noch sehr aktiv ist, wenn das Zusammenleben schon keinen Sinn mehr hat.

Wie groß das Bedürfnis nach Liebe auch sein mag – Beziehungen geht der Mensch mit der Stier-Venus nur mit großer Vorsicht ein. Die Stier-Äußerungen sind hier von großer Bedächtigkeit und manchmal sogar von Passivität gekennzeichnet. Die Stier-Venus braucht Zeit, bevor sie sich bindet, und das fixe Kreuz bedeutet das unaufschiebbare Bedürfnis nach Gefühlen und Emotionen. Ist die Verbindung aber erst einmal beschlossen, wird sie über lange Zeit Bestand haben. Insofern nimmt dann das Bedürfnis nach Sicherheit wieder überhand.

Das Konkrete und das Materielle spielen bei diesem Menschen in der Liebe und in den Freundschaften eine große Rolle. Gerne wird mit Freunden beziehungsweise dem Partner den Freuden des Lebens gefrönt. Kleine und große Genüsse gehen mit dieser Venus-Stellung einher. Ist die psychische Energie blockiert, kann das eine übermäßige Konzentration auf Genußsucht und Luxus bedeuten. In diesem Fall würden die Freundschaften von äußerlichen, im Grunde unnötigen materiellen Faktoren dominiert.

Das Bedürfnis nach sinnlicher Schönheit und Harmonie kann sich im Stier auf zweierlei Arten äußern: auf innerliche, indem ein großes Bedürfnis nach Frieden herrscht, und in äußerlicher beziehungsweise stofflicher darin, daß viel Kunstverständnis und Kreativität gegeben ist. Die schönen Künste, Sinnenfreude und konkrete Aktivitäten in dieser Hinsicht passen außerordentlich gut zu der Stier-Venus. Das Gefühl für Materie und Raum (Erde) und das Bedürfnis nach Harmonie (Venus) gibt diesem Menschen das Talent für alles, was mit Formgebung zu tun hat.

♂♉ *Mars im Stier*

Das Bedürfnis, sich von anderen abzugrenzen und sich selbst zu behaupten, wird im Zeichen Stier durch den Wunsch nach Sicherheit geprägt. Das bewirkt, daß der Stier-Mars nicht so schnell alles in Scherben schlagen wird (zum Beispiel in Beziehungen). Die Sicherheit, die er hier sucht, legt seinem Bedürfnis nach Individualität und Abgrenzung Zügel an. Auf der anderen Seite wird dieser Mensch aber nicht zögern, alles, was ihm lieb ist – Mensch oder Materie –, mit Händen und Füßen zu verteidigen.

In dem nach innen gerichteten Zeichen Stier kommen Tatkraft und der Drang nach Aktivität nicht auf direkte Weise zum Ausdruck. Das fixe Kreuz investiert viel Energie in unbewußte Prozesse, was zur Folge hat, daß der Stier-Mars auf den ersten Blick nicht übermäßig lebenstüchtig oder energisch erscheint. Der Stier-Mars hat aber durchaus viel Kraft in sich, und er kann Berge versetzen – zunächst einmal muß er aber auf die eine oder andere Art aus seinem «Schlummerzustand» geweckt werden. Ist dies geschehen, kann der Stier-Mars kaum noch aufgehalten werden: Das fixe Kreuz bewirkt, daß er mehr oder weniger wortwörtlich «festhält» an dem, was er sich vorgenommen hat. Die Ausdauer dieser Mars-Stellung ist denn auch legendär. Nur ist es so, daß der erste Impuls oder die Initiative von außen kommen muß.

Der Drang, sich zu behaupten, kommt ebenfalls von dem Bedürfnis nach Sicherheit her zum Tragen. Dort, wo Durchsetzungsvermögen im Hinblick auf Routinehandlungen benötigt wird, ist der Stier-Mars nicht zu schlagen. Sich aktiv mit dem Materiellen zu beschäftigen ist für ihn eine Quelle großer Befriedigung. Seine körperliche Kraft und sein Widerstandsvermögen sind für gewöhnlich gut entwickelt.

Wenn in diesem Menschen erst einmal Aggressionen entstanden sind (was am leichtesten dadurch geschieht, daß ihm jemand seinen Besitz streitig macht), wird die Mars-Energie sich ungebremst und in einer außerordentlich heftigen Weise entladen. In diesem Fall spielt dann die Sicherheit überhaupt keine Rolle mehr. Dieser Mensch könnte dann alles, was sich ihm entgegenstellt, einfach umrennen. Die Wutausbrüche des ansonsten so friedliebenden Stier-Mars können fürchterlich sein.

♃♉ *Jupiter im Stier*

Die Bedürfnis nach Expansion ist im Stier mit dem Bedürfnis nach Sicherheit gekoppelt. Insofern könnte es sein, daß materielle Besitztümer gesucht und geschaffen werden. Der Stier-Jupiter arbeitet gern am Konkreten und Stofflichen; er wird bei dem Drang, die Erfahrungen und Erkenntnisse in einen größeren Zusammenhang zu stellen, auf so praktische, nützliche und konkrete Art wie nur möglich vorgehen (unabhängig davon, daß dies dem Jupiter-Prinzip nicht entspricht). Das Bedürfnis nach geistigen und religiösen Werten ist hier mit dem Wunsch nach Sicherheit verknüpft, was unter anderem eine auf Erhaltung ausgerichtete Einstellung zur Folge haben kann.

Jupiter legt in den anderen Zeichen dem Menschen vor allem geistige Werte beziehungsweise eine Lebensphilosophie nahe – mit der Stellung im Stier ist zunächst einmal lediglich das Bedürfnis nach einem tragfähigen Fundament verbunden. Wegen des fixen Kreuzes steigen regelmäßig aus dem Unbewußten verunsichernde Inhalte in das Bewußtsein auf. Das hat bei blockierter psychischer Energie in Situationen der Ungewißheit zum Resultat, daß noch intensiver nach Sicherheit gesucht wird. Insbesondere spielt sich dies auf der Ebene ab, auf der sich das Element Erde sicher fühlt – nämlich der der Materie. Das kann zu einer Sammelleidenschaft führen oder zur Jagd nach Besitztümern, ohne daß das, was dabei herauskommt, tatsächlich Befriedigung verschafft: Es ist dann wie ein Tropfen auf den heißen Stein.

Geistige Werte können, als Folge des fixes Kreuzes, unter Einfluß des unbewußten Elementes Feuer geraten, was gut zum Jupiter-Bedürfnis nach Erweiterung des Horizontes paßt. Es kann also so sein, daß derjenige mit dieser Jupiter-Stellung die unmöglichsten und irrealsten Dinge glaubt und daran festhält wie an den materiellen Faktoren des Lebens auch. Der Stier-Jupiter ist nicht einfach von seinem «Glauben» abzubringen, und er kann mit geradezu kindlicher Einfalt bei seiner Meinung bleiben – wenn sie ihm nur Sicherheit verschafft. Bei problematischeren Manifestationsformen kann das bis zum Fanatismus reichen, welcher mit der für gewöhnlich freundlichen Stier-Natur nicht mehr das Geringste zu tun hat.

Zusammengefaßt sei noch einmal auf das Wesentliche hingewiesen: Es läuft hier darauf hinaus, daß das geistige Bedürfnis nach Expansion mit dem Drang nach Erhaltung des Bestehenden einhergeht. Ursache dafür ist der Wunsch nach Sicherheit, sowohl in geistiger als auch in materieller Hinsicht.

♄ ♉ *Saturn im Stier*

Es dürfte einleuchten, daß Saturn, der unseren schwachen Punkt verdeutlicht, im Zeichen Stier vor allem hinsichtlich des Materiellen und dem Gebiet der Sicherheit zu Schwierigkeiten Anlaß geben kann. Der Prozeß, in dem sich das Bewußtsein formt, vollzieht sich auf eine stiergeprägte Art, was eine sehr konkrete Haltung (Erde) mit einer intensiven Weise der Verarbeitung (das fixe Kreuz) bedeutet. Unbewußte und innerliche Antriebskräfte geben hier den Ton an. Die Unsicherheit, die mit dem Eindringen der Inhalte des fixen Kreuzes verbunden ist, bewirkt, daß es hier sehr schnell zu überkompensierenden Handlungen kommen kann. Eine Manifestationsform ist vor allem darauf gerichtet, aus dem Sicherheitsbedürfnis heraus so viele materielle Werte wie nur möglich anzusammeln (dies kann sich sogar auf immaterielle Dinge wie Hobbys, Anschauungen und rituelle Formen beziehen). Dies geschieht auf eine zwanghaftere Weise, als es zum Beispiel beim Stier-Jupiter der Fall war. Wie dem auch sein mag – wir haben es mit dem Stier-Saturn mit einer großen Unsicherheit und Verletzlichkeit zu tun.

Eine andere, entgegengesetzte Äußerungsweise ist das Verleugnen dieses Dranges. Das Extrem wäre hier, daß der Mensch mit dem Stier-Saturn sein ganzes Hab und Gut aufgibt und als eine Art Einsiedler zu leben beginnt. Dies geschieht dann aus der Furcht heraus, daß die Bindung an das Materielle ihn ständig aufs neue mit seinem schwachen Punkt konfrontieren könnte.

Saturn ist jedoch eine außerordentlich konstruktive Kraft, wenn wir mit unseren schwachen Seiten ins reine gekommen sind. Haben wir dies geschafft, kann der Stier-Saturn uns in die Lage versetzen, ein sehr festes und tragfähiges Lebensmuster zu begründen, innerhalb dessen wir uns aus einem inneren Gefühl der Sicherheit heraus in Freiheit entfalten können.

⛢♆♇ ♉ *Uranus, Neptun und Pluto im Stier*

Die innerliche Neigung zum Durchbrechen der Form und das Bedürfnis nach Originalität (Uranus), das Bestreben, die Form zu verfeinern, aufzulösen oder zu transzendieren (Neptun) und der Drang, Macht, Konfrontation und Transformation zum Ausdruck zu bringen (Pluto), haben aus dem Stier heraus eine Wirkung, die von Bedächtigkeit und Konservatismus gekennzeichnet ist.

Uranus kommt hier auf weniger abrupte Weise als in den anderen Zeichen zum Ausdruck. Das Moment der Sicherheit tritt auch bei diesem Planeten (zumindest bis zu einem gewissen Grade) zutage.

Neptun im Stier bewirkt, daß sich feste Formen auflösen, was in positiver Auslegung bedeutet, daß der Mensch dadurch über das Bestehende hinausschauen kann. Andererseits könnte sich, wenn sich die Dinge wie in Luft auflösen und der Sinn für das Konkrete verlorengeht, ein Gefühl der Unsicherheit ergeben.

Bei **Pluto** im Stier werden Machtkonflikte zwar nicht schnell auftreten – haben sie sich aber ergeben, können langandauernde Auseinandersetzungen die Folge sein. Auch die unbewußte Inhalte, für die Pluto steht, und vor allem die Verdrängungen kommen im Zeichen Stier auf eine eher langsame Weise nach oben. Zwar sorgt das fixe Kreuz dafür, daß sich hier beständig etwas tut – allerdings wird das Zeichen Stier sich aus seinem Bedürfnis nach Sicherheit einerseits sowie seiner Unempfindlichkeit gegenüber dem Nicht-Stofflichen andererseits lange vor diesen Inhalten schützen können. Brechen diese aber doch durch, wird die Krise lange dauern. Die überlieferten Formen und Sicherheiten könnten dann ganz und gar abgelegt werden.

Erde und das veränderliche Kreuz: Jungfrau

(Inferiores Element: Feuer)

☉ ♍ *Sonne in der Jungfrau*

Genau wie bei dem Zeichen, das wir als letztes besprochen haben, bedeutet der Stand der Sonne hier die Ausrichtung auf die greifbare und konkrete Wirklichkeit. Die Jungfrau-Sonne fühlt sich am wohlsten in einer Welt, die sie mithilfe ihrer Sinnesorgane wahrnehmen kann. Es kann sein, daß sie das Vorhandensein von allem, was nicht unter diese Kategorie fällt, schlichtweg leugnet.

Das Verarbeiten von Erfahrungen findet gemäß dem veränderlichen Kreuz statt. Mit anderen Worten: Es besteht ein starkes Bedürfnis, die Dinge zu verarbeiten, indem sie aufgelöst beziehungsweise integriert werden. Die Jungfrau geht dabei auf eine sehr konkrete Weise (Erde) ans Werk, so daß der Prozeß der Auflösung und Integration im allgemeinen etwas sehr Praktisches und Zweckmäßiges bekommt. Das liegt einfach daran, daß das auf die wahrnehmbare Wirklichkeit gerichtete Element Erde die Dinge im Rahmen unserer Realität zur Integration bringen will. Und mit der konkreten Wirklichkeit kommt es ja von Natur aus gut zurecht. Hier ist also der Grund dafür zu sehen, warum der Integrationsprozeß zumeist auch für die Praxis von Wert ist.

Das veränderliche Kreuz als Verarbeitungsweise ist dualistisch. Diesen Dualismus finden wir auch im Zeichen Jungfrau. Das veränderliche Kreuz hat das Bedürfnis, Übergänge zu schaffen – sowohl im Innerlichen zwischen dem Bewußtsein und dem Unbewußtem als auch äußerlich zwischen Situationen und Menschen (wobei sich letzteres in Form von Dienstbarkeit äußert). Für die Jungfrau trifft sowohl das Innerliche als auch das Äußerliche zu: Sie neigt dazu, Situationen «retten» zu wollen, aus dem Grund, die Form zu bewahren.

Das Bestreben des Menschen mit der Jungfrau-Sonne ist es, Gegensätze auf einer möglichst zweckgerichteten, nützlichen und realistischen Ebene zu vereinigen. Er möchte Verständnis wecken und die Probleme lösen, aus dem Bedürfnis heraus, sich der Welt – vor allem aber auch sich selbst – dienstbar zu machen. Die Jungfrau kann sich dabei den Anschein vollkommener Neutralität geben und sich selbst vergessen – eine Eigenschaft, für die sie bekannt ist. Doch muß dies nicht zwangsläufig als Aufopferung oder Idealismus ausgelegt werden – für die Jungfrau-Sonne ist dies einfach die natürliche Art und Weise, sich ihrem Wesen gemäß zum Ausdruck zu bringen. Wenn die Jungfrau keine Gelegenheit hat, in Übereinstimmung mit dem veränderlichen Kreuz von Zeit zu Zeit für andere tätig zu sein, ober wenn sie die solcherart erhaltenen Informationen nicht konkret für Integrationszwecke einsetzen kann, fühlt sie sich nicht wohl. Die Dienstbarkeit als Wesensäußerung sowie als Mittel, um beschäftigt zu sein, ist für sie die Möglichkeit zur Stärkung des Ichs. Wie neutral und unpersönlich sie auch nach außen hin scheinen mag – es handelt sich hier um einen Charakterzug, den sie zum Ausdruck bringen muß.

Das veränderliche Kreuz ist immer auf der Suche nach neuen Impulsen, unabhängig davon, ob diese nun von außen oder von innen kommen. Allerdings wird die in einem Erdzeichen auf Sicherheit ausgerichtete Sonne dies nicht ohne weiteres zu erkennen geben. Weiterhin paßt es nicht zu ihr, sich immer wieder in neue Abenteuer zu stürzen. Letzteres kann höchstens einmal bei Blockaden der psychischen Energie als Überkompensation der Fall sein.

Der Sinn für die Realität in Kombination mit dem Bedürfnis des veränderlichen Kreuzes nach Abwechslung bewirkt, daß die Jungfrau einen Blick für die Geschehnisse hat, denen sie sich so konkret wie nur möglich nähert. Bei ihrer Neigung, die Dinge von allen Seiten zu betrachten, spielt auch das Moment des Beweglichen eine große Rolle. Nur mit dem Überblick und der Einsicht hat die Jungfrau ihre Schwierigkeiten. (Überblick und Einsicht waren ja die Eigenschaften, die das Element Feuer auszeichnen. Und diesem fehlte der Blick für das Konkrete.) Bei der Jungfrau führt das Bedürfnis nach den verschiedensten Eindrücken und Fakten nicht zu einem integrierten Bild. Die einzelnen Tatsachen sind, für sich allein, genau bekannt, und dies ist gemeint, wenn man der Jungfrau die Fähigkeit zum Analysieren zuspricht. Ihre Sichtweise umfaßt mehr als jeweils nur ein Detail. Es ist bemerkenswert, wie viele Einzelheiten die Jungfrau im Kopf haben kann – zumindest dann, wenn es sich um konkrete Dinge handelt. Wozu das eigentlich dient, ist ihr vielleicht im ersten Moment nicht klar. Allerdings kann das inferiore Element Feuer von Zeit zu Zeit dann doch eine gewisse Einsicht sowie den Blick auf potentielle Entwicklungen verleihen. Das veränderliche Kreuz, das auch auf regressive beziehungsweise nach innen gerichtete Weise in Erscheinung tritt, kann hier einen unterstützenden Einfluß ausüben.

Der Blick fürs Detail hat der Jungfrau den Ruf eingetragen, ordentlich, kritisch und pedantisch zu sein – und manchmal auch prüde. In einigen Fällen wird der Eindruck erweckt, daß die Jungfrau nur fürs Putzen und Bohnern leben würde. Das ist jedoch ganz bestimmt nicht der Fall. Die Jungfrau-Sonne hat vor allem das Bedürfnis, Schwierigkeiten zu überwinden (veränderliches Kreuz), und zwar auf eine Weise, die so praktisch wie nur möglich ist (das Element Erde). Des weiteren geht es darum, die Späne, die beim Hobeln nun einmal anfallen, auch zu beseitigen, damit sie keinen Schaden mehr bereiten können. Es handelt sich hier also nicht von vornherein um eine Art Arbeitswut, sondern lediglich um eine vernünftige Vorgehensweise, die dem Bedürfnis Rechnung trägt, alles in einem konkreten Zusammenhang zu betrachten – was sich auf die Analyse des Bestehenden sowie auf das Entsorgen des stofflichen oder auch geistigen Abfalls beziehen kann. Es kann dabei allerdings sein, daß die Jungfrau schon einmal zuviel des Guten tut. Daß sie sich hier in Verbindung mit dem Element des Veränderlichen auch von sich selbst und anderen entfremden kann, liegt auf der Hand.

Das Phänomen, daß dieser Mensch oftmals kein Ego zu haben scheint (wozu zu sagen ist, daß gerade die vermeintlich «selbstlose» Dienstbarkeit die Bedürfnisstruktur des Egos widerspiegelt), kann den Kontakt zu dieser Person schwierig machen. Manchmal hat der Jungfrau-Mensch auch selbst Probleme, sein Wesen zu erfassen.

Bei Blockaden der Jungfrau-Energie kann es durch Überkompensation dazu kommen, daß wenig Jungfrau-Züge erkennbar bleiben. In diesem Fall sind möglicherweise wenig Schamgefühl oder Züge von Verwahrlosung zu konstatieren (wozu der Betrefffende vielleicht sagen würde, daß er im Inneren rein ist). Die Überkompensation liegt entweder im Verneinen des eigenen Wesens oder in der betonten Zurschaustellung desselben.

In letzterem Fall würden die Jungfrau-Eigenschaften auf eine völlig übertriebene Weise zum Ausdruck gebracht werden.

☽ ♍ *Mond in der Jungfrau*

Das unbewußte emotionale Verhalten ist hier hauptsächlich auf die konkrete materielle Sicherheit gerichtet (Erde). Das veränderliche Kreuz bewirkt dabei die dienstbereite, auflösende und integrierende Einstellung. In der Folge davon erscheint der Jungfrau-Mond anderen häufig als nüchtern und genügsam. Mit dieser Mondstellung reagiert der Mensch zunächst auf die Nöte, Wünsche und Bedürfnisse der anderen. Durch diese Form der Beschäftigung erhält der Jungfrau-Mond ein Gefühl von Sicherheit und Geborgenheit. Wenn wir den Menschen mit einem Jungfrau-Mond daran hindern, auf der konkreten Ebene hilfreich und integrierend tätig zu werden, entziehen wir ihm etwas Wesentliches (das gleiche gilt für die Jungfrau-Sonne). Dieser Mensch braucht seine Dienstbereitschaft. Emotional reagiert er gemäß dem Element Erde: auf eine ruhige, etwas abwartende und eher passive Weise, wobei das veränderliche Kreuz ihm das Bedürfnis gibt, die Situation von allen Seiten zu betrachten, bevor er zum Handeln übergeht. Es kann insofern sein, daß die Reaktion vielleicht etwas spät kommt – auf jeden Fall aber ist sie wohlerwogen.

Im spontan-unbewußten Reagieren können die kleinen, konkreten Einzelheiten eine wichtige Rolle spielen. Dies ist häufig der Fall, ohne daß dem Menschen das bewußt wäre. Der Mensch mit dieser Mondstellung wird sich also in Dingen auszeichnen, die etwas mit Formgebung zu tun haben, ohne daß er eigentlich weiß, warum.

Dieser Mensch reagiert automatisch auf alles kritisch und analytisch. Demzugrunde liegt aber das Bedürfnis, die Dinge so schön und harmonisch zu sehen wie nur möglich. Er betrachtet dabei alles auf praktische und zweckmäßige Weise. Dabei kann er großen Erfindungsreichtum zeigen. Die veränderliche Erde gibt ihm das Bedürfnis nach Abwechslung, wobei sich aber von Zeit zu Zeit das unbewußte Feuer manifestieren kann, was dann vielleicht visionäre Ideen zur Folge hat. Für gewöhnlich jedoch reagiert der Jungfrau-Mond ruhig und eher konventionell.

Das Bedürfnis nach Dienstbarkeit bedeutet sowohl für die Sonne als auch für den Mond im Zeichen Jungfrau eine Eignung für Pflegeberufe. Vor allen Dingen gilt dies für den Mond, aus dem Grund, daß er hier seinem Unbewußten gemäß Befriedigung und Sicherheit finden kann. Mit dieser Form der Aktivität kann er einer Manifestationsform des veränderlichen Kreuzes auf der konkreten Ebene Gestalt verleihen.

Die gefühlsmäßigen Reaktionen des Jungfrau-Mondes wirken oftmals kühl – innerlich ist jedoch wenig Kühlheit zu erkennen. Die Geschehnisse werden auf das intensivste von allen Seiten untersucht, und in dem Augenblick, in dem der Jungfrau-Mond innerlich zu einem Entschluß gekommen ist, wird er jede Zurückhaltung aufgeben und mit dem Ergebnis seiner Überlegungen an die Öffentlichkeit treten. Manchmal ist es dann allerdings schon zu spät, und dann hat er aufs neue die verschiedensten Dinge zu überdenken... Dieser analytische Prozeß ist die Ursache dafür, daß dieser Mensch im Ruf steht, den Verstand und die Vernunft dem Gefühl vorzuziehen. Bricht jedoch von Zeit zu Zeit das inferiore Element Feuer durch, können plötzlich «Visionen» auftauchen, und es ist dann denkbar, daß er sich auf eine Weise verhält, die seinem sonstigen Verhalten vollkommen entgegengesetzt ist.

Das Bedürfnis, für andere wichtig zu sein, bedeutet – auch wenn es nicht in einem starken Maße zutage tritt – eine große Anfälligkeit für Kritik. Dieser Mensch nimmt sich alles schnell zu Herzen, und für ihn stellt jede kritische Äußerung die Abweisung seines Bedürfnisses nach Dienstbarkeit dar. Er kann hier sehr unsicher werden. Zwei Arten der Reaktion sind möglich: Er versucht dann möglicherweise, durch ein vermeintlich perfektes und alles bedenkendes Verhalten der Kritik zuvorzukommen, oder er zieht sich selbst zurück (was eine regressivere Reaktionsweise wäre), ohne aber zu vergessen, was gesagt wurde. Dabei betrachtet er die Dinge dann wieder von allen Seiten, was seine Art der Verarbeitung darstellt.

Der nach außen hin so ruhig scheinende Jungfrau-Mond ist innerlich sehr engagiert. Das veränderliche Kreuz ist von Natur aus unruhig und suchend, und dies erklärt, warum der Jungfrau-Mond im Inneren und im Äußeren auch tatsächlich stets auf der Suche ist. Dies geschieht jedoch auf eine Erd-Weise, in Ausrichtung auf die konkrete Wirklichkeit.

☿ ♍ *Merkur in der Jungfrau*

Das Denken, Ordnen, Einteilen und Analysieren geschieht mit dem Jungfrau-Merkur vom Hintergrund des Erd-Elementes aus: auf so praktische und konkrete Weise wie nur möglich und so sehr auf einen konkreten Nutzen und die greifbare Wirklichkeit gerichtet, wie es geht. Die veränderliche Energie des Zeichens Jungfrau paßt sehr gut zu dem von Natur aus ziemlich umtriebigen Merkur-Inhalt: Merkur steht für den Drang, Neues zu entdecken oder das Alte in einem neuen Licht zu sehen und dementsprechende neue Zuordnungen vorzunehmen. Die veränderliche

Energie der Jungfrau ist ebenfalls durch das Bedürfnis nach Beweglichkeit und dem Neuen gekennzeichnet. Außerdem ist mit der auf das Konkrete gerichteten Jungfrau die Fähigkeit zur Analyse verbunden, was auch dem Planeten Merkur entspricht. Merkur als psychischer Inhalt kann also in der Jungfrau ausgezeichnet zum Ausdruck kommen. Sowohl die besten als auch die problematischsten Seiten können hier in Erscheinung treten.

Der Jungfrau-Merkur ist denn auch in erster Linie durch seine Fähigkeit zur Analyse, zur Ordnung der Tatsachen und deren Klassifikation sowie durch die intensive Auswertung der Geschehnisse gekennzeichnet. Was fehlt, ist die mit dem Element Feuer verbundene Einsicht. Dieser Mensch hat seine Schwierigkeiten damit, Übersicht über die verschiedenen Kategorien zu gewinnen, die er gebildet hat. Allerdings kann er hier aufgrund des veränderlichen Kreuzes Hilfe erfahren, wenn von Zeit zu Zeit das inferiore Element Feuer aufsteigt.

Bei der Verbindung des analytischen und klassifizierenden Planeten Merkur mit dem Zeichen Jungfrau, das sich durch die gleichen Eigenschaften auszeichnet, wird schnell deutlich, daß eine große Fähigkeit zum methodischen Vorgehen und eine ausgeprägte praktische Logik vorhanden ist.

Im alltäglichen Umgang ist bei diesem Menschen das Bedürfnis vorhanden, anderen von Nutzen zu sein – wie es auch schon bei den anderen Jungfrau-Stellungen der Fall gewesen war. Das kann auf viele Arten geschehen, zum Beispiel dadurch, daß praktisch verwertbare Kenntnisse weitergegeben oder die Resultate von Forschungen auf Spezialgebieten für die Allgemeinheit umformuliert werden. Das heißt aber nicht, daß der Jungfrau-Merkur mit einer enthusiastischen Art zu kommunizieren einhergeht. Das Bedürfnis, für andere etwas zu bedeuten (in welcher Hinsicht auch immer), steht hier im Vordergrund. Das Element Erde färbt diesen Merkur im Hinblick auf die Kommunikation auf eine Weise, die von Zurückgezogenheit und Passivität gekennzeichnet ist. Das veränderliche Kreuz, das die Abwechslung liebt, sorgt dann letztlich wieder dafür, daß sich dieser Mensch nicht ganz und gar abkapselt. Zunächst aber ist es im allgemeinen so, daß der Jungfrau-Merkur nicht gerne den ersten Schritt unternimmt.

Das mit dieser Stellung verbundene Verhalten ist in den meisten Fällen beherrscht, die Sprache im allgemeinen gewählt. Der Eindruck, der geweckt wird, ist der von einer gewissen Zurückhaltung. Aber hier wie bei den anderen Planeten im Zeichen Jungfrau auch spielt die große Beweglichkeit des Geistes eine wichtige Rolle. Diese wirkt allerdings von einem nüchternen und konkreten Hintergrund aus (Erde).

Bei Blockaden der psychischen Energie können verschiedene Reaktionen auftreten: Entweder wird ein zu starker Nachdruck auf die Details gelegt – als Überkompensation der Unsicherheit, wodurch der Jungfrau-Merkur zu einem überkritischen Nörgler wird, der an allem etwas auszusetzen hat –, oder es kommt zum starren und dogmatischen Festhalten an einmal gewonnenen Überzeugungen (die Sicherheit der Erde), mit der Folge, daß dann keine Veränderungen mehr möglich sind.

Mit dem Jungfrau-Merkur ist das Bedürfnis verbunden, das Denken und das Handeln konstruktiv auf die Verbesserung von Situationen oder deren Lösung zu richten. Es besteht eine Eignung für realitätsbezogene Forschungsarbeit sowie für die Analyse überhaupt. Dieser Mensch hat einen Blick dafür, wo Hilfe nötig ist, und er ist in der Lage, nützliche Verbindungen herzustellen. Kann er sich seinem Wesen gemäß entfalten, wird er anderen auf die vielfältigste, praktischste und nützlichste Weise zur Seite stehen.

♀ ♍ *Venus in der Jungfrau*

Das Bedürfnis der Venus nach emotionaler und materieller Sicherheit kommt in der Jungfrau am besten zum Ausdruck, wenn Gewißheit bezüglich des Stofflichen und des Konkreten gegeben ist. Die Modifikation, die sich hier durch das veränderliche Kreuz ergibt, besteht darin, daß das Abwartende und Passive der Erde sich auf eine «bewegliche» und am Nützlichen orientierte Weise zeigt. Das Bedürfnis, auf konkrete und praktische Weise Menschen und Dinge miteinander in Verbindung zu bringen, und die Venus als Sicherheit suchender psychischer Inhalt haben hier denselben Hintergrund. Die Jungfrau-Venus hat den Drang zu helfen und sich dienstbar zu machen, auch dem Partner gegenüber. Das analytische Vermögen der Jungfrau mit der eher bedächtigen Art des Reagierens kann es dem Menschen schwermachen, seine Zuneigung zu zeigen. Es hat hier oftmals den Anschein, als ob dieser Mensch seine Gefühle dem Intellekt unterordnet. Das soll aber nicht heißen, daß die Jungfrau-Venus tatsächlich ohne Gefühl wäre. Nur kommt das menschliche Bedürfnis nach Wärme und Sicherheit in diesem Zeichen auf eine eher praktische und analytisch-kritische Weise zum Ausdruck. Dabei muß hier kein großer Aufwand betrieben werden: Die Jungfrau-Venus ist besonders empfänglich für die kleinen Aufmerksamkeiten, die ihr entgegengebracht werden.

In Beziehungen ist der Aspekt der Freundschaft von größerer Wichtigkeit als das romantische Verliebtsein. Die Jungfrau-Venus gewinnt schnell die Erkenntnis, daß das Verliebtsein nichts mit der Wirklichkeit zu tun haben muß und daß sich auf Freundschaft besser bauen läßt. Diese sehr praktische Einstellung wird nicht selten als gefühllos oder kalt ausgelegt – was die Jungfrau-Venus aber entschieden nicht ist. Die Art und Weise, wie sie ihre Gefühle der Außenwelt darstellt, ist allerdings in der Tat nicht besonders dramatisch.

Das Bedürfnis nach Schönheit und Harmonie kann sich auf der konkreten Ebene in verschiedenen formgebenden Beschäftigungen äußern – wie es auch schon bei der Stier-Venus der Fall gewesen war. Hier aber steht noch mehr das Moment des Praktischen und der Dienstbarkeit im Vordergrund. In seinem Inneren hat dieser Mensch durchaus einen ausgeprägten Sinn für Schönheit – allerdings ist dies kein Gesprächsthema für ihn.

Wenn die Jungfrau-Venus sich in der Beziehung nicht auf die eine oder andere Art nützlich machen kann und ihr das Gefühl der Anerkennung verwehrt bleibt, können auch hier Reaktionen der Überkompensation in Erscheinung treten: Entweder kommt es dann dazu, daß das Bedürfnis nach Dienstbarkeit und Nützlichkeit auf noch intensivere Weise zum Ausdruck gebracht wird, oder es ergibt sich, daß dieser Mensch über jedes Detail in seiner Umgebung stolpert und jede Einzelheit zu einer großen Sache macht. Weiterhin denkbar ist, daß dieser Mensch das alles nicht wahrhaben will und sich gerade auf gegenteilige Haltungen versteift.

Wie dem auch sein mag – der Mensch mit dieser Planetenstellung fühlt sich am wohlsten, wenn er behilflich sein kann und deshalb anerkannt wird, wenn er auf seine nüchtern anmutende Art seine Freundschaft beweisen kann und nicht zu seiner Ansicht nach lächerlichen Gefühlsbekundungen gezwungen wird. Die Jungfrau-Venus zeichnet sich durch die Fähigkeit aus, sowohl im Innerlichen als auch im Äußeren Gegensätze zu überbrücken und das Gemeinsame von Standpunkten sichtbar zu machen.

♂ ♍ *Mars in der Jungfrau*

Der Drang, sich von anderen abzuheben und die eigene Individualität unter Beweis zu stellen, kommt hier auf Jungfrau-Art zum Tragen. Das Konkrete und Praktische sowie eine analytische Betrachtungsweise stehen also im Vordergrund. Die Energie des Mars kann hier zutage treten durch das ausgeprägte Bedürfnis, sich durch eigene Leistungen von anderen abzuheben. Dieser Mensch wird nicht sofort mit den Resultaten der eigenen Arbeit zufrieden sein; er wird danach streben, sich selbst immer weiter zu verbessern und seine Arbeit so effizient und sachkundig wie nur möglich zu erledigen. Eine unangenehmere Auswirkung dieser Stellung wäre es, wenn er das kritische Jungfrau-Element nur auf andere statt auch auf sich bezieht. In diesem Fall würde er zum fanatischen Kritikaster, der jeden kleinen Fehler seiner Mitmenschen registriert und unbarmherzig anprangert. Und hierfür bestünde, weil es ja um Mars geht, auch genügend Energie. Wie dem auch sein mag – für den Jungfrau-Mars können Nichtigkeiten die größte Bedeutung haben.

Die Jungfrau ist auf das Konkrete, Praktische und Nützliche ausgerichtet. Steht Mars in diesem Zeichen, wird er diese Qualitäten im Hinblick auf seine Energie, seine Arbeitslust und seinen Geltungsdrang zum Ausdruck bringen. Insofern zeichnet sich der Mensch mit dem Jungfrau-Mars durch das Bedürfnis aus, sich auf der konkreten, praktischen und nützlichen Ebene zu bewähren. Pflichtgefühl, Beharrungsvermögen, Detailbewußtsein sowie die immerwährende Kritikbereitschaft bedeuten, daß dieser Mensch im allgemeinen ein geschätzter Mitarbeiter ist. Diese Qualitäten werden aber nur dann auf positive Weise in Erscheinung treten, wenn die Energie nicht blockiert ist. Trifft letzteres zu, werden Eigenschaften wie Geltungsdrang und Angeberei hervorstechen.

Dieser Mensch bringt seine Individualität mit seiner Fähigkeit der Dienstbereitschaft in Verbindung. Der Jungfrau-Mars ist in einer ausgezeichneten Weise dazu in der Lage, Präzisionsarbeit zu leisten oder Tätigkeiten zu verrichten, die viel Geduld erfordern. Das veränderliche Kreuz bewirkt auch, daß der Mensch mit dieser Mars-Stellung immer wieder etwas Neues lernen und immer wieder neue Dinge in Verbindung zueinander bringen will. Insofern wird der Mars in dem Erdzeichen Jungfrau in der Sicherheit, die der Stoff ihm bietet, ständig nach neuen Fakten und Methoden suchen. Auf diese Weise kann seine Methodik von geradezu aggressiver Heftigkeit sein, und manchmal ist auch zu beobachten, daß er seine Dienstbereitschaft auf eine Weise erkennen läßt, die nicht eben sanft ist. Dies geschieht aber letztlich aus dem Grund, daß er in einem außerordentlich starken Maß auf das Gefühl, nützlich zu sein, angewiesen ist. Auf diese Art äußert sich der Drang, seine Individualität unter Beweis zu stellen und Selbstbestätigung zu suchen.

Durch die fortwährende Beschäftigung mit neuen Dingen aus der bestehenden Sicherheit heraus ist der Jungfrau-Mars in der Lage, sich weitgehend zu spezialisieren. Er kann ein Gebiet so intensiv untersuchen, bis das Unterste nach oben gekehrt ist. Das macht seine besondere Befähigung für Forschungstätigkeiten aus. Aber auch für die praktische Anwendung von Forschungsresultaten ist er geeignet.

Die Tatkraft des Jungfrau-Mars wird durch die etwas abwartende und passive Haltung des Elementes Erde im Zaum gehalten. Das veränderliche Kreuz aber sorgt wiederum dafür, daß dies im Innerlichen durchaus nicht so ist. Die gezähmte, beherrschte Energie kann dieser Mars sehr gut für Dinge einsetzen, die er nützlich findet. Das heißt also, daß dieser Mensch seine Energie nicht verschwendet, auch nicht unter Berücksichtigung der Tatsache, daß von Zeit zu Zeit das inferiore Element Feuer durchbricht. Es besteht hier nur die Gefahr, daß zuviel Energie auf die Details gerichtet wird.

Es kann sein, daß sich mit dieser Stellung die Mars-Aggressivität in scharfen Worten äußert: Das Zeichen Jungfrau weiß genau, mit welchen Formulierungen es sich seiner Haut wehren und wie es andere verletzen kann. Dieser Mensch könnte insofern bei Verhandlungen ein schwieriger Gesprächspartner sein. Er besitzt die Fähigkeit, den anderen auf Details «festzunageln». Bei Überkompensation tritt diese Verhaltensweise noch mehr in den Vordergrund.

♃ ♍ *Jupiter in der Jungfrau*

Mit seiner expansiven Ausrichtung steht Jupiter in der Jungfrau nicht besonders stark. Sein Bedürfnis nach Ausweitung kann hier nur im Konkreten, im Analytischen und im Blick für das Detail zum Tragen kommen. Diese Eigenschaften entsprechen nicht gerade dem Jupiter-Prinzip, und doch ist es so, daß dieser Planet in der Jungfrau von diesem Hintergrund aus zum Ausdruck kommen muß. In gewisser Weise muß er sich damit Gewalt antun. Geistige und religiöse Werte und das Einordnen von Erkenntnissen und Erfahrungen in einen größeren Rahmen verlangen normalerweise einen Hintergrund, der nicht so sehr an der Analyse von Fakten und Gegebenheiten orientiert ist – was für die Jungfrau gilt –, sondern an der Fähigkeit zur Synthese. Das expansive Element des Jupiters bezieht sich denn auch hier vor allem auf die Details, auf die Anzahl derselben oder deren intensive Untersuchung, gemäß der Dienstbereitschaft und der Sicherheitsorientierung des Elementes Erde. Das religiöse Gefühl des Jungfrau-Jupiters kann mit Pflichtgefühl zu tun haben, und als Folge davon ist ein starkes Verantwortungsgefühl denkbar. Von dem Idealismus des Feuers, der auch Jupiter kennzeichnet, ist bei dieser Position recht wenig zu spüren.

Wie bei dem Jungfrau-Mars eine aggressive Art der Dienstbarkeit möglich ist, können hier auch beim Jupiter verwandte Züge in Erscheinung treten. Nicht im Hinblick darauf, sich selbst zu beweisen oder sich gegenüber anderen abzugrenzen – der Mensch mit dem Jungfrau-Jupiter hat es von seinem Wesen her nötig, Menschen, Tatsachen und Dinge in

Beziehung zueinander zu bringen. Um Vertrauen zu gewinnen, muß er das Gefühl haben, für andere nützlich zu sein, und in dieser Hinsicht zeigt er ein expansives Verhalten. Häufig bringt es das Bedürfnis nach geistigen und religiösen Werten auch mit sich, daß der Planet Jupiter von dem Jungfrau-Hintergrund aus der Dienstbereitschaft und der gründlichen Untersuchung der Dinge tatsächlich eine Art «höheren Wert» zuschreibt. Er wird in diesem Fall versuchen, den betreffenden Menschen beziehungsweise die betreffende Situation so intensiv wie möglich zu erforschen, um auf nützliche und helfende Art die Hand reichen zu können.

Die Freude am Leben, wie sie durch Jupiter symbolisiert wird, kommt im Zeichen Jungfrau auf gedämpfte Weise zum Ausdruck (auch wenn das veränderliche Kreuz angibt, daß hier aktiv gesucht wird). Bei Blockaden kann es sein, daß die mit Jupiter einhergehenden Faktoren den anderen mehr oder weniger mit Gewalt aufgedrängt werden, was eine gut gemeinte, letztlich aber ungewünschte Hilfsbereitschaft zur Folge haben kann. Eine andere Auswirkungsmöglichkeit wäre, die Hilfsbereitschaft auf einer anderen Ebene zu demonstrieren – zum Beispiel im Dienste der Bedürftigen, der Dritten Welt oder wessen auch immer. Entscheidend ist aber auch hier, daß die Suche nach Expansion und dem Höheren auf Jungfrau-Art verläuft.

♄ ♍ *Saturn in der Jungfrau*

Wie beim Stier auch ist Saturn in der Jungfrau vor allem hinsichtlich der stofflichen Ebene (Erde) verletzlich. Hier aber wird es mit dem veränderlichen Kreuz zu einem weniger «starrsinnigen» Verhalten kommen, weil mit diesem das Bedürfnis verbunden ist, die Dinge auch auf andere Weisen zu betrachten. Bei der Jungfrau hat die Ausrichtung auf das Materielle vor allem mit praktischen und konkreten Aspekten zu tun. Ebenfalls eine Rolle spielt das Moment der Dienstbarkeit. Beim Jungfrau-Saturn liegt genau hier der wunde Punkt. Saturn hat das Bedürfnis, auf dieser Ebene nützlich zu sein – häufig aber ist mit ihm das Gefühl verbunden, den Anforderungen nicht oder nur in unzureichendem Maße zu genügen, was zu Überkompensationen führen kann. In diesem Zusammenhang sind weiterhin Angst und Frustrationen möglich, was sich sowohl körperlich als auch geistig äußern kann. Vielfach entwickelt sich hier eine Haltung, bei der sich der Mensch mit dem Jungfrau-Saturn als sehr dienstbereit und praktisch erweist, sich aber seinem eigenen Empfinden nach in der Folge dessen mit den vielfältigsten Hindernissen auseinandersetzen muß, die er sich mit seiner Dienstbereitschaft aufgeladen hat. Gegen Widerstände zu kämpfen und doch nicht abzulassen ist für diese Haltung kennzeichnend. Häufig ist dieser innerliche Kampf für die Außenwelt deutlich wahrnehmbar.

Auch die analytische und von praktischen Gedanken beherrschte Annäherung an Menschen, Fakten und Geschehnisse geschieht auf sehr tiefgründige und gewissenhafte Weise. Allerdings ist hier doch eine gewisse Angst vorhanden, die diesen Menschen daran hindert, den Gegebenheiten gemäß vorzugehen oder sie auf die eigene Psyche anzuwenden. In dieser Hinsicht besteht hier ein schwacher Punkt. Doch gerade dies ist der Weg, der Saturn in der Jungfrau zu sich selbst bringen kann; dies ist seine Art der Formung des Bewußtseins. Dies kann aber zu einer dermaßen starken Selbstkritik führen, daß der Hang zur Dienstbarkeit und zur Askese noch verstärkt wird und einzig noch Ordnung, Analyse und Hilfsbereitschaft von Wichtigkeit zu sein scheinen. Das Bedürfnis zu analysieren wird sich auch im Hinblick auf diese Haltung zeigen, was wiederum zur Folge hat, daß dieser Mensch nach außen hin sehr vernunftbetont wirkt. Der Jungfrau-Saturn ist immer damit beschäftigt, nachzudenken und etwas auszutüfteln, und dabei sucht er die Synthese zwischen sich selbst und den Dingen um ihn herum.

Wie dem auch sein mag – jemand mit dem Jungfrau-Saturn ist dazu in der Lage, ein solides Fundament für die Entwicklung seiner Persönlichkeit zu legen, wenn er erst einmal gelernt hat, mit den vielen kleinen Problemen seines Lebens umzugehen. Wenn dieser Mensch sich hinsichtlich der Einzelheiten zu sehr aufsplittert, sich mit seinem Bedürfnis nach Dienstbarkeit zu sehr im Hintergrund hält oder das Analysieren der eigenen oder anderer Personen zu weit treibt, kann er jedes Gefühl für Synthese und Einheit verlieren. Allerdings ist es möglich, daß er dann in der tiefsten Krise aufgrund des inferioren Elementes Feuer doch die Einheit in der Zersplitterung erfährt. Er kann dann etwas wahrnehmen, was größer ist als alles, was er zuvor gesehen hat. Dies zeigt ihm dann möglicherweise auf, was der Grund für seine Verletzlichkeit ist.

♅♆♇ ♍ *Uranus, Neptun und Pluto in der Jungfrau*

Die innerliche Neigung zum Durchbrechen der Form und das Bedürfnis nach Originalität (Uranus), das Bestreben, die Form zu verfeinern, aufzulösen oder zu transzendieren (Neptun) und der Drang, Macht, Konfrontation und Transformation zum Ausdruck zu bringen (Pluto), wirken im Zeichen Jungfrau aus dem Konkret-Stofflichen heraus, allerdings auf eine weniger starre Weise als beim Stier. Das veränderliche Kreuz führt dazu, daß bei der scheinbaren Passivität der Erde doch eine aktive Einstellung vorhanden ist.

Uranus symbolisiert hier den Wunsch nach Individualität und Sprengung der Form auf stofflicher Ebene durch Erneuerungen mit einem praktischen Nutzen. Auf der anderen Seite dürfte in diesem Fall das Pflichtbewußtsein der Jungfrau etwas weniger stark zutage treten.

Neptun kann hier ebenfalls auf positive Art zum Ausdruck kommen, zum Beispiel durch den Versuch, Ideale auf stofflichem Gebiet in die Realität umzusetzen. Weniger positiv wäre hier das Hervorbringen von Chaos, Vernebelung oder Vergiftung durch eine zu weit durchgeführte technische Analyse – um ein Beispiel zu geben. Pluto in der Jungfrau könnte dieses Muster dann noch fortsetzen (Umweltverschmutzung oder ähnliches).

Auf der anderen Seite konnten die praktisch nutzbaren Erneuerungen, die mit Uranus in der Jungfrau verbunden waren, durch **Pluto** in diesem Zeichen weiter vorangetrieben werden. Neue Wege wurden nun auf dem Gebiet der Arbeit eingeschlagen – durch praktische Neugestaltung und neue analytische Methoden. Dies gilt im Hinblick auf die Technik sowie auch für die Psychoanalyse. Bei Pluto in der Jungfrau sind Machtkonflikte in Verbindung mit den betreffenden Bereichen zu erwarten. Dieses Problem äußerte sich nicht nur in der Zeit, in der diese Planetenstellung galt – vor allem die Menschen, die in ihrem Horoskop Pluto in der Jungfrau haben, müssen hier mit Konflikten rechnen.

Erde und das kardinale Kreuz: Steinbock

(Inferiores Element: Feuer)

☉ ♑ *Sonne im Steinbock*

Ebenso wie bei den anderen Erdzeichen auch besteht hier das Bedürfnis nach Sicherheit im greifbaren Sinn, wobei die konkrete Wirklichkeit der Ausgangspunkt ist. Die Art, auf die diese stofflich ausgerichtete Einstellung verarbeitet wird, ist durch die Zugehörigkeit des Zeichens Steinbock zum kardinalen Kreuz geprägt.

Mit dieser Bewußtseinseinstellung besteht ein großes Bedürfnis, nach außen zu wirken – nicht so sehr im Sinne davon, auf sich aufmerksam zu machen, sondern vielmehr dadurch, mittels Hilfe von anderen beziehungsweise für andere Menschen Sicherheit in der Außenwelt zu schaffen. Weil es sich aber um ein Erdzeichen handelt, fällt es nicht leicht, die Initiative zu ergreifen. Dieser Mensch zieht es vor, zunächst einmal im Hintergrund zu bleiben – so lange, bis die Impulse von außen (auf die das kardinale Kreuz ja so stark ausgerichtet ist) ihm für seine Aktivität Stimulanz genug sind.

Um Sicherheit – am liebsten in ausgeprägt konkreter Form – in der Außenwelt zu schaffen, arbeitet der Mensch mit der Steinbock-Sonne hart und ausdauernd, in aller Stille. Seine Tätigkeit richtet sich auf Strukturen, Vorschläge, Verordnungen, Gesetze und anderes mehr. Es geht hierbei um Beschäftigungen, die zum Ziel haben, die für ihn so wichtige Außenwelt zu strukturieren beziehungsweise deren Erhalt zu gewährleisten. Dabei ist seine Hartnäckigkeit bemerkenswert, und es kann sein, daß er seine Ziele über Jahre hinweg verfolgt.

Das Bedürfnis nach konkreten Strukturen und Regelungen in der Absicht, die Umgebung zu erhalten und zu bewahren, kann sich auf viele Arten äußern. Es muß nicht sein, daß dieser Mensch die Gesetze erläßt, denen andere zu folgen haben – auch im Kleinen kann sich dieser Drang bemerkbar machen. Die Steinbock-Sonne bedeutet ein Bewußtsein, das auf die konkrete Welt gerichtet ist. Für sie ist es insofern ideal, wenn sie durch die Außenwelt bestätigt wird. Geschieht dies nicht, wird sie von sich aus tätig, um Anerkennung zu erhalten. Sie zeichnet sich dabei durch äußerste Zielstrebigkeit aus und kann auf sehr überlegte und kontrollierte Weise vorgehen.

Das eher auf das Bewahren eingestellte Erd-Element macht den Steinbock nicht zum großen Erneuerer, sondern vielmehr zu jemandem, der die Dinge innerhalb der bestehenden Muster ordnet. Er scheint dabei sehr individualistisch und unabhängig zu sein, was aber nur teilweise der Fall ist. Mit der Zugehörigkeit zum Element Erde wird dieser Mensch sicherlich nicht als fröhlicher Hans-Dampf-in-allen-Gassen angesehen, sondern eher als Einzelgänger. Das kardinale Kreuz aber hat zur Folge, daß er doch sehr abhängig von den Menschen und Dingen um ihn herum ist und in diesem Punkt auch eine außerordentlich große Sensibilität aufweist. Aus diesem Grund ist er auch so erpicht darauf, eine wichtige Position in der Gemeinschaft einzunehmen. Der Mensch mit der Steinbock-Sonne kann in dieser Hinsicht etwas Streberhaftes haben.

Erst dann, wenn dieser Mensch seine Position auf eine konkrete und für alle sichtbare Weise bewiesen hat, kann er sich zurücklehnen und seine Arbeit als erfolgreich ansehen. Bei Blockaden der psychischen Energie kann er, aus reiner Unsicherheit heraus, sehr hart werden – er verkörpert dann eine Einstellung, die mit der Redensart «über Leichen gehen» beschrieben wird. Die andere Reaktionsform wäre der Rückzug in Melancholie oder Depression.

Die Tatsache, daß ein Steinbock in seinem Wesen von der Außenwelt abhängig, dabei aber um den Ausdruck von Unabhängigkeit bemüht ist, kann einer der Gründe dafür sein, daß er seine Emotionen verbirgt. Gefühle zu zeigen heißt für den Steinbock oftmals, sich eine Blöße zu geben, und von seinem Bedürfnis nach Sicherheit aus versucht er, seine Emotionen unter Kontrolle zu behalten. Das kann ihn in seinen Kontakten kühl, unnahbar und reserviert erscheinen lassen.

Der Mensch mit der Steinbock-Sonne kann sich am besten verwirklichen, wenn er die konkrete Welt um sich herum strukturiert (wozu noch zu sagen ist, daß er auch manchmal die Menschen seiner Umgebung zur stofflichen Welt zählt). Wenn er auf diese Weise vorgeht, erhält er ein Gefühl von Sicherheit. Dieser Mensch tritt aktiv für den Erhalt von Werten und Traditionen ein. Aus dieser Art der Betätigung und vor allem auch aus der Anerkennung, die dies bringt, kann ein Gefühl von Wichtigkeit resultieren, welches der Steinbock so sehr braucht. Wenn wir diesem Menschen unsere Wertschätzung zum Ausdruck bringen, spornen wir ihn an, hart und mit ganzer Kraft zu arbeiten. Zeigen wir ihm diese Anerkennung nicht, wird er sie auf die eine oder andere Weise zu bekommen versuchen – aus dem Grund, daß sie eben für ihn so außerordentlich wichtig ist. Dieser Mensch kann gemäß dem Prinzip «hart, aber gerecht» sehr streng gegen sich und gegen andere sein. Aber nur dann, wenn die Energie behindert ist, werden sich an diesem Punkt schwerwiegende Überkompensationen ergeben.

☽ ♑ *Mond im Steinbock*

Der Mensch mit einem Steinbock-Mond reagiert von seinem unbewußten Gefühl her auf eine Art, die vom Element Erde geprägt ist: etwas passiv, abwartend und ohne viel Initiative. Vor allem konkrete Umstände und Situationen sprechen den Mond im Steinbock an, aus dem Bedürfnis heraus, diese so zu erhalten, wie sie sind – was wiederum mit dem hier bestehenden Bedürfnis nach Sicherheit zusammenhängt. Wegen des kardinalen Kreuzes fühlt der Mond im Steinbock sich vor allem dann wohl, wenn er in seiner Umgebung nicht nur stoffliche und konkrete Sicherheit erfährt, sondern auch weiß, daß er für andere eine Bedeutung hat und eine wichtige Rolle spielt. Aber weil das kardinale Kreuz die Auseinandersetzung mit der Umgebung zur Folge hat, wird der Mensch mit dieser Mondstellung von seinem Unbewußten her regelnd und strukturierend auftreten und automatisch die Fäden in seine Hände nehmen. Eigentlich ist das nicht einmal seine Absicht, auch wenn er sich in der auf diese Art erworbenen Position wohlfühlt. Entscheidend ist jedenfalls, daß er eine herausgehobene Position hat, von der aus er für das Bestehende eintreten und Sicherheit schaffen kann. Kommt diese Rolle ins Wanken, kann dies zu heftigen Problemen führen. Jede Form der Behinderung kann hier Gegenreaktionen hervorrufen. Vielleicht zieht dieser Mensch dann die Zügel straffer und benutzt seine Position dazu, seine Vorstellungen mit aller Macht und hartnäckig durchzusetzen. Aber auch das Entgegengesetzte ist möglich: Das ängstliche Zurückweichen in dem Glauben, doch nichts ausrichten zu können und wertlos und nutzlos zu sein. In diesem Fall sind Gefühle der Isolation, der Minderwertigkeit und Depression zu erwarten.

Der Mensch mit dem Steinbock-Mond ist aus seinem Bestreben nach Sicherheit in emotionalen Situationen heraus bestrebt, sich nicht direkt zu äußern. Er bemüht sich, alles so gut wie möglich zu erledigen, und es kann sein, daß ein Drang nach Perfektion ihn antreibt. Mit einem Steinbock-Mond ist oftmals ein überaus starkes Verantwortungsgefühl gegenüber der eigenen Familie oder auch der eigenen Person gegeben, was sich insbesondere auf das Materielle beziehen kann (Element Erde). Insofern ist eine deutlich markierte und zukunftssichere Position ein großer Anreiz für ihn. Das Element Erde mit seiner Konkretheit ist aber nicht besonders flexibel – in Kombination mit dem Wunsch, in der Außenwelt so positiv wie nur möglich zur Geltung zu kommen, kann dies dazu führen, daß an alles in der Außenwelt außerordentlich hohe Ansprüche gestellt werden (in einem gewissen Ausmaß gilt dies auch für die Steinbock-Sonne).

Es kann sein, daß hier die Familie aufgrund des Bedürfnisses nach festen Strukturen mit «Verordnungen» unter Druck gesetzt wird. Insbesondere von Kindern könnte viel verlangt werden. Dies geschieht zwar aus dem guten Willen heraus, die Kinder an Aufgaben heranzuführen, birgt aber die Gefahr in sich, an deren Bedürfnissen vorbei zu handeln.

Der Mensch mit dem Steinbock-Mond reagiert in fast jeder Hinsicht auf eine Art und Weise, die auf das Bewahren und das Konkrete gerichtet ist. Er ist getrieben von dem Wunsch, von den Mitmenschen anerkannt zu werden. Bleibt diese Anerkennung aus, könnten Resignation und innere Frustration die Folge sein. Aufgrund des kardinalen Kreuzes aber ist es wahrscheinlicher, daß dieser Mensch in solchen Momenten erst recht alles versuchen wird, um seinen Wert und seinen Nutzen für die Gesellschaft unter Beweis zu stellen.

☿ ♑ *Merkur im Steinbock*

Das Denken des Steinbock-Merkurs ist auf das Konkrete und das Praktische gerichtet, was eine vernunftbetonte Haltung bedeutet. Hier besteht das Bedürfnis, die Dinge so konkret und realitätsbezogen wie nur möglich zu analysieren. Dabei ist das Denken zielgerichtet, allerdings nicht in erster Linie. Es geht diesem Menschen darum, mit seinem Denken die Umgebung zu ordnen und damit bezüglich des Stofflichen und Materiellen Sicherheit zu schaffen. Das Denken ist hier also hauptsächlich auf die Dinge gerichtet, die mit der Umgebung beziehungsweise der Außenwelt zu tun haben, auf eine Art, die auf das Bewahren des Bestehenden bezogen ist (Element Erde). Für diesen Zweck ist eine langfristige Planung nötig, die mit dieser Stellung tatsächlich vorhanden sein kann. Daß Planung auf einem Bedürfnis nach Strukturen und Einteilungen beruht, bedarf wohl keiner näheren Erklärung.

Das realistische, konkrete und zielgerichtete Denken ist eine deutlich ausgeprägte Eigenschaft bei dieser Merkur-Stellung. Das Bedürfnis, sich Ziele zu setzen und diese mit entschiedenem und zähem Arbeiten zu erreichen, macht diesen Menschen auf mentalem und intellektuellem Gebiet oft erfolgreich. Auch hier manifestiert sich der Drang, alle wichtigen Fakten zu sammeln, von einem praktischen Hintergrund sowie der Überlegung aus, auf möglichst planmäßige und zielgerichtete Weise vorzugehen. Insofern handelt es sich um eine gute Kombination für verantwortungsvolles und tiefgründiges Forschen. Schnelle Resultate sind dabei aber nicht zu erwarten, weil der Merkur hier – wie im Element Erde überhaupt – seine Zeit braucht. Die Ergebnisse der Arbeit werden allerdings ohne Frage umfangreich und praktisch anwendbar sein.

Das Kommunikationsverhalten dieses Menschen besticht nicht in erster Linie durch Aktivität und Flexibilität. Es besteht allerdings aufgrund der Ausrichtung auf die Außenwelt ein großes Bedürfnis nach Kontakten. Diese dienen zumeist dem Austausch von Informationen auf der praktischen und konkreten Ebene und haben einen sachlichen Charakter. Der Steinbock-Merkur ist zwar in einem mehr oder weniger großen Ausmaß in sich gekehrt (Element Erde), ganz ohne Kontakte hält er es aber doch nicht aus (kardinales Kreuz). Sein Ideal ist ein Freundeskreis, in dem er praktische Nutzanwendung und Zielstrebigkeit mit persönlicher Wärme verbinden kann.

In seinem Reden wirkt dieser Mensch eher ruhig und darum bemüht, eine fundierte Meinung vorzubringen. Vor allem die praktischen und konkreten Seiten der Dinge interessieren ihn. Er legt Nachdruck auf die Realisierbarkeit von Ideen und Wünschen und überlegt sich, wie er so effizient und effektiv wie nur möglich vorgehen kann.

Ist das Bedürfnis, mittels des Denkens die Außenwelt auf praktische Weise zu verbessern, behindert, oder bleiben Bewährungsmöglichkeiten aus, kann er diese Frustration überkompensieren durch eine pessimistische Haltung oder durch eine engstirnige oder auch rücksichtslose Einstellung. Er könnte dann für sich allein Pläne machen, ohne daß irgend jemand weiß, womit er sich eigentlich beschäftigt. Mit dem kardinalen Kreuz aber ist es wahrscheinlicher, daß er hart arbeitet und versucht, sich im Rahmen der bestehenden Ordnung auf so gewissenhafte – in manchen Fällen auch streberische – Weise wie nur möglich mental zu beweisen.

In negativer Hinsicht wäre allerdings vorstellbar, daß der Ausdruck von Gefühlen zu kurz kommt. Dem Denken könnte aus Angst vor ausbleibender Anerkennung der Mut fehlen, sich auf unkonventionelle Weise zum Ausdruck zu bringen, was die Gefahr von rein formalistischen und nicht individuellen Gedanken bedeutet. Bei Stimulation dagegen wird ein Denken gefördert, das sich durch Klarheit und Logik sowie die Fähigkeit, in die Tiefe zu gehen, auszeichnet. Dieses kann von großem Wert für die Außenwelt sein.

♀ ♑ *Venus im Steinbock*

Die Triebfeder des Menschen nach emotionaler und materieller Sicherheit (Venus) wirkt im Zeichen Steinbock aus dem Element Erde heraus, welches sich durch das Praktische und einen ausgeprägten Realitätssinn auszeichnet. Das bedeutet, daß die Steinbock-Venus emotional Sicherheit auf der stofflichen Ebene sucht und daß in dieser Hinsicht eine sichere Position im gesellschaftlichen Ganzen wichtig ist.

Der Mensch mit der Steinbock-Venus wird nicht ohne weiteres um Wärme und Anteilnahme bitten, seinerseits aber die Hand reichen, um andere zu unterstützen. Das soll nicht heißen, daß die Steinbock-Venus keine Anteilnahme nötig hätte. Das Gegenteil ist der Fall. Es ist nur so, daß das Element Erde hier ein Moment der Passivität und des Abwartens hinzufügt. Mit dem kardinalen Kreuz besteht sehr wohl das Bedürfnis, eine Rolle in der Außenwelt zu spielen beziehungweise in Kontakt mit der Umgebung zu sein. Allerdings zeigt dieser Mensch das nicht oder kaum. Mit dieser Venus-Stellung ist eine sehr große Ausrichtung auf die Außenwelt gegeben, und schon die Furcht, möglicherweise nicht anerkannt zu werden, stachelt den Menschen hier zu großen Leistungen an. Insofern führt der Wunsch nach Anerkennung schnell zu konkreten Resultaten.

Dieser Mensch versucht sich auf praktisch-ästhetischem Gebiet nützlich zu machen, zum Beispiel dadurch, daß er Harmonie in die Formgebung bringt, Ratschläge hinsichtlich schöner Gegenstände erteilt oder für Sicherheit in materiellen Dingen tätig wird. Für den arbeitsamen Menschen kann diese Stellung die Möglichkeit darstellen, sich geschätzt zu fühlen – auch wenn dies zunächst einmal wenig mit dem Gefühlsleben zu tun hat.

Mit der Steinbock-Venus ist die Aufmerksamkeit im allgemeinen fest auf den Partner gerichtet, wenn auch aufgrund des Erd-Elementes viel im Inneren erlebt und gehalten wird. Insofern ist dieser Mensch zumeist treu und dazu bereit, für die Beziehung zu arbeiten – welche ja ihrerseits Sicherheit bietet. Mit dem Element Erde ist das Bedürfnis nach einer eher konformistischen beziehungsweise gesellschaftlich akzeptierten Verbindung verbunden. Aber auch das Äußerliche und die Position in der Gesellschaft spielen hier eine Rolle, weil im Steinbock das kardinale Kreuz so stark zur Wirkung kommt. Die Steinbock-Venus neigt denn auch zu Beziehungen, die von der Gesellschaft akzeptiert und anerkannt sind.

Das Bedürfnis nach Harmonie und Schönheit kommt auf sehr konkrete Weise zum Ausdruck, was bedeuten kann, daß der Mensch mit der Steinbock-Venus vielleicht Dinge sammelt, die von Wert sind – Kunstgegenstände, Antiquitäten oder ähnliches –, und es im Laufe der Zeit zu einer schönen Kollektion bringt. Vielleicht studiert er aber auch eines dieser Gebiete oder wird selbst künstlerisch tätig (wie es bei der Stier-Venus ebenfalls möglich war. Bei der Steinbock-Venus aber ist die Wertschätzung von außen das Entscheidende – bei der Venus im Stier gab das Innere den Ausschlag).

Wird die Energie behindert, kann Angst die Basis werden, von der aus nach Sicherheit gesucht wird. In diesem Fall könnte der angehende Partner daraufhin untersucht werden, ob er über genügend Mittel zur Erhaltung der Existenz verfügt. Auch kann es hier bei Problemen dazu kommen, daß sich der Mensch in die Einsamkeit zurückzieht und alle Kontakte abbricht oder sich auf die beruflich bedingten beschränkt.

Was die Steinbock-Venus vor allem braucht, ist konkrete Sicherheit. Sie benötigt die Verbindung zum Partner beziehungsweise zu Freunden, die ihr treu zur Seite stehen. Wenn hier Schwierigkeiten vorhanden sind, kann viel Energie auf ein Verhalten der Überkompensation gerichtet werden. Denkbar wäre hier die harte Arbeit für den Menschen, dem der eigenen emotionale Wert bewiesen werden soll, oder auch eine kühle und abweisende Haltung, mit der Unabhängigkeit und Unbeteiligtsein demonstriert wird. Wie dem auch sein mag: Mit der Steinbock-Venus ist der Wunsch verbunden, im gesellschaftlichen Ganzen eine Rolle zu spielen und dafür emotional anerkannt zu werden.

♂ ♑ *Mars im Steinbock*

Die Energie des Mars kommt im Zeichen Steinbock auf eine Weise zum Ausdruck, die deutlich auf etwas gerichtet ist. Der ungezähmte Planet Mars bekommt hier einen Hintergrund, der auf das Konkrete, auf die greifbare Realtität bezogen ist und etwas Bestimmtes erreichen möchte. Es mag zunächst den Anschein haben, daß dies nichts für den stürmischen Mars ist – das kardinale Kreuz aber stellt eine gute Kanalisierung dar. Die die Außenwelt ist hier von großer Bedeutung. Es besteht aber von diesem Kreuz aus eine Ausrichtung auf das Praktische und Konkrete (Element Erde beziehungsweise Steinbock). Mit dem Steinbock-Mars ist eine starke psychische Kraft gegeben, die Ziele, die man sich gesetzt hat, auch tatsächlich zu erreichen. Die Energie mag kanalisiert sein, sie ist aber nichtsdestotrotz vorhanden. Diese Marsposition kann große Zielstrebigkeit und viel Einsicht in das Wesen der materiellen Realität bedeuten und insofern zu einem sehr effizienten Handeln benutzt werden. Die für Arbeit zur Verfügung stehende Energie ist hoch, und es besteht nur wenig Gefahr, daß sie an unwichtige Dinge verschwendet wird.

Mars steht für das Bedürfnis, sich von anderen abzuheben und abzugrenzen. Aus dem Steinbock heraus kann er diesem Drang gut nachkommen – trotz der Tatsache, daß das Moment der Aggression hier sehr gedämpft in Erscheinung tritt. Die Zielstrebigkeit des Steinbocks kann bei dieser Stellung nämlich dafür eingesetzt werden, sich als nützlich zu erweisen sowie sich mit dem Streben nach Anerkennung und Ehrgeiz von den Mitmenschen abzuheben. Der Ehrgeiz gilt hier äußeren Zielen (kardinales Kreuz) und geht dabei von der konkreten Ebene aus (Element Erde). Diese Tatsache bewirkt, daß mit dem Steinbock-Mars im allgemeinen der Drang verbunden ist, eine gute gesellschaftliche Position einzunehmen. Für seine Ziele kann dieser Mensch viel Energie und Beharrungsvermögen aufbringen. Wird er behindert, ist er in der Lage, kontrolliert, aber hart zurückzuschlagen.

Der Steinbock-Mars bedeutet in den meisten Fällen ein Verhalten, das vom Drang nach Individualität und Unabhängigkeit gekennzeichnet ist. Wie wir es aber schon bei den anderen Steinbock-Planeten gesehen haben, ist auch Mars in diesem Zeichen nichtsdestotrotz auf die Mitmenschen angewiesen. Eigentlich kann man hier sogar von einer Abhängigkeit sprechen, aus dem Grunde, daß der Steinbock-Mars sonst keine Möglichkeit hat, sich abzugrenzen oder seine besondere Nützlichkeit zu beweisen – etwas, was aufgrund des kardinalen Kreuzes ja so wichtig für ihn ist. Die Unabhängigkeit besteht also gewissermaßen nur in dem Sinn, daß er sich durch die ausdrückliche Betonung des eigenen Wesens von den anderen abheben will.

Der Drang zur Selbsterhaltung und sich zu beweisen, kommt aus dem Element Erde heraus zur Wirkung: Dieser Mensch strebt danach, in der konkreten Welt Sicherheit zu schaffen. Aufgrund der Beteiligung des kardinalen Kreuzes werden die innerlichen Spannungen am besten durch Kontakte mit der Außenwelt sowie durch das Bekleiden einer gesellschaftlich angesehenen Position gelöst. Ergeben sich Behinderungen, kann diese Person noch ehrgeiziger werden. Möglicherweise treibt sie es so weit, daß sie sich selbst schadet: bis sie entweder ihre Aufmerksamkeit auf alles richtet, was eine Verschwendung von Kräften bedeutet, oder bis sich der Körper mit einem Zusammenbruch den Anforderungen entzieht.

Die Aggression ist im Zeichen Steinbock zunächst einmal gedämpft. Bricht sie aber durch, sind Züge von Berechnung oder auch viel Schärfe möglich – neben dem Moment des Zielstrebigen. Mars im Steinbock ist jedoch eine der Stellungen, die am wenigsten dazu neigen, sich von der Aggression mitreißen zu lassen. Wichtig ist hier nur, daß der Mensch die Möglichkeit hat, sich mit der Außenwelt zu messen.

♃ ♑ *Jupiter im Steinbock*

Das Bedürfnis nach geistigen und religiösen Werten ist im Zeichen Steinbock auf die Dinge gerichtet, die einen praktischen Nutzen haben. Nicht selten beruhen die Werte hier auf mehr oder weniger dogmatischen oder überlieferten Grundlagen. Der Steinbock-Jupiter kann dadurch ziemlich konservativ erscheinen. Expansion sowie Vervollkommnung werden hauptsächlich auf der konkret wahrnehmbaren stofflichen Ebene beziehungsweise auf materiellem und gesellschaftlichem Gebiet gesucht.

Jemand mit diesem Planetenstand wird gern den Wert der eigenen Person unter Beweis stellen, am liebsten im Rahmen einer strukturierenden und regelnden Position, die (materielle) Sicherheit bietet. Zugleich aber kann der Mensch mit dem Steinbock-Jupiter das Gefühl haben, daß er für seine im Inneren empfundenen Werte hart arbeiten muß. Es können bei dieser Stellung denn auch viel Ambition und Ehrgeiz vorliegen, insbesondere dann, wenn die Jupiter-Energie blockiert ist. Häufiger aber ist das Bedürfnis zu beobachten, aufgrund praktischer und konkreter Verdienste Anerkennung zu finden – was im Umkehrschluß viel Arbeit bedeuten kann.

Fakten und Geschehnisse werden so realistisch wie möglich betrachtet und auf ihren praktischen Wert oder ihre Bedeutung für die Gegenwart oder die Zukunft hin beurteilt. Hinsichtlich der stofflichen Umstände kann der Steinbock-Jupiter zu Verbesserungen beziehungsweise zu einer Vermehrung führen – sowohl in bezug auf die eigene Person, die Umgebung als auch die Außenwelt überhaupt. Das Bedürfnis zur Expansion kommt ja auf erdhafte Weise zum Ausdruck. Das Element Erde bedeutet, daß derjenige mit dieser Stellung die eigenen Interessen nicht aus dem Blick verliert. Aufgrund des kardinalen Kreuzes aber wird der Steinbock-Jupiter auch immer die Umgebung im Blick haben. Er tut dies aus dem Grund, seine Position zu bestimmen und durch seine Aktivitäten Anerkennung zu erfahren.

Wie alle anderen Planeten im Steinbock auch wird Jupiter, wenn der Ausdruck seiner Energie behindert ist, sich durch besondere Stärke zu manifestieren suchen. Allerdings gibt es dabei wegen des Erd-Elementes auch innerliche Tendenzen. Diese Person könnte nach Wertschätzung oder Anerkennung suchen, indem sie sich zu einer höheren Stellung heraufarbeitet oder auch, indem sie andere fortwährend auf jeden kleinen Fehler aufmerksam macht und den Anschein erweckt, daß ihr so etwas nicht passieren könnte.

Die innerlichen geistigen und religiösen Werte haben bei diesem Menschen – wie bereits gesagt – eine konkrete Basis. Entscheidend ist hier aber, daß auch das Materielle und Greifbare einen geistigen Wert bekommen kann.

♄ ♑ *Saturn im Steinbock*

Saturn steht im Steinbock in seinem eigenen Zeichen. Insofern kommt dieser psychische Inhalt hier am reinsten beziehungsweise in Übereinstimmung mit seiner eigenen Art zum Ausdruck. Aber Saturn als der Lernprozeß durch Schmerz wird auch in dem eigenen Zeichen schmerzhafte Erfahrungen bereithalten. Mit dieser Stellung ist das Bedürfnis nach Wertschätzung sowie das Erfahren der eigenen Identität und der eigenen Rolle sehr wichtig. Mehr als einmal werden die Konsequenzen dieses Bedürfnisses auf schmerzhafte Weise in das Bewußtsein dringen. Der wunde Punkt beim Steinbock-Saturn ist die Rolle, die der Mensch im gesellschaftlichen Ganzen spielt. Wegen dieser Verletzbarkeit wird viel Energie und Arbeit für den Platz in der Gesellschaft investiert.

Es kann sein, daß der Mensch mit dem Steinbock-Saturn streberhaft oder egoistisch erscheint. Bei diesen Eigenschaften aber handelt es sich um die Überkompensation seiner Angstgefühle. Im Mittelpunkt steht, daß er hinsichtlich seiner Identität und der Rolle, die er in der Gesellschaft spielt, außerordentlich verletzlich ist. Zwischen der Position, die er bekleidet, und der, die er seiner Meinung nach eigentlich verdient, kann eine große Kluft bestehen. Diese Person könnte in den Augen der Außenwelt eine angesehene Stellung haben und sich selbst doch als minderwertig fühlen und unter großen Gefühlen der Unsicherheit leiden – was als Überkompensation dann vielleicht abermals zu harter Arbeit führt. Auf diese Weise ist es dem Menschen mit dem Steinbock-Saturn möglich, viel zu erreichen – es ist aber fraglich, ob er seine Leistungen tatsächlich zu genießen versteht. Es kann sein, daß dieser Mensch hauptsächlich aus einer defensiven Haltung oder gar aus Versagensängsten heraus tätig wird. Die Furcht, das zu verlieren, was er so krampfhaft anstrebt, ist womöglich das Hauptmotiv seiner Aktivität.

Gelingt es dem Steinbock-Saturn irgendwann, zu sich selbst durchzudringen und zu verstehen, wo sein schwacher Punkt liegt, kann er Außerordentliches vollbringen. Er kann den Weg, der diesen schwachen Punkt einbezieht, dazu benutzen, um konstruktiv an sich zu arbeiten – damit sich das Ego (beziehungsweise die Sonne) dann frei entfaltet. Der Prozeß der Entfaltung des Egos wird hier etwas Steinbockhaftes haben, wo immer die Sonne auch steht, und immer wird die Ausrichtung auf das Reale und Konkrete eine Rolle spielen. Das Bedürfnis, eine Position einzunehmen, mit der Anerkennung und Wertschätzung verbunden sind, ist außerordentlich stark. Verantwortungsgefühl und Durchsetzungsvermögen sind in diesem Zusammenhang weitere Stichworte. Der Steinbock-Saturn hat den starken Drang, etwas darzustellen. Sind hier Probleme oder Blockaden vorhanden, werden die angesprochenen Muster um so stärker hervortreten.

♅♆♇ ♑ *Uranus, Neptun und Pluto im Steinbock*

Die innerliche Neigung zum Durchbrechen der Form und das Bedürfnis nach Originalität (Uranus), das Bestreben, die Form zu verfeinern, aufzulösen oder zu transzendieren (Neptun) und der Drang, Macht, Konfrontation und Transformation zum Ausdruck zu bringen (Pluto), wirken beim Steinbock hauptsächlich auf gesellschaftlicher Ebene, gerichtet auf die konkrete Wirklichkeit.

Uranus ist dabei in der Lage, innerhalb des bestehenden Rahmens neue Formen zu schaffen und alte Strukturen, die keinen Wert mehr haben, durch neue zu ersetzen. Das Bedürfnis nach Individualität kann im Zeichen Steinbock allerdings nicht so gut zum Zuge kommen, weil dieses sehr auf Sicherheit auf der stofflichen sowie der gesellschaftlichen Ebene gerichtet ist. Mit dieser Stellung sind auch Autoritätsprobleme möglich – es könnte sein, daß die bestehenden Autoritäten auf eine neue Weise herausgefordert werden.

Mit **Neptun** im Steinbock bekommt das Identitäts- und Autoritätsprinzip etwas Unmaterielles und Ungreifbares. Vielleicht ist mit dieser Stellung aber auch eine unpraktische Art der Idealisierung verbunden. Neptun ist nicht mit der konkreten Ausrichtung, wie sie mit dem Steinbock einhergeht, in Zusammenhang zu bringen – er ist dazu zu «unstofflich». Insofern kann es auch zu eigenartigen und nicht näher zu fassenden Auswirkungen kommen im Hinblick auf alles, was stofflich ist oder eine feste Form oder Struktur hat.

Pluto hat im Steinbock eine gute Stellung für den Kampf um die Macht. Dies kann einen erneuernden Faktor im Hinblick auf Gesellschafts- und Autoritätsstrukturen bedeuten.

Wie dem im einzelnen auch sein mag – das nach außen Gerichtete und Konkrete des Steinbocks spielt bei jedem dieser drei Planeten eine Rolle bezüglich der Manifestationsform. Einiges davon ist aber noch reine «Zukunftsmusik»: Erst im 21. Jahrhundert werden wir erkennen, welche Auswirkungen mit Neptun und Pluto in diesem Zeichen verbunden sind.

Kapitel 5

Planeten im Element Luft

Luft und das veränderliche Kreuz: Zwillinge

(Inferiores Element: Wasser)

☉ ♊ *Sonne in den Zwillingen*

Der Mensch mit der Zwillings-Sonne ist von Natur aus dazu gerüstet, sich mittels eines sehr beweglichen Denkens zu verwirklichen. Das Element Luft ist durch ein aktives Denken gekennzeichnet, und die Kombination mit dem veränderlichen Kreuz verstärkt diese Tendenz noch. Insofern können wir von dem Menschen mit der Zwillings-Sonne eine große Vielseitigkeit – insbesondere auf mentalem und intellektuellem Gebiet – erwarten. Das bewegliche Denken ist in erster Linie auf das Herstellen von Verbindungen beziehungsweise das Schaffen von Übergängen gerichtet; weiterhin besteht ein Blick für Wechselwirkungen. Insofern kommt die Zwillings-Sonne am besten zum Ausdruck, wenn sie ihr Kontaktvermögen und ihre Fähigkeit, die unterschiedlichsten Fakten zu sammeln und zu verarbeiten, voll zur Geltung bringen kann.

Es besteht das Bedürfnis nach neuen Dingen und nach Veränderung (veränderliches Kreuz). Dieser Mensch wird seine Aufmerksamkeit immer wieder durch etwas Neues geweckt sehen und immer wieder neue Theorien, Fakten und so weiter hören wollen. Mit dieser Stellung ist eine nie zu befriedigende Neugier verbunden, und oft ist es der Zwilling, der als erster etwas über Neues weiß.

Das Bedürfnis, sich dem Leben vom Kopf her zu nähern, die Raschheit – manchmal Sprunghaftigkeit – des Denkens und der permanente Drang nach

Neuem haben zur Folge, daß der Zwilling durch eine gewisse Oberflächlichkeit charakterisiert ist. Er selbst sieht dies nicht als Problem, was ja logisch ist: Er hat eben nicht das Bedürfnis, lange bei ein- und derselben Sache zu bleiben. Das Neue zieht ihn nun einmal unwiderstehlich an – aber auch das Neue «veraltet» schnell. Der Verarbeitungsprozeß erfolgt erst später. Das veränderliche Kreuz ist sowohl auf das Innere als auch auf die Außenwelt gerichtet – in Verbindung mit einem außengerichteten Element wie dem der Luft kann es aber nicht verwundern, daß das Innere erst an zweiter Stelle kommt. Die Anpassung an innere Forderungen braucht denn auch seine Zeit. Das heißt dann aber, daß aus dem Unbewußten immer wieder das inferiore Element – Wasser – durchbricht. In diesem Fall kann die unbezwingbare Neugier des Zwillings sich auch auf all die «verrückten» Dinge richten, die er im Inneren fühlt und die er auch bei anderen zu entdecken versucht. In extremer Form sind hier auch Indiskretionen möglich.

Die Zwillings-Sonne bietet ein sehr veränderliches Bild. Manchmal ist sie gewissermaßen der fröhliche Schmetterling der Astrologie – was sie selbst aber nicht bemerkt. Zumeist schafft es dieser Mensch nicht, seine großen Entdeckungen auch bei sich selbst zur Anwendung zu bringen. Wenn er dann wieder etwas Neues entdeckt hat, treten die alten Fakten ohnehin in den Hintergrund. Dieser Mensch ordnet alle Erlebnisse und Erfahrungen in Kategorien ein, und auf den ersten Blick macht das Ganze auch einen recht überzeugenden Eindruck. Allerdings sind die Fakten doch mehr oder weniger unzusammenhängend, und es ist keine tragfähige Basis vorhanden, die ein Fundament bilden könnte. So kann es sein, daß viele Fakten zusammengetragen sind, aber keine Beziehung zwischen diesen besteht. Wie dem auch sein mag : Von seinem Wesen her nimmt der Zwilling gerne Einteilungen vor. Diese Tätigkeit stimuliert sein Denken, und er kann auf diese Weise Ordnung schaffen – was nur zu nötig ist bei seiner ständigen Jagd nach dem Neuen. Was diesem Menschen aber fehlt, ist das Bestreben, die Fakten zu einer Synthese zu bringen.

Das Bedürfnis nach Beweglichkeit auf mentalem Gebiet bewirkt, daß der Mensch mit der Sonne in den Zwillingen sich schnell für eine neue Theorie erwärmt und diese sofort den Freunden und Bekannten mitteilt. Doch wir dürfen uns nicht wundern, wenn er am nächsten Tag mit derselben Begeisterung mit einer neuen und vielleicht völlig entgegengesetzten Einschätzung aufwartet. Eine innere Einstellung zu dem, was er von sich gibt, hat der Zwilling zumeist nicht. Dieses würde ihn auch zuviel Zeit kosten. Normalerweise überdenkt er die Dinge, die er auf seinem Wege trifft, nicht besonders tief.

Weil ein Zwilling soviel sehen und in sich aufnehmen will, hat er schnell vieles durchschaut. Das schnelle Denken hat auch zur Folge, daß der Zwilling in diversen Dingen bewandert ist und über große Geschicklichkeit verfügt. Seine mentale Beweglichkeit kommt auch in schwungvollen Gebärden sowie einem Reichtum an Worten zum Ausdruck. Nur bei Behinderungen seiner Energie muß er Zuflucht zur Überkompensation nehmen. Sein Geist kann dann aufgrund des Bedürfnisses nach neuen Erfahrungen förmlich mit ihm durchgehen, und es spielt dabei keine Rolle, ob noch irgendein Bezug zur Realität vorhanden ist oder nicht. Daß er zu phantasieren anfangen kann oder sogar nicht vor einer Lüge zurückscheut, ist nur eine von vielen Manifestationsmöglichkeiten. Sein Geist ist nun einmal auf die ständige Stimulierung durch das Neue angewiesen. Bleibt diese aus, schafft er sie sich selbst. Mit seinem großen Anpassungsvermögen hat er keine Probleme damit, sich seiner Umgebung gemäß zu verhalten – und wenn die psychische Energie blockiert ist, kann er auch seine Innenwelt an die gegebenen Umstände anpassen.

Die Geschwindigkeit, Beweglichkeit und die Sprunghaftigkeit, die mit der Zwillings-Sonne verbunden sein können, bedeuten für die Außenwelt oftmals Ruhelosigkeit oder Nervosität (eine Einschätzung, die eine gewisse Berechtigung hat). Aber es wäre nicht richtig, den Zwilling dazu zwingen zu wollen, es ruhiger angehen zu lassen oder mehr Beharrungsvermögen zu zeigen. Dies würde seinem Wesen zutiefst widersprechen.

☽ ♊ *Mond in den Zwillingen*

Mit dem Mond im Zeichen Zwillinge neigt der Mensch dazu, in unsicheren Situationen schnelle mentale Reaktionen zu zeigen, ohne daß er sich dieser Reaktionsweise bewußt wäre. Sein Bedürfnis nach Sicherheit versucht er durch ein wendiges und Verbindungen herstellendes mentales Auftreten zu befriedigen. Das veränderliche Kreuz gibt ihm den Drang, bei Auseinandersetzungen Beziehungen zwischen den verschiedenen Fakten und Meinungen herzustellen, während das Element Luft verdeutlicht, daß er das vor allem mittels Kommunikation und mentaler Prozesse tut.

Der Zwillings-Mond ist (wie die Sonne in diesem Zeichen auch) versessen darauf, in Kontakt mit allem Neuen zu sein. Er strebt danach, in Situationen der Unsicherheit Informationen auf eine neutrale und lebendige Art zu verbreiten oder in anderer Hinsicht kommunikativ beschäftigt zu sein. Er kann dabei zum Beispiel der Diskjockey oder Stimmungsmacher auf einem Fest oder einer Party sein, der mit seinen schwungvollen Worten die Menschen zusammenbringt.

Mit dieser Stellung ist vielleicht noch in einem größeren Ausmaß als bei der Zwillings-Sonne das Bedürfnis nach Abwechslung gegeben, aus dem Grund, daß es sich dabei um das unbewußte Verhalten dieses Menschen handelt, Wohlbefinden zu erfahren. Darum ist er auch immer wieder sofort für das Neue zu begeistern. Vielleicht erweckt er manchmal den Eindruck, daß er gar nicht zuhört – und später wird man feststellen, daß er sehr wohl weiß, was man sagte, daneben aber noch die verschiedensten anderen Dinge mitbekommen hat. Wenn auch Konzentration nicht seine Stärke ist, kann er doch viel aufnehmen, vorausgesetzt, daß seine Neugier geweckt ist und er keine Langeweile spürt.

Das unbewußte emotionale Verhalten ist mental und auf den Verstand ausgerichtet, und ein Reigen der vielfältigsten Emotionen ist möglich. Hier kann es aufgrund des Bedürfnisses nach Veränderung zu einem ebenso raschen Wechsel wie bei den Dingen kommen, denen er seine Aufmerksamkeit schenkt. An dieser Stelle soll einmal darauf hingewiesen werden, daß wir die mit dem Mond im Element Luft verbundenen Emotionen nicht mit dem Begriff «Gefühl» im Sinne der Bewußtseinsfunktion des Elementes Wasser verwechseln dürfen.

Der Mensch mit dem Zwillings-Mond liebt es, viele Kontakte zu haben. Sowohl das Element Luft als auch das veränderliche Kreuz sind auf Kontakte ausgerichtet. Der Wunsch nach mentaler Abwechslung führt auf der konkreten Ebene zum Bedürfnis nach Begegnungen, wobei das Sammeln von Neuigkeiten an erster Stelle steht. Tiefgehende Kontakte entstehen denn auch nicht unbedingt dabei.

Mit dem Anpassungsmechanismus des veränderlichen Kreuzes, der auf das Herstellen von Verbindungen sowie das Integrieren gerichtet ist, kann der Zwillings-Mond unbewußt gefühlsmäßig den Veränderungen nachgeben. Seine Neutralität – die daher rührt, daß er nie lange genug bei den Dingen bleibt, um sich eine Meinung zu bilden – und seine mentale Beweglichkeit ermöglichen es ihm, sich in die Lage anderer zu versetzen. Allerdings geht dieser Prozeß ohne eine wirklich gefühlsmäßige Beteiligung vonstatten.

Die sprachliche Ausdrucksfähigkeit ist bei dieser Planetenstellung (ebenso wie bei der Zwillings-Sonne) gut entwickelt. Durch sein bewegliches Denken und seine Vielseitigkeit in Kontakten kann dieser Mensch sich von seinem Unbewußten her gut auf Situationen einstellen. Wenn irgendwo etwas stattgefunden hat, wird er das Erlebte mit seiner beweglichen Mimik und seinem Darstellungsvermögen lebendig wiedergeben können (was auch für die Zwillings-Sonne gilt). Aufgrund seines Bedürfnisses, die vielen emotionalen Erfahrungen, Fakten und Situationen mental zu verarbeiten, besteht der Wunsch nach diversen Ordnungssystemen. Zugleich ist der Mensch damit auch in der Lage, anderen seine Kenntnisse zu vermitteln. Er verfügt hier über große kommunikative Fähigkeiten.

Wird die Energie des Mondes in den Zwillingen behindert, schlägt die starke mentale Aktivität nach innen, was zum Entstehen einer Phantasiewelt beziehungsweise der Unfähigkeit, zwischen Vorstellung und Wirklichkeit zu unterscheiden, führen könnte. Eine andere Möglichkeit wäre, daß sich die Zwillings-Energie auf eine zwanghafte Weise äußert, wodurch sich der betroffene Mensch noch intensiver auf das Sammeln von Fakten und das Entwickeln von mehr oder weniger lebensfähigen Systemen werfen könnte. Die Gefahr einer noch größeren Oberflächlichkeit ist dann nicht auszuschließen. Das Bedürfnis nach Abwechslung kann diesem Menschen jede Ruhe rauben, so daß er vielleicht nichts mehr zu Ende bringt und alles nur anreißt. In beiden Fällen könnte es auch dazu kommen, daß die aus dem Unbewußten aufsteigenden Inhalte des inferioren Elementes Wasser ihn dazu verleiten, sich aus reiner Neugier mit Klatsch und Tratsch zu beschäftigen sowie ein sensationslüsternes Verhalten zu zeigen.

Der Mond in den Zwillingen braucht die verschiedensten mentalen Aktivitäten und Erfahrungen, um sich wirklich wohlzufühlen. Mit unsicheren Situationen kann er ausgezeichnet umgehen – jedenfalls solange, wie sie seine Neugier erregen.

☿ ♊ *Merkur in den Zwillingen*

Merkur als kommunikativer, verbindender und ordnender psychischer Inhalt kann sich in den Zwillingen auf ureigenste Art äußern. Kommunikative Eigenschaften und das klassifierende Denken stehen hier im Vordergrund, wobei aber, wie bei den anderen Planeten in den Zwillingen auch, das Bedürfnis nach viel Abwechslung gegeben ist. Das Denken ist dabei weniger konzentriert als vielmehr flexibel und vielseitig. Das Zeichen Zwillinge weist auf einen schnell arbeitenden Geist hin – für den Zwillings-Merkur gilt das noch verstärkt. Dieser auf mentale Weise verarbeitende und klassifizierende Inhalt wirkt aus dem mentalen Element Luft auf eine rasche und bewegliche Art (Luft in Kombination mit dem veränderlichen Kreuz). Mit dieser Stellung ist eine große Neugier sowie ein gutes Auffassungsvermögen verbunden. Lange aber wird sich dieser Mensch nicht mit den Fakten, Ideen und Meinungen abgeben. Bald schon müssen sie den Platz räumen für die nächsten neuen Eindrücke und Informationen (insofern braucht das Gedächtnis auch nicht besonders gut zu sein).

Weil dieser Mensch auf das verstandesmäßige Schaffen von Übergängen eingestellt ist und Wechselwirkungen erkennt und weil er das Bedürfnis hat, die Dinge zu integrieren (veränderliches Kreuz), kann er allerlei

Systeme, Pläne und Programme entwickeln. Dieser Mensch möchte sich den Fakten und Theorien so logisch wie nur möglich nähern, ihnen mit seinem großen und vielfältigen Wissen noch dieses oder jenes zufügen, um dann wieder etwas anderes – und neues – zu machen.

Denken und Sprechen geschehen bei dieser Stellung auf eine außerordentlich schnelle Weise. Manchmal will dieser Mensch so viel sagen, daß er seine Sätze nicht zu Ende bringt oder über seine eigenen Worte stolpert. Er verfügt beim Sprechen über eine lebendige Mimik und Gestik. Er versteht es, seine vielseitigen Kenntnisse auf anschauliche Art zu vermitteln, wobei für ihn letztlich der Prozeß der Vermittlung beziehungsweise der kommunikative Aspekt wichtiger ist als der Inhalt des Gesagten.

Sein rasches Denken, seine Neugier und seine Beweglichkeit sowie die aus diesen resultierende praktische Erfindungsgabe bedeuten, daß er sich auf den verschiedensten Gebieten bewegen kann – wozu noch zu sagen wäre, daß dies manchmal schon fast zuviel des Guten ist. Wo andere noch mit harter Arbeit beschäftigt sind, könnte er schon wieder einen Schleichweg ausfindig gemacht haben oder sich mit Tricks vor mühseligeren Beschäftigungen drücken.

Mit dieser Stellung besteht ein gut entwickeltes Ausdrucksvermögen, in bezug auf das Sprechen wie auch das Schreiben. Jedenfalls gilt dies solange, wie dieser Mensch sich Zeit nimmt. Weil er immer auf dem laufenden ist, kann er in jedem Gespräch auf aktuelle Dinge eingehen.

Der Zwillings-Merkur hat das Bedürfnis, sein mentales Klassifikationsvermögen, seine rasche Auffassungsgabe sowie seine Fähigkeit zur Analyse so deutlich wie nur möglich zum Ausdruck zu bringen. Hindernisse dabei kann er nicht ertragen. Ergeben sich hier Probleme, richtet sich die Energie zu einem mehr oder weniger großen Teil nach innen und führt damit zu noch größerer Ruhelosigkeit und Aktivität. Dann beschäftigt sich dieser Mensch nur noch mit neuen Systemen, Theorien und Plänen, die dann irgendwann der Außenwelt mitgeteilt werden sollen. Wenn die Wechselwirkung mit den anderen nicht mehr gegeben ist, werden seine Gedanken mit ihm «durchgehen»; er wird sich dann mit seinem abstrakten Denken in Regionen bewegen, die keine Verbindung mehr mit der konkreten Wirklichkeit haben.

Eine andere Auswirkung von Blockaden der Energie des Zwillings-Merkurs ist die Redesucht. Der Mund steht dann zu gewissen Zeiten nicht mehr still, während in anderen Momenten Schweigen herrscht. Kommt dann von Zeit zu Zeit die regressive Energierichtung zum Tragen und dringen Inhalte aus dem Unbewußten (hier das Element Wasser) in das Bewußtsein ein, könnte sich die Redesucht in Klatsch und Tratsch über andere äußern.

Was der Zwillings-Merkur braucht, ist Kommunikation, Austausch und mentale Abwechslung. Ergeben sich auf diesem Gebiet Behinderungen, kommt dieses Bedürfnis möglicherweise auf zwanghafte Form zum Ausdruck. Dann zeigt der Mensch vielleicht nur Interesse an wertlosen Informationen oder verhält sich auf eine sensationslüsterne Weise. In diesem Fall ist er immer auf der Suche nach jemandem, dem er seine neuesten Kenntnisse mitteilen kann: »Hast du schon gehört?...«

♀ ♊ *Venus in den Zwillingen*

Das emotionale Bedürfnis nach Sicherheit und Geborgenheit paßt nicht besonders gut zum Zeichen Zwillinge; es kommt hier eher auf eine mentale Weise zum Tragen. Dies ist der Grund dafür, warum der Mensch mit einer Zwillings-Venus einen Partner braucht, mit dem er über die verschiedensten Themen reden kann. Das Bedürfnis, Liebe zu empfangen, hat hier eine mentale Ausrichtung. Die verstandesmäßige Kommunikation ist hier sehr wichtig – es ist nicht das Gefühl, das den Ton angibt. Das Zwillings-Bedürfnis nach Abwechslung färbt in diesem Fall das Bedürfnis nach Sicherheit und Geborgenheit, was sich in der Praxis auf verschiedene Weisen auswirken kann. Entweder weiß dieser Mensch gar nicht, was er nun eigentlich auf emotionalem Gebiet will, oder er verwirklicht das Bedürfnis nach Abwechslung dadurch, daß er sich niemals für lange Zeit bindet. Soll eine Beziehung über längere Zeit Bestand haben, muß sie vor allem auf eine Basis von Freundschaft und Austausch gegründet sein. Für gewöhnlich ist die Erotik hier ein weniger wichtiger Punkt.

Auch das Erfahren von Harmonie und Schönheit ist an das Erleben von immer neuen Dinge gekoppelt. In der Kunst, im Zusammensein sowie in der Gesellschaft überhaupt werden Anregung und Harmonie geschätzt. Das Bedürfnis nach emotionalen Kontakten (Venus) ist allerdings schwer mit dem Zeichen Zwillinge in Übereinstimmung zu bringen, welches nicht gerade zum Tiefgang neigt. Es könnten hier insofern Probleme bestehen, ohne daß der Mensch nun genau weiß, woran das liegt. Ab und zu werden aufgrund der regressiven Seite des veränderlichen Kreuzes sowie des unbewußten inferioren Elementes Wasser starke emotionale Bedürfnisse durchbrechen, für die die Zwillings-Venus aber kaum das notwendige «Handwerkszeug» hat.

Abwechslung in Beziehungen und viele Freundschaften, die stets wieder neue Dinge mit sich bringen, werden sehr geschätzt. Die Zwillings-Venus hat im übrigen das Bedürfnis, im sozialen Leben eine aktive Rolle zu spielen. Hierbei kommt ihr Wunsch nach Informationen und Austausch sowie ihre Neugier zum Tragen. Wenn allerdings für diesen Menschen bestimmte Kontakte zu emotional oder auch zu «eng» werden, kann er in Verwirrung geraten. Aufgrund seiner mental geprägten Einstellung kann er nur unter Schwierigkeiten mit solchen Situationen umgehen. Insofern besteht hier häufig die (unbewußte) Tendenz, auch in Beziehungen auf Abstand zu achten.

Im Hinblick auf Blockaden und Behinderungen bei dieser Stellung kann all das, was wir angeführt haben, in übermäßiger Form zum Ausdruck kommen. In diesem Fall könnte der Mensch in der Hoffnung, die Blockade mit Quantität statt mit Qualität zu überwinden, so aktiv wie nur möglich nach sozialen Kontakten suchen. Aber die Kontakte, die doch emotionale Sicherheit bringen sollen, befriedigen durch die Haltung dieses Menschen häufig nur seinen Geist.

Wie dem auch sei – auf jeden Fall ist mit der Zwillings-Venus das Bedürfnis verbunden, Anteilnahme auf eine mentale, bewegliche und kommunikative Art zu zeigen. Auch die emotionalen Reaktionen sind durch diese Eigenschaften geprägt. Bei dieser Planetenstellung dürfen wir nicht davon ausgehen, daß der Mensch tiefgründige und intensive Gefühle zu erkennen gibt. Ist dies der Fall, sind andere Horoskop-Faktoren dafür verantwortlich. Allerdings ist hier an die Einwirkung des inferioren Elementes Wasser zu denken.

♂ ♊ *Mars in den Zwillingen*

Die Mars-Energie muß sich in einem beweglichen und luftigen Zeichen wie den Zwillingen eigentlich zwangsläufig als das Bedürfnis auswirken, sehr aktiv, sehr vielseitig und sehr auf Abwechslung aus zu sein. Stillzusitzen ist für den Zwillings-Mars nicht viel besser als der Tod; er fühlt den Drang, immer in Aktion und beschäftigt zu sein. Am liebsten macht er mehrere Sachen gleichzeitig – allerdings beendet er nicht immer, was er einmal angefangen hat.

Mars symbolisiert auch die Art und Weise, wie wir uns von anderen abheben. Bei dieser Stellung sehen wir, daß sich der Mensch hauptsächlich auf mentale Weise zum Ausdruck bringt. Lautstärke oder gar körperliche Auseinandersetzungen gibt es hier nicht, dafür aber spitze Bemerkungen, die andere der Lächerlichkeit preisgeben oder tief treffen können. Dieser Mensch liebt es, Gespräche zu polarisieren, und er hat seine Freude daran, wenn er die anderen aufziehen kann. Es ist ja nicht so, daß er unbedingt eine Meinung zu verteidigen hätte (er hat ja niemals die Zeit, sich eine zu bilden). Er hat einfach seinen Spaß an Wortspielereien und Wortgefechten.

In seinem Aktivitätsmuster ist der Zwillings-Mars auf Abwechslung aus wie die anderen Planeten in diesem Zeichen auch. Seine Aktivität ist mental gefärbt, was heißt, daß er nur kurz nachdenkt und schnell zum Handeln übergeht. Bei Behinderungen kann es sich ergeben, daß die Phase des Nachdenkens schon einmal ganz ausfällt. Dann bedeutet der Mars in diesem Zeichen ein Handeln, das ungeachtet aller Realitäten zum Selbstzweck wird, mit allen dazugehörigen Problemen.

Angesichts der Tatsache, daß die Zwillinge zum veränderlichen Kreuz gehören, wechselt sich die progressive Energierichtung mit der regressiven ab, wobei von Zeit zu Zeit die Inhalte des inferioren Elementes Wasser aufsteigen. Aus seiner mentalen und beweglichen Einstellung heraus hat der Zwillings-Mars große Schwierigkeiten mit dem inferioren Wasser. Zunächst einmal wird er an diese Erfahrungen wie an andere Dinge auch auf neutrale Weise herantreten. In Anbetracht der rätselhaften und unfaßbaren Art dieser Erfahrungen und seines Bedürfnisses nach Kommunikation (veränderliches Kreuz) wird er aber wissen wollen, ob es anderen genauso geht. Das kann im Extremfall zu einem Verhalten führen, das nur auf Sensationslust oder dem Interesse an Indiskretion beruht.

Die Ruhelosigkeit, die so kennzeichnend für dieses Zeichen ist, tritt hier beim Mars besonders stark in Erscheinung. Als Kind schon wird dieser Mensch ständig Aufmerksamkeit gefordert haben, aufgrund der Tatsache, daß er ständig beschäftigt sein will. Auch hier schon manifestiert sich die Suche nach neuen Impulsen.

Dieser Mensch versucht, seine Individualität gemäß seiner mentalen Ausrichtung (Luft) zur Entwicklung zu bringen. Dies kommt zum Beispiel in der Schlagfertigkeit zum Ausdruck, mit der er sich in Debatten anderen gegenüber behauptet und die eigenen Fähigkeiten zu beweisen versucht. Der Drang zum Selbsterhalt manifestiert sich ebenfalls auf mentale und bewegliche Weise, wodurch es scheinen könnte, daß das Moment der Selbstbehauptung keine entscheidende Rolle für ihn spielt. Das Schmetterlingshafte der Zwillinge, das Ungerichtete und die fortwährende Beschäftigung mit neuen Dingen legen diese Schlußfolgerung nahe. Doch gerade auf diese Weise bekommt der Mensch mit dem Zwillings-Mars das Gefühl, sich von anderen zu unterscheiden und weitermachen zu können. Behinderungen der psychischen Energie können dieses Muster bis ins Aggressive hinein übersteigern.

♃ ♊ *Jupiter in den Zwillingen*

Das innerliche Bedürfnis nach Expansion kann im Zeichen Zwillinge insofern gut zum Ausdruck gebracht werden, als daß auch der Zwilling gerne loszieht und sich immer wieder mit neuen Dingen beschäftigt. In einer anderen Hinsicht aber gibt es Probleme, nämlich hinsichtlich des Bedürfnisses, eine gutfundierte Vision aufzubauen. Gerade die offene Sichtweise, die mit dem geistigen und religiösen Jupiter-Prinzip zusammenhängt, kann hier zu Schwierigkeiten führen. Der Mensch mit dem Zwillings-Jupiter möchte zwar dieses Bedürfnis befriedigen – in vielen Fällen aber scheint dies kaum mehr zu ergeben als eine enorme Sammlung von möglicherweise sehr interessanten Einzelheiten, ohne daß dies aber zu einer Synthese führen würde. Eine Synthese, die Jupiter wirklich würdig ist, in der alle Dinge durch ihren Zusammenhang untereinander als Einheit erfahren werden, kommt aus einem so sehr auf Abwechslung und Neuigkeiten ausgerichteten Zeichen wie den Zwillingen erst nach vielen Mühen zustande.

Der Zwillings-Jupiter zeichnet sich durch das Bedürfnis aus, viel zu wissen, Austausch zu pflegen und einen großen Freundeskreis für anregende Gespräche zu haben. Dieser Mensch zeigt sich häufig dazu imstande, andere mit seiner Sicht der Dinge sowie mit sinnvollen Systemen und Klassifikationen zu überraschen.

Das tiefere religiöse und geistige Bedürfnis von Jupiter in diesem Zeichen richtet sich in erster Linie nicht auf das innere Erleben, sondern vielmehr auf den Ausdruck mentaler Prozesse. Von großer Intelligenz getragene Konstrukte, sinnvolle Klassifikationen und Systeme für die verschiedensten Fakten, aber auch viele abrufbereite Kenntnisse können hier das Ergebnis sein. Die Fähigkeit zur Expansion liegt überwiegend auf dem Gebiet, das mit dem Verstand, den Kontakten und den Informationen zusammenhängt.

Das religiöse Gefühl und das Bedürfnis nach inneren Werten basiert beim Zwillings-Jupiter in einem mehr oder weniger starken Ausmaß auf Logik (Luft). Das Rationale kann hier das Gefühl verdrängen. Dann aber wäre möglich, daß die durch das veränderliche Kreuz aufsteigende inferiore Funktion (Element Wasser) hin und wieder das Denken mit emotionalen Faktoren beeinflußt, was im Extremfall zu einer fanatischen Haltung von innen heraus führen könnte. Das Mentale wird dann aber schnell wieder die Oberhand gewinnen.

Das Bedürfnis nach inneren Werten kommt hier auf eine eher oberflächliche Weise zum Ausdruck, was eigentlich im Widerspruch zum Jupiter-Prinzip steht. Es handelt sich dabei aber um die Art, auf die der

Mensch mit dem Zwillings-Jupiter sein Bedürfnismuster am besten befriedigen kann. Dies bezeichnet die Einstellung, die in Übereinstimmung zu seinem Inneren steht – und in diesem Zusammenhang spielt es keine Rolle, ob Planeteninhalt und Zeichen zueinander passen oder nicht. Behinderungen der psychischen Energie können dieses Muster nur verstärken, mit der möglichen Folge, daß dieser Mensch allem und jedem nachgeht und für alles und jedes seine Vision oder seine Ideen hat.

♄ ♊ *Saturn in den Zwillingen*

Saturn als der schwache Punkt bei der Ausbildung des Egos hat in den Zwillingen eine mentale Färbung (Luft). Gerade das Denken und das Bedürfnis nach Kommunikation (Element Luft) machen hier den Kern des Problems aus. Das soll nicht bedeuten, daß der Mensch mit dieser Planetenstellung nicht nachdenken könnte. Im Gegenteil: Es ist vielmehr so, daß das Denken und das Kommunizieren als schwacher Punkt erfahren wird, als eine Sache, der mit Mißtrauen zu begegnen ist. Hier besteht der Ansatzpunkt für Überkompensationen. Durch den Mangel an Selbstvertrauen und die Angst, die mit dem Planeten Saturn einhergehen können, sind hier Überkompensationen möglich, die dem Zeichen Zwillinge nur zu deutlich entsprechen: das Bedürfnis, sich den Dingen vom Verstand her zu nähern – wobei manchmal jede Gefühlsregung ausgeschlossen ist – und der Wunsch, die Fakten und Ereignisse zu systematisieren und in Kategorien einzuteilen. Hiermit ist zunächst einmal aber die Fähigkeit verbunden, Über- beziehungsweise Einsicht bezüglich der verschiedensten Gebiete, Theorien oder Techniken zu gewinnen. Aus Angst, die Dinge nicht in den Griff zu bekommen, vertieft sich dieser Mensch in die Fakten. Dies vermittelt Einsichten sowie eine detaillierte Faktenkenntnis, vielleicht aber auch eine überaus kleingeistige Haltung. Wie dem auch sein mag – entscheidend ist hier das Gefühl der Unsicherheit, vielleicht nicht auf dem neuesten Stand der Dinge zu sein.

Hinsichtlich der Kommunikation könnten hier ebenfalls Probleme bestehen. Das würde gegebenenfalls heißen, daß Saturn in dem sonst so gesprächigen und schmetterlingshaften Zeichen Zwillinge einen Menschen bedeutet, der sich durch Schweigsamkeit auszeichnet oder ein «Mauerblümchendasein» führt. Dies ist aber nur eine von vielen möglichen Manifestationsformen. «Reden wie ein Wasserfall» ist das andere Extrem.

Das Leben und die Geschehnisse werden gemäß strenger Richtlinien betrachtet und geordnet. Wenn es zu Abweichungen kommt, können Angst oder Unsicherheit die Folge sein. Es ist möglich, daß dieser

Mensch kritisiert wird, zu wenig Flexibilität im Denken oder Handeln zu zeigen. Es handelt sich hier jedoch um den Mechanismus, welcher ihn davor bewahrt, an seinem schwachen Punkt zu verzweifeln. Plötzliche Veränderungen in seinem Leben sind ihm im allgemeinen eher unangenehm, und es kann sein, daß er immer seine Schwierigkeiten haben wird, damit umzugehen.

Für empirische und gründliche Untersuchungen ist dies eine ideale Stellung, aufgrund der Tatsache, daß alle Faktoren so systematisch und geordnet wie nur möglich behandelt werden. Dies geschieht aus dem Bedürfnis heraus, ein solides Fundament für das im Kern unsichere Denken zu legen.

Behinderungen können auf verschiedene Weise zum Ausdruck kommen. Ein zwanghaftes Sammeln von Fakten in Verbindung mit einem krampfhaften Festhalten an Denkmustern wäre vorstellbar oder die Angst vor Fakten und Wissen, was Kommunikations- oder Lernstörungen bis hin zum Stottern möglich machen könnte. Auch diese Probleme sind im Grunde psychischer Art. Saturn in den Zwillingen bedeutet eine Betonung des Mentalen und Kommunikativen, weil hierin die Schwäche und die Wurzel der Angst dieses Menschen liegen – ob er sich dieser Tatsache nun bewußt ist oder nicht.

⛢♆♇♊ *Uranus, Neptun und Pluto in den Zwillingen*

Die innerliche Neigung zum Durchbrechen der Form und das Bedürfnis nach Originalität (Uranus), das Bestreben, die Form zu verfeinern, aufzulösen oder zu transzendieren (Neptun) und der Drang, Macht, Konfrontation und Transformation zum Ausdruck zu bringen (Pluto), kommen in den Zwillingen in erster Linie mental und auf veränderliche Art zum Ausdruck.

Im Hinblick auf **Uranus** besteht das Bedürfnis nach neuen Systemen, neuen Formen der Kommunikation oder einer anderen Annäherung an die Fakten. Generell kann aber auch der Wunsch nach einer originelleren Art des Denkens gegeben sein.

Neptun bedeutet gänzlich andere Manifestationsformen. Hier sind das Bedürfnis nach der Verfeinerung der Form sowie der Wunsch, in Kontakt mit dem Nichtstofflichen zu kommen, auf geistige Weise betont. Positiv gesehen kann das die Erforschung der nicht sichtbaren Kräfte beziehungsweise okkulten und parapsychologischen Erscheinungen beinhalten; die negativste Äußerung wäre die Trübung beziehungsweise «Vernebelung» des Geistes. Eine Abkehr vom Konkreten oder auch eine Lähmung könnte hier eventuell die Folge sein. Die mentale Art des Zeichens Zwillinge paßt nicht zum Nebelhaften und Unbestimmten des Planeten Neptun.

Pluto im Zeichen Zwillinge könnte ebenfalls eine Beschäftigung mit den verborgenen Kräften bedeuten. Gleichzeitig besteht mit dieser Stellung die Neigung, Machtkonflikte durch verbale Aggression zu lösen. Konflikte können aber andererseits der Ausgangspunkt für neue Einsichten sein. Pluto wird im Zeichen Zwillinge das Moment der Transformation und Umwandlung auf mentale Weise zum Ausdruck bringen, so daß diese Stellung große Neuentwicklungen auf dem Gebiet des Denkens und der Wissenschaft und Technik zur Folge haben kann. Auch hinsichtlich der Kommunikation könnten sich bedeutsame Neuheiten ergeben.

Neptun und Pluto haben zu Beginn des 20. Jahrhunderts in den Zwillingen gestanden. Menschen mit dieser Planetenstellung lebten in einer Phase großer Veränderungen. Sie wuchsen auf in der Zeit, in der sich der Geist unseres Jahrhunderts entfaltete.

Luft und das kardinale Kreuz: Waage

(Inferiores Element: Wasser)

☉ ♎ *Sonne in der Waage*

Der Mensch mit der Sonne in der Waage neigt zu dem Weg, der ihm viel Kontakte mit der Außenwelt verschafft und ihn eine Rolle in der Gesellschaft spielen läßt (Element Luft und kardinales Kreuz). Er sucht nach Anerkennung und seinem Platz in der Außenwelt. Mit dem Element Luft besteht eine starke Ausrichtung auf die Umgebung beziehungsweise das Bedürfnis nach Kommunikation und Austausch, und das ebenfalls nach außen gerichtete kardinale Kreuz verstärkt diese Eigenschaften noch. Die Waage-Sonne ist außerordentlich abhängig von der Außenwelt. Sie braucht diese, um ihr Bewußtsein zu entwickeln (das gilt natürlich in einem gewissen Maße auch für die anderen Zeichen – bei der Waage aber ist dies ein entscheidener Punkt), und sie ist sehr empfindsam für alles, was sich in ihrer Umwelt abspielt. Störungen in der Umgebung können sich deshalb äußerst negativ auf ihre Bewußtseinsentwicklung auswirken – was damit in Zusammenhang steht, daß der Mensch mit dieser Stellung als friedliebend gilt. Diese friedvolle Einstellung basiert jedoch nicht auf einer tiefinnerlichen Überzeugung, sondern vielmehr auf dem Bedürfnis, Harmonie um sich herum zu erfahren. Dies bedeutet hier die Chance zur Weiterentwicklung. Darum ist der Waage-Mensch auch so schnell zum Kompromiß bereit, so diplomatisch und taktvoll und so auf Schönheit und Harmonie erpicht: Er braucht dies, um sein Gleichgewicht zu bewahren.

Das Zeichen Waage gehört zum Element Luft, also ist Wasser das inferiore Element. Das bedeutet, daß das Unbewußte durch die Funktion des Fühlens geprägt ist. In der Praxis heißt das, daß der Bereich des Emotionalen für die Waage aufgrund ihrer ziemlich mentalen Haltung ein Problem sein kann. Wir können hier eine Persönlichkeit erwarten, die hinsichtlich ihrer Gefühle nicht im Gleichgewicht ist. Die Reaktionen aus dem Gefühl heraus können für die Waage, die so sehr auf Ausgewogenheit und Diplomatie ausgerichtet ist, eine Ursache von fortwährenden Störungen sein. Wir können bei dieser Stellung auch nicht von einem von Geburt an verwirklichten Zustand des Gleichgewichts sprechen, sondern eher von einem ausgeprägten Gefühl für Disharmonie, welches als störend empfunden wird.

Der Zweifel und das häufig nur gering ausgeprägte Entscheidungsvermögen, das bei der Waage oft zu beobachten ist, wird hierdurch verständlich. Wählen bedeutet, etwas zu bejahen und etwas anderes abzulehnen. Das ist eine Zerstörung des Gleichgewichts und stellt den Punkt dar, an dem die Waage so empfindlich ist. Die positive Seite dieses Zweifels ist jedoch, daß die Waage dazu neigt, die Standpunkte der beiden widerstreitenden Parteien zu bedenken, was ihre Eignung als «Friedensrichter» erklärt. Der Waage-Mensch ist dazu in der Lage, Standpunkte zu versöhnen. Die normale Richterrolle allerdings, bei der Recht gesprochen und verurteilt werden muß, ist nichts für ihn. Er müßte dann ja eine Wahl treffen.

Das kardinale Kreuz verleiht das starke Bedürfnis, eine Rolle in der Außenwelt zu spielen und Anerkennung zu erhalten. Dies ist mit ein Grund dafür, daß der Mensch mit der Sonne in der Waage zuvorkommend und freundlich ist. Diese Wesensmerkmale hängen mit dem Harmoniestreben zusammen. Typisch ist hier der Mensch, der immer freundlich und versöhnend auftritt, der das Leben und seine Schönheit in allen Ausdrucksformen liebt und der hinsichtlich all dieser Punkte von großer Empfindlichkeit ist. Diese Haltung ist für ihn notwendig, damit er sich weiterentwickeln kann. Eine Behinderung dieses Dranges kann zu Überkompensationen führen, die sich vielleicht im krampfhaften Suchen nach

Genuß und den schönen Seiten des Lebens oder auch einer symptomatischen Trägheit äußert. Die Bewußtseinhaltung kann sich bei einer Behinderung entweder dadurch manifestieren, daß dieser Mensch «seine Fahne nach dem Wind hängt» oder daß er sich auf Kosten jeden Tiefgangs in das gesellschaftliche Leben oder auch auf die Arbeit stürzt. Beim Letzteren könnte beispielsweise viel Nachdruck auf die äußerlichen Leistungen oder auch die Erscheinungsweise gelegt werden, was dann nur die innerliche Disharmonie und Unsicherheit verbergen soll.

Obwohl die Waage ein Luft- und kein Erdzeichen ist und folglich die starke Ausrichtung auf das Konkrete fehlt, kann mit dieser Stellung doch ein Talent für die Form bestehen. Dieses Vermögen äußert sich zumeist in der Fähigkeit, eine angenehme und harmonische Atmosphäre zu schaffen, zum Beispiel bei der Einrichtung eines Hauses. Es kann sich aber auch auf andere Gebiete wie zum Beispiel dem Einrichten von funktionellen Räumlichkeiten erstrecken, so daß hier möglicherweise die Kontakte in einer überaus harmonischen Atmosphäre stattfinden. Es ist aber nicht so sehr der Formaspekt (Element Erde), der hier im Vordergrund steht, sondern das Vermögen zur Dekoration. Bei Überkompensationen kann dies zu einem schwelgerischen Geschmacksempfinden führen, bei dem das Dekorative nur noch Selbstzweck ist und nichts mehr mit dem Schaffen einer angenehmen Atmosphäre zu tun hat.

Neben der Rolle, die die Waage in der Außenwelt spielt, genießt sie es auch, für ihre unmittelbare Umgebung wichtig zu sein. Der Mensch mit der Sonne in der Waage lernt viel über sich selbst, indem er sich in anderen gespiegelt sieht. Die emotionale Bindung zum anderen bringt ihn näher an das eigene Unbewußte heran (welches durch das Gefühlselement Wasser geprägt ist). Hier spielt vor allem das Mittel der Projektion eine wichtige Rolle. Das Unbewußte ist für die Waage ziemlich unzugänglich – zunächst jedenfalls, weil ihre Energie nach außen, von dem Unbewußten weg, gerichtet ist und auf die Ausdifferenzierung des Bewußtseins zielt. Je stärker das Bewußtsein jedoch ist, desto kräftiger wird zu einem bestimmten Zeitpunkt das Unbewußte nach Anpassung verlangen. Das macht die Waage für bestimmte Dinge sehr anfällig, zum Beispiel für die *Mid-Life-Crisis*, die sich ereignet, wenn der Mond in der Progression und Saturn anderthalbmal um das Horoskop gelaufen sind. Zu diesem Zeitpunkt läßt der Mensch von seiner Ausrichtung auf äußere Dinge langsam ab, um seine Aufmerksamkeit mehr auf innerliche Werte zu lenken. Das ist für alle kardinalen Zeichen eine schwierige Zeit, besonders aber für die Waage, welche dann ja mit dem inferioren Element Wasser konfrontiert wird, was sie völlig aus dem Gleichgewicht bringen kann. Und das, wo sie es so nötig hat, einen Zustand der Ausgeglichenheit zu erreichen.

☽ ♎ *Mond in der Waage*

Mehr noch als es bei der Sonne in der Waage der Fall ist, hat der Mensch mit dem Mond in diesem Zeichen das Bedürfnis nach Harmonie und Gleichgewicht in seiner Umgebung. Hierbei handelt es sich um seine Art, ein Gefühl der Sicherheit und des Wohlbefindens zu erfahren. Der Mond in der Waage wird sich in schwierigen Situationen schnell als Diplomat zur Verfügung stellen und nach Versöhnung der widerstreitenden Parteien streben. Mit seiner eigenen Meinung aber hält er dabei wahrscheinlich ängstlich hinter dem Berg. Gäbe er diese zu erkennen, könnte schließlich das Gleichgewicht wieder in Gefahr geraten.

Das Anpassungsvermögen des Menschen mit einem Waage-Mond ist groß. Sein soziales und gesellschaftliches Leben ist vom Bedürfnis nach Harmonie geprägt. Treten Störungen und Spannungsmomente auf, fühlt er sich nicht wohl. Er wird dann zur Behebung des Konfliktes sogleich bestrebt sein, einen Kompromiß herbeizuführen. Das Bedürfnis, sozial akzeptiert zu werden (kardinales Kreuz sowie das Element Luft), verleihen ihm viel Freundlichkeit und Takt. Im allgemeinen ist aber nicht viel Tiefgang mit dieser Stellung verbunden, aufgrund der Tatsache, daß dieser Mensch seine Meinung nicht oft preisgibt.

Gefühlsmäßig wird auf neue Impulse und neue Umstände auf eine freundliche und häufig auch charmante Weise reagiert. Insofern bedeutet der Waage-Mond kommunikatives Geschick: Dieser Mensch wechselt mit jedem ein paar Worte, sorgt für den reibungslosen Ablauf der Dinge und hat ein Auge für aufkommende Spannungen, die er oftmals beiläufig zu lösen imstande ist. Doch trotz seines gefälligen Verhaltens kann es ihm sehr schwerfallen, sich auf wirklich tiefgehende Weise mit jemandem zu verbinden. Die Wahl für etwas oder jemanden ist für den Waage-Mond eine sehr schwierige Sache. Am liebsten läßt dieser Mensch wählen, um dann in der Strömung, die sich durchgesetzt hat, mitzuschwimmen. Aus diesem Grund wird dem Waage-Mond manchmal Mangel an Rückgrat vorgeworfen. Dabei sollte er aber bedenken, daß es besser einmal zu einem Ende mit Schrecken kommt als zu einem Schrecken ohne Ende.

Hat der Mond in der Waage keine Chance, sein Bedürfnis nach Gleichgewicht, Harmonie und sozialer Anpassung zu verwirklichen, können verschiedene Überkompensationen in Erscheinung treten. Dies ist deshalb von besonderer Wichtigkeit, weil der Mond die Haltung widerspiegelt, die wir unbewußt annehmen, um uns wohlzufühlen. Im Falle der Überkompensation könnte dieser Mensch alles daran setzen, sich in der Gesellschaft beliebt zu machen, bis hin zur aufdringlichen Liebedienerei.

In Situationen, die eine klare Meinung oder einen energischen Standpunkt verlangen, kann der Waage-Mond es mit der Angst zu tun bekommen. Auch dann ist eine Überkompensation möglich. Diese sähe so aus, daß sich der Mensch jeder Stellungnahme enthält und sich den Anschein gibt, als ob ihn das alles nichts anginge und er über den Dingen stünde.

Wenn auch die Waage nicht zum Element Erde gehört, sondern ein Luftzeichen und insofern nicht direkt auf die stoffliche Welt bezogen ist, können Menschen mit dem Waage-Mond wegen der formgebenden Eigenschaften des Mondes in dieser Beziehung Talente haben – insbesondere in Bereichen, die in der sozialen Sphäre liegen. Sie verstehen es, Harmonie in ihr Haus oder in Arbeits- oder sonstige Räume zu bringen, wenn sie diesen Auftrag erhalten. Aber auch auf anderen Gebieten kann ihr Empfinden für Schönheit zum Ausdruck kommen. Es geht beim Mond in der Waage nicht so sehr darum, daß die Formen stimmen (wie es beim Element Erde der Fall ist), sondern darum, daß das Ganze eine angemessene und geschmackvolle Atmosphäre hat, die sich günstig auf die verschiedensten Arten von Kontakten auswirken kann. Bei Überkompensation sind hier Luxus und eine Haltung der Angeberei und Verschwendung zu erwarten. Dann liegt der Schwerpunkt auf der äußerlichen Erscheinung, und der eigentliche Kontakt ist unwichtig geworden.

Mit dem Waage-Mond bestehen Schwierigkeiten hinsichtlich der eigenen Meinung, was eine Beeinflußbarkeit zur Folge hat. Kombinieren wir das damit, daß Wasser das inferiore Element ist, wird klar, daß emotionale Beziehungen eine sehr große Bedeutung für diesen Menschen haben können (die Rolle des anderen!). Es besteht hier aufgrund der innerlichen Unsicherheit und Zweifel eine außerordentlich große Empfänglichkeit. Das bedeutet auch, daß dieser Mensch mit seinen emotionalen Entscheidungen für bestimmte Personen schon einmal falsch liegen kann. Möglicherweise hält er auch zu lange an jemandem fest, mit dem er innerlich nichts gemein hat, aus der Angst heraus, durch die Trennung seinen inneren Frieden zu verlieren. Kommt das inferiore Element Wasser an die Oberfläche (was allerdings seine Zeit dauern wird), kann dieser Mensch plötzlich große Konflikte vom Zaun brechen, indem er bestimmte Dinge und Themen zur Sprache bringt, die seinem Waage-Wesen zutiefst widersprechen. Hierdurch können sich verblüffende Entwicklungen ergeben. Aber der Waage-Mond wäre nicht er selbst, wenn er nicht so schnell wie möglich probieren würde, zu seiner grundsätzlich freundlichen und kompromißbereiten Haltung zurückzukehren. Diese Einstellung ist es, in der sich der Waage-Mond am wohlsten fühlt.

☿ ♎ *Merkur in der Waage*

Das Denken des Menschen mit dem Waage-Merkur ist in erster Linie auf das Zusammenbringen von Fakten und Erscheinungen (Luft) gerichtet. Dabei spielt die Umgebung, der Wunsch nach Anerkennung und der nach einer guten gesellschaftlichen Position eine wichtige Rolle (kardinales Kreuz). In der Praxis dürfen wir ein Denken erwarten, das stark auf das soziale und gesellschaftliche Geschehen gerichtet ist, wobei auch Züge von Kompromißbereitschaft und das Streben nach Gleichgewicht zum Ausdruck kommen. Der Mensch mit einem Waage-Merkur ist gut dazu in der Lage, die Fakten zu einem objektiven Ganzen zu bringen (Element Luft). Schwieriger wird es für ihn sein, hinsichtlich des ganzen Materials sich eine eigene Meinung zu bilden. Mit dieser Stellung könnte die Tendenz verbunden sein, die Entscheidungen so lange hinauszuschieben, bis keine Notwendigkeit zur Entscheidung mehr besteht. Eine andere mögliche Vorgehensweise wäre die, sich immer an den «goldenen Mittelweg» zu halten, was ein neutrales Verhalten oder auch mangelnden Tiefgang zur Folge haben könnte.

Dieser Mensch ordnet seine Erfahrungen, weil ihm das die Möglichkeit gibt, im Gleichgewicht zu bleiben. Auf diese Weise hat er auch einen Erfahrungsschatz, auf den er in Situationen zurückgreifen kann, in denen es darum geht, die Harmonie wiederherzustellen. Das Analysieren von Situationen, Ereignissen, der Umgebung, Menschen und nicht zuletzt von sich selbst steht im Dienste der Funktion und Rolle, die dieser Mensch im gesellschaftlichen Gefüge erfüllen will (kardinales Kreuz).

Die Sprache und das Bedürfnis nach Austausch kommen auf eine sehr gefällige Weise zum Ausdruck, mit viel Freundlichkeit und Takt. Der Waage-Merkur ist bestrebt, seine Worte so gut und sorgfältig wie nur möglich zu wählen. Er tut dies nicht deshalb, weil er in erster Linie an einem genauen Ausdruck interessiert wäre, sondern aus dem Grund, daß er verhindern möchte, durch unbedachte Äußerungen zu verletzen oder zu kränken. Auch heikle Situationen werden auf eine liebenswürdige und freundliche Weise wieder entschärft, wozu noch zu sagen ist, daß hier von einer wirklichen Konfrontation oder Diskussion kaum die Rede sein kann. In dieser Beziehung besteht in seinem Denkmuster eine viel zu große Anfälligkeit für Störungen.

Merkur in der Waage kann sehr wankelmütig sein, wenn es darum geht, Entscheidungen zu treffen. Wie beim Mond in der Waage auch besteht mit dieser Planetenstellung eine große Beeinflußbarkeit. Bei Behinderungen der Energie sind verschiedene Formen der Überkompensation möglich. Es kann sein, daß die Entschlußschwäche auf außerordentlich starke Weise zum Ausdruck kommt. Auf der anderen Seite ist ein übertrieben freundliches oder auch anbiederndes Verhalten vorstellbar, selbst angesichts einer Person, die nicht geschätzt wird. Das kann unbewußt zur Verschleierung von allerlei Problemen und Konflikten führen, was die sozialen Beziehungen schwieriger machen würde. In der Konsequenz könnte es dann irgendwann zu einem Ausbruch kommen.

Wie dem auch sein mag – im allgemeinen besteht mit dem Waage-Merkur das Bedürfnis, optimistisch und positiv auf Impulse zu antworten. Mit dieser Reaktionsweise ist dieser Mensch in der Lage, störende Einflüsse von anderen umzuformen und der Verletzung der Harmonie entgegenzuwirken.

♀ ♎ *Venus in der Waage*

Die Venus kommt gut zum Ausdruck in einem Zeichen, das so sehr auf Harmonie und Schönheit gerichtet ist. Mit der Venus in der Waage besteht ein großes Bedürfnis nach materieller, mehr noch aber nach emotionaler Sicherheit, welches befriedigt wird durch das Aktivsein in der Gesellschaft in einem Rahmen, der so harmonisch wie nur möglich ist. Venus als Ausdruck der Anteilnahme verleiht im Zeichen Waage Wärme, Freundlichkeit, Charme und Takt. Der Mensch mit dieser Planetenstellung hat den Wunsch, sich diesen Eigenschaften gemäß zum Ausdruck zu bringen.

Um Gegensätze zu vereinigen und das Gleichgewicht wiederherzustellen, appelliert die Waage-Venus an die Friedfertigkeit im Menschen. Sie weist auf versöhnliche und freundliche Art auf das Gemeinsame der verschiedenen Standpunkte hin, was dann zu einem Kompromiß führt. Auch in der Liebe geht die Waage-Venus auf diese Weise zu Werke. Alles gegeneinander abzuwägen ist für sie sehr wichtig – es handelt sich hier um ein Luftzeichen, das die Dinge mental betrachtet, was bedeutet, daß das Denken die Hauptfunktion ist. Schwierigkeiten mit dem Partner wird Venus in der Waage so weit wie nur möglich auflösen wollen. Sie ist bereit, sich selbst sehr weit zurückzunehmen: Sie ist eben der Überzeugung, daß zwischen bestimmten ausgeprägten Charakterzügen der beiden Partner ein harmonischer Mittelweg gefunden werden muß, damit ein Leben ohne allzu viele Spannungen möglich ist. Es kann sein, daß dies bedeutet, daß zuviel Wert auf den äußerlichen Schein gelegt wird, was insbesondere bei Behinderungen der psychischen Energie der Fall ist. Der Mensch mit der Waage-Venus läßt den Partner nicht gerne im Stich. Und wenn es einmal zum Ende einer Beziehung gekommen ist, wird er bestrebt sein, auch weiterhin einen freundschaftlichen Kontakt aufrechtzuhalten.

Tiefere Kontakte können der Waage-Venus viel Kopfzerbrechen bereiten. Wasser (das Fühlen) ist hier die inferiore Funktion, und bricht diese einmal während einer Krise durch, steigt aus dem Inneren viel Unsicherheit empor. Das kann dann eine Zeit markieren, in der dieser Mensch sehr viel von seinem Partner verlangt und kaum einen Blick für das hat, was in der Außenwelt passiert. Für gewöhnlich aber wird bei Behinderungen der Energie die nach außen gerichtete Seite der Waage-Venus (kardinales Kreuz) verstärkt zum Vorschein kommen, wodurch der Nachdruck auf die Rolle in der Öffentlichkeit gelegt wird. Übergroße Freundlichkeit, das Flirten und Abstand durch Oberflächlichkeit wären die Entsprechungen hierfür.

In ihrem Inneren aber hat die Waage-Venus ein starkes Bedürfnis nach einem großen Freundes- und Bekanntenkreis sowie nach einer harmonischen Beziehung, welche im Idealfall auch auf Anerkennung seitens der Umwelt stoßen soll. Gleichgewicht und Harmonie in der geistigen und stofflichen Umgebung sind ihr sehr wichtig – aus dem Grund, daß die Harmonie in ihr selbst eben nicht fest ausgeprägt ist.

♂ ♎ *Mars in der Waage*

Mars als die Triebkraft des Menschen, sich von anderen abzuheben, hat es im Zeichen Waage schwer, sich seiner Natur gemäß zu entfalten. Das Zeichen Waage ist ja in einem so starken Maße auf die anderen ausgerichtet und auf Zusammenarbeit und Harmonie im Umgang miteinander angewiesen. Diese Stellung verkörpert also ein gewisses Dilemma. Tatkraft und Energie wirken von dem Waage-Hintergrund aus, also von dem Bedürfnis aus, zusammenzuarbeiten und Harmonie in der Umgebung zu schaffen – Mars steht aber für ziemlich entgegengesetzte Eigenschaften.

Die Auswirkungen von Mars in der Waage können im großen und ganzen zwei Richtungen annehmen. Auf der einen Seite gibt es ein starkes Bedürfnis, sich aktiv und mit viel Energie auf der sozialen Ebene zu betätigen und viele Kontakte zu haben. Auf der anderen Seite ist auch mit Mars in der Waage der ausgeprägte Drang vorhanden, seine Individualität unter Beweis zu stellen, was dann bedeuten könnte, daß sich dieser Mensch in den gemeinschaftlichen Aktivitäten sehr ehrgeizig zeigt und es besser als die anderen machen will. Die Waage ist aber ein Zeichen, das das Bedürfnis hat, sich in anderen zu spiegeln (Projektion). Das bedeutet, daß Mars hier zunächst einmal mit den anderen zusammen etwas machen wird, bevor sich der Drang nach Selbstdarstellung manifestiert. Der angesprochene Wetteifer kann denn auch in einer sehr freundschaftlichen Atmosphäre stattfinden und gleichsam eine Art Stimulanz darstellen. Bei Hemmungen oder Blockaden der psychischen Energie können hier aber auch heftige Überreaktionen einsetzen.

Mit Mars als energischem und tatkräftigem Inhalt in dem zur Unentschlossenheit neigenden Zeichen Waage wird die Energie im allgemeinen nicht sehr gezielt eingesetzt. Insofern ist die Willenskraft nicht immer besonders groß. Wenn aber stimulierende Umstände vorhanden sind, also beispielsweise die Umgebung großen Anteil an den Aktivitäten nimmt oder hat, kann dieser Mensch Berge versetzen. Mit dem Mars in einem kardinalen Zeichen ist das Bedürfnis vorhanden, sich in der Außenwelt zu beweisen und eine wichtige Rolle zu spielen. Weil es sich um das Element Luft handelt, wird das Mentale beziehungsweise Kommunikative hier im Vordergrund stehen. Der Mensch mit dem Waage-Mars diskutiert gerne – eine Eigenschaft, die wir bei allen Marsstellungen in Luftzeichen beobachten können. Allerdings kommt es hier in der Waage, welche so sehr von der Atmosphäre in der Umgebung abhängt, häufig zu Problemen: Speziell in diesem Zeichen ist es Mars nicht möglich, die Dinge auf die Spitze zu treiben, was er von sich aus gerne tun würde. Eine Sache aber gibt es, die die typische marsische Heftigkeit aufflammen lassen kann: Ungerechtigkeit. Mit dem Waage-Mars besteht die Fähigkeit, sich aktiv gegen Störungen der Harmonie, vor allem aber gegen jede Form von Unrecht oder Ungerechtigkeit einzusetzen. Dieser Mensch hat das Bedürfnis, die Dinge wieder ins Lot zu bringen – allerdings nicht unbedingt auf taktvolle Art. Hierbei stoßen wir also auf eine eigenartige Dualität: Obwohl der Waage-Mars gut den «Friedensrichter» spielen kann und obwohl er sich sehr dafür einsetzt, den gesellschaftlichen Frieden wiederherzustellen, ist gerade er es, der mitunter die Harmonie zerstört – aus seinem angeboren Drang nach Wettkampf und Wettbewerb, welchen er auf der sozialen Ebene auslebt.

Behinderungen der psychischen Energie können diese beiden Haltungen verstärken. Es treten dann vielleicht Überkompensationen auf, die von großer Trägheit, Bequemlichkeit, dem übermäßigen Drang nach Luxus oder von einer ausgeprägten Entschlußschwäche gekennzeichnet sind. Es könnte in diesem Fall sein, daß die Energie nur darauf gerichtet ist, einen Scheinfrieden oder eine Scheinharmonie zu wahren. Ebenfalls denkbar wäre, daß dieser Mensch jedes Augenmaß verliert und sich gegen alles und jedes auflehnt, was seinem Empfinden nach Ungerechtigkeit bedeutet.

Mit der Stellung von Mars im Zeichen Waage besteht eine ausgeprägte Kompromißbereitschaft. Daneben symbolisiert sie das Bedürfnis, den persönlichen Geltungsdrang auf sozialer und gemeinschaftlicher Ebene zu befriedigen. In dieser Hinsicht kann es sowohl zu harmoniefördernden als auch zu harmoniestörenden Einflüssen kommen.

♃ ♎ *Jupiter in der Waage*

Mit Jupiter in einem kardinalen Zeichen besteht das Bedürfnis, sich auf eine nach außen gerichtete Art zum Ausdruck zu bringen. Insbesondere gilt dies für das soziale und kommunikative Feld (das Element Luft). Das Bedürfnis nach Expansion und Erweiterung des Horizontes manifestiert sich in dem Wunsch nach den verschiedensten – allerdings nicht unbedingt tiefen – Kontakten. Bei dem Zeichen Waage geht es vornehmlich um die Harmonie in den Kontakten und nicht so sehr um Gründlichkeit oder Intensität. Das Gerechtigkeitsgefühl ist mit dieser Stellung sehr groß. Das Bedürfnis nach Verbesserung und Expansion wirkt vom Waage-Hintergrund aus, ist also vom Bedürfnis nach Harmonie und Schönheit geprägt. Dies ist der Grund für die Sensibilität gegenüber Unrecht. Die Schwierigkeit besteht hier darin, daß Jupiter in seinem Bestreben, der einen Partei zu helfen, plötzlich erkennt, daß er dadurch einer anderen nicht helfen kann. Das läßt ihn dann wieder zweifeln, die richtige Entscheidung getroffen zu haben. Dieser Mensch erwägt in aller Ausführlichkeit das Für und Wider jeder Position, hat aber seine Probleme damit, schließlich eine Entscheidung zu treffen.

Das geistige und religiöse Bedürfnis ist bei dieser Stellung mit dem Bedürfnis nach Gesellschaft und Zusammenarbeit gekoppelt. Aus diesem Grund fühlt sich dieser Mensch von religiösen Inhalten angesprochen, die Menschen verbinden und in Harmonie vereinigen. Aus dieser Glaubensauffassung heraus kann der Mensch mit einem Waage-Jupiter viel Arbeit verrichten, die von Friedensliebe gekennzeichnet ist. Allerdings muß es nicht so sein, daß er dabei an die Existenz eines Gottes glaubt – für ihn kann auch das Eintreten für gesellschaftliche Verbesserungen etwas von einem «Glauben» haben.

Das Expansive des Waage-Jupiters liegt vor allem auf dem Gebiet der Kontakte und dem Herstellen eines Gleichgewichts. Die verschiedensten Kontakte zu pflegen ist für ihn von großer Wichtigkeit. Er kann für seine innerliche Expansion und Vertiefung am besten aus den Erfahrungen mit seiner Umgebung schöpfen. Er spiegelt sich an seiner Umwelt, an den Reaktionen, die er seinen Mitmenschen entgegenbringt und umgekehrt.

Beim Jupiter in der Waage geht es um innerliches Wachstum und um Verständnis für die Erscheinungen in einem größeren Rahmen durch

Kommunikation (Luft) mit der Außenwelt und durch die Rolle, die der Mensch in dieser spielt (kardinales Kreuz).

♄ ♎ *Saturn in der Waage*

Für denjenigen, der Saturn in der Waage hat, sind Frieden, harmonische Beziehungen sowie die Kontakte zu anderen ein heikler Punkt. Die Verletzlichkeit ist hier sehr groß. Aufgrund dessen besteht oft Angst vor der Konfrontation beziehungsweise ein übertriebenes Bedürfnis nach einer harmonischen Umgebung. Diese Stellung bedeutet sehr häufig zunächst einmal eine sehr große Abhängigkeit von den Mitmenschen. Erst nach vielen schmerzlichen Erfahrungen lernt dieser Mensch, daß es auch wichtig ist, nach innen zu schauen. Dies mag zwar scheinbar im Widerspruch zu der Charakteristik der Waage als nach außen gerichtetem Luft- und Kardinal-Zeichen stehen – Saturn aber ist als psychischer Inhalt in einem sehr starken Maße auf das Innerliche bezogen. Es geht hier um nicht weniger als den Kern der Individualität. Ängste und Hemmungen könnten den Hinweis geben, daß der Mensch zunächst die innere Identität aufbauen muß, bevor er in der Außenwelt eine Rolle übernehmen kann. Allerdings ist dies für Saturn in der Waage recht schwierig.

Die Formung des Bewußtseins findet beim Waage-Saturn auf eine mentale Art statt (Element Luft), wobei es wichtig ist, daß der Mensch in dem Geschehen um sich herum eine Rolle spielt und Anerkennung erfährt. Er wird sich aus seiner Verletzlichkeit heraus häufig auf zwanghaft anmutende Weise Mühe geben, anerkannt zu werden, was bedeuten kann, daß er sich in den Vordergrund drängt. Das könnte gerade das verhindern, was er im Grund am meisten sucht: ein harmonisches soziales Leben.

Angesichts seiner starken Ausrichtung auf Gleichgewicht und Harmonie in den Kontakten und der Gesellschaft hält sich dieser Mensch an getroffene Verabredungen. Sein Gefühl für Pflicht und Verantwortung im Hinblick auf Beziehungen ist groß und manchmal so stark, daß es die Lebensfreude dämpft. Das Gefühl für Gerechtigkeit ist ebenfalls sehr ausgeprägt – was nicht anders zu erwarten ist: Saturn steht für Verantwortung und das Zeichen Waage für Gerechtigkeit. Aber auch hier kann es wieder Probleme bereiten, eine Wahl zu treffen.

Der Planet des Lernprozesses durch Schmerz im Zeichen Waage bedeutet, daß mehr als bei jeder anderen Planetenstellung das Bedürfnis besteht, in einer angenehmen Atmosphäre zu arbeiten und sich in einer harmonischen Umgebung aufzuhalten. Bei Problemen in dieser Hinsicht wird es zu dem Versuch kommen, die Umstände mit Zwang zu dem Gewünschten zu machen, so daß äußerlich alles in Ordnung scheinen könnte, in Wirklichkeit aber nichts erreicht ist. Dies wäre für diesen Menschen der Weg des geringsten Widerstandes, und es könnte sein, daß er diesen Weg beschreitet, bevor er sich der Erforschung seines Inneren widmet. Die Betonung des Äußeren aber bringt keinen wirklichen Frieden und auch keine wahre Befriedigung. Sich in seinen Kontakten oder Beziehungen verbal auseinanderzusetzen, kann sehr problematisch für diesen Menschen sein – ebenfalls aus dem Grund, daß es hier um die Verletzung der Form geht. Schafft er es aber, diese Auseinandersetzung zu führen, kann er viel über seine Ängste, seine Fehler und seine Probleme lernen. Mit den hier gewonnenen Einsichten ist er in einem viel größeren Ausmaß dazu imstande, sich selbst zu formen. Auf diese Weise wird der Mensch aus einem fundierten Gefühl seiner Identität heraus besser denn je in der Lage sein, Harmonie und Gleichgewicht in der Umgebung zu schaffen. Er ist dann nicht mehr davon abhängig, diese vorzufinden. Dies ist aber ein sehr schwieriger Weg, aus dem Grund, daß die Beteiligung an der Außenwelt so wichtig für diesen Menschen ist.

⛢♆♇ ♎ *Uranus, Neptun und Pluto in der Waage*

Die innerliche Neigung zum Durchbrechen der Form und das Bedürfnis nach Originalität (Uranus), das Bestreben, die Form zu verfeinern, aufzulösen oder zu transzendieren (Neptun) und der Drang, Macht, Konfrontation und Transformation zum Ausdruck zu bringen (Pluto), haben im Zeichen Waage eine mentale Färbung und kommen im Rahmen von Kommunikation zum Ausdruck. Sie wirken sich insbesondere in der Außenwelt aus (das Element Luft und das kardinale Kreuz).

Als **Uranus** Anfang der 70er Jahre durch die Waage lief, wurde deutlich, daß die alten Formen des Zusammenlebens und Zusammenarbeitens eine radikale Veränderung erfuhren, die nicht mehr rückgängig gemacht werden konnte. Neue ästhetische Werte und Auffassungen brachen durch, und es wurden andere Formen des Austauschs und der Ausgewogenheit gesucht. Kinder mit dieser Stellung wuchsen in einer Zeit auf, die von dieser Entwicklung geprägt war. Sie werden später in dieser Hinsicht noch weitere Veränderungen bewirken.

Der Weg für diese Entwicklung war durch **Neptun** bereitet, der von 1943 bis 1957 durch die Waage lief. Es ergab sich zu dieser Zeit, daß die Vorstellungen über das Zusammenleben und -arbeiten immer vager wurden.

Das Bedürfnis nach idealen Beziehungen und der Wunsch, alte Beziehungsmuster zu überwinden, trat deutlich zutage. Die Vertreter der Hippie- und der Flower-Power-Generation haben Neptun in der Waage, und sie konfrontierten die Welt mit veränderten Formen des Zusammenlebens (Stichworte: Wohngemeinschaft, Kommune und so weiter).

Nachdem **Pluto** über Jahre hinweg seinen Einfluß im Zeichen Waage ausgeübt hat, sehen wir, daß die alten Muster noch mehr in den Hintergrund getreten sind. Die Kinder, die mit dieser Stellung geboren sind, können nicht mehr auf das Bild bauen, welches ihnen die Gesellschaft hinsichtlich der Umgangsformen und der Formen des Zusammenlebens vorgaukelte. Für die so auf Harmonie gerichtete Waage war dies eine äußerst schwierige Periode. Pluto stellte klar, daß die alten, überlieferten Formen oftmals nichts als Phrasen waren; er brachte nach oben, was unter der Oberfläche lag – häufig zu unser aller Überraschung. Diese Stellung bedeutete eine Zeit der Konfrontation im zwischenmenschlichen Bereich und insbesondere bei den Beziehungen, was natürlich Probleme mit brachte. Die Veränderungen, die daraus entstanden, waren eine Chance für erstarrte Beziehungsmuster. Es war damit die Gelegenheit für einen vollständigen Neuanfang gekommen. Menschen, die den Pluto in diesem Zeichen haben, sind in ihrem Leben durch diese Gegebenheiten geprägt. Sie werden bewußt oder unbewußt damit zu tun haben, eine neue soziale Struktur zu schaffen.

Luft und das fixe Kreuz: Wassermann

(Inferiores Element: Wasser)

☉ ♒ *Sonne im Wassermann*

Wie bei allen Luftzeichen ist auch hier die Bewußtseinshaltung mental geprägt. Die Welt wird aus einem auf Logik gegründeten Denkprozeß heraus betrachtet und analysiert. Fakten werden in einen theoretischen Zusammenhang gestellt, Muster, die der Wassermann entdeckt, und Interaktionen, die er analysiert, auf den übergeordneten Zusammenhang hin betrachtet. Weil das fixe Kreuz dominant ist, kommt es neben der mentalen Bewußtseinshaltung auch zum Auftreten von Gefühlsimpulsen. Es läuft bei der Sonne im Wassermann darauf hinaus, daß mit der regressiven Bewegung der psychischen Energie auch bestimmte Gefühlsinhalte aufsteigen (Wasser ist das inferiore Element). Diese Impulse sind es dann, die die Ausbildung des Bewußtseins sowie dessen Haltung weiterhin beeinflussen – und das, obwohl sie grundsätzlich im Widerspruch zum Wesen des Wassermanns stehen.

Der Wassermann theoretisiert nicht einfach drauflos. Seine Aufmerksamkeit und sein Denken sind erst dann aktiviert, wenn er eine tiefe innere Identifikation mit dem Thema fühlt. Durch das fixe Kreuz kann er einer Idee, einer Theorie oder einem Thema sehr lange verhaftet bleiben. Dasselbe gilt im Hinblick auf Personen, mit denen er sich verbunden fühlt. Für ihn ist es schwer, diese aufzugeben. Dabei überwältigen ihn jedesmal Gefühle aus seiner inferioren Funktion, wenn er sich mental zu sehr versteift. Das für gewöhnlich gut ausgeprägte Denkvermögen kann dann zeitweilig «Aussetzer» erfahren.

Das Gefühlsleben hat für den auf das Denken ausgerichteten Wassermann etwas Bedrohliches, gerade aufgrund der Tatsache, daß es dort um Dinge geht, die nicht in Worte oder in Gedankenstrukturen zu fassen sind. Bei Blockaden der psychischen Energie sind zwei extreme Haltungen möglich. Die erste wäre, aufgrund der unbewußten und nicht zu steuernden Impulse auf eine sehr launische Art zu reagieren, wodurch das Verhalten etwas Unberechenbares bekäme. Das hätte dann nichts mehr mit dem Drang nach Freiheit oder nach Abwechslung zu tun, der bei dem Wassermann oftmals anzutreffen ist. Der Mensch mag versuchen, sich auf diese Weise von seinem Unbewußten zu lösen – das fixe Kreuz aber entfaltet eine ungemein starke Wirkung. Der Wassermann kann durchaus auf die Zukunft ausgerichtet und vorwärtsstrebend sein, und wir können diese Ausprägungen in der Tat häufig wahrnehmen. Doch die Triebfeder dieses Verhaltens – das auf den innerlichen Konflikt mit dem inferioren Element zurückgeht – ist dem Wassermann selbst oft nicht klar. Wie dem auch sein mag: Er kann diesem Dilemma auf positive oder auf negative Art Ausdruck verleihen.

Eine andere Haltung, in die der Wassermann flüchten könnte, wenn ihm alles «zuviel» wird, ist die der Überbetonung seiner bewußten Funktion, was mit der Leugung von Gefühlen und Emotionen einhergehen würde. Es kommt dann zu einer nüchternen und rationalen Haltung, bei der das Denken nur noch dazu dient, sich selbst zu beweisen. Für eine gewisse Zeit kann der Mensch diese Haltung einnehmen. Weil damit aber jede Verbindung zwischen Bewußtsein und Unbewußten unterbrochen ist, entfällt die Möglichkeit zur Regulation der Bewußtseinsfunktion. Manchmal kommt das Bewußtsein dann auf geradezu maßlose Weise zum Ausdruck, mit dem Anschein, daß es durch nichts zu erschüttern sei. Es braucht dann aber nur ein wunder Punkt berührt zu werden, und das ganze Gehabe zerplatzt wie eine Seifenblase. Das erklärt auch die Tatsache, daß der so sehr in sich ruhende Wassermann in Situationen, die ihn mit überraschenden Gefühlen konfrontieren, mit Panik reagiert (etwas, worauf er übrigens nur sehr ungern aufmerksam gemacht wird und worüber er sich nicht weiter ausläßt).

Die nach innen gerichtete Energie des fixen Kreuzes macht den Wassermann dazu geneigt, vieles von dem, was geschieht, «wiederzukäuen». Er holt gewissermaßen die Erfahrungen nach innen, um sie zu überdenken und gedanklich einzuordnen; er erlebt sie ständig wieder und wieder, so lange, bis sie verarbeitet sind. Das Element Luft hat hier sozusagen der fixen Qualität des Zeichens Wassermann Platz gemacht. Dies bedeutet auch eine größere Zähigkeit, welche die Ursache dafür ist, daß der Wassermann lange an bestimmten Ideen festhalten kann und seinen Standpunkt erst dann aufgibt, wenn er innerlich fühlt, daß eine andere Einstellung die bessere ist.

Beim Wassermann sendet das fixe Kreuz ständig Gefühlsimpulse an das Bewußtsein, was einen schwächenden Einfluß auf dieses hat. Als Folge davon sucht der Wassermann Bestätigung für seine Wesensart. Wegen der kommunikativen Eigenschaften als Luftzeichen wird sich dies insbesondere im mental-intellektuellen Bereich und mit Vorliebe in einer Gruppe gleichgesinnter Menschen manifestieren. Überkompensation durch die Überbetonung der Bewußtseinsfunktion kann hier dazu führen, daß dieser Mensch um eines Gruppenideals willen zum meinungslosen Mitläufer wird.

Durch die fortdauernde innerliche Konfrontation hat der Wassermann ein Gefühl für das, was sich im Menschen abspielt beziehungsweise eine große psychologische Begabung. Das inferiore Element in Verbindung mit der kommunikativen Ausrichtung (Luft) trägt dazu bei, daß er wissen will, was in anderen vorgeht. Aus dieser Haltung heraus ist auch zu verstehen, daß sich dieser Mensch für Prinzipien wie Gleichheit und Freiheit einsetzt. Er weiß nur zu gut, daß jeder seine Schwächen und Probleme hat und daß das Äußerliche dabei noch die geringste Rolle spielt. Das fixe Kreuz legt wenig Wert auf die äußerliche Erscheinung, wenn diese nicht einem bestimmten Ziel dient. Hiermit hängt es zusammen, daß der Wassermann in den Augen der anderen als Revolutionär erscheint, der die gegebenen Verhältnisse in Frage stellt. Das resultiert zum einen aus seiner Überzeugung der prinzipiellen Gleichheit der Menschen und zum anderen aus dem innerlichen Zwiespalt, in dem die «Autorität» des Bewußtseins fortwährend durch ungreifbare Gefühlsinhalte aus dem Unbewußten untergraben wird. Diese Infragestellung des eigenen Denkens hat der Wassermann aber nötig, um nicht in eine der zuvor angeführten Formen von Überkompensation zu verfallen. Das ständig durch das Gefühl beeinflußte Denken kann sich als sehr originell und einfallsreich erweisen und sehr kreativ sein. Erneuerung bis hin zum alles Umstürzenden ist die Entsprechung hierfür. Das kann sich auf sozialem, kommunikativem sowie auf wissenschaftlichem Gebiet abspielen.

Bei Behinderungen der Wassermann-Energie können wir – neben all den zuvor genannten Möglichkeiten – eine Vielzahl verschiedener Entwicklungen beobachten. Es kann die Neigung bestehen, alles abzulehnen und eine anarchistische Haltung zu beziehen oder es kann die Vision vorhanden sein, nach einer Periode des Niedergangs etwas Menschlicheres aufzubauen. Der Kern ist hier, daß der innerliche Konflikt zwischen dem unbewußten Fühlen und dem bewußten Denken durch das fixe Kreuz in Gang gehalten wird und sowohl im Inneren als auch im Äußeren zum Ausdruck kommen muß. Bei Spannungen kann es sein, daß dieser Mensch sich völlig anders verhält als die gesellschaftlichen Normen es nahelegen. Zugleich aber wäre denkbar, daß er wichtige positive Veränderungen bewirkt.

☽ ♒ *Mond im Wassermann*

Wenn sich der Mensch mit dem Mond im Wassermann in verunsichernden Situationen befindet, aktiviert er sein Denkvermögen. Er wird die Dinge dadurch in den Griff zu bekommen versuchen, daß er die Störungen logisch analysiert und behebt. Das fixe Kreuz sorgt hier für Gründlichkeit bei der Vorgehensweise. Allerdings hat dies zur Folge, daß das verdrängte Gefühl sich deutlich bemerkbar macht. Das beschert diesem Menschen immer wieder aufs neue das Problem, Logik und Rationalität unbestimmten Gefühlen preisgeben zu müssen, welche dann wieder neue Unsicherheit bedeuten. Aus dieser Unsicherheit heraus wird er dann abermals das Bedürfnis haben, die Sache zu überdenken – so daß es zu einem Teufelskreis kommen kann. Ebenso wie die Sonne im Wassermann ist der Mond in diesem Zeichen in der Lage, die Existenz von unbewußten Gefühlen zu verleugnen und sich ausschließlich auf die mentale Ebene zu beziehen. Dies ist für den Mond, der ja für die Gefühle steht, aber kein haltbarer Zustand. Früher oder später wird dieser Mensch mit den verdrängten Inhalten konfrontiert. Zwar kann es eine Zeitlang dauern, bis der Teufelskreis beziehungsweise die scheinbar neutrale Einstellung (die manchmal noch als positiv gilt) durchbrochen wird. In der Tat ist der Wassermann-Mond häufig damit beschäftigt, seine Erlebnisse einem mentalen Ideal-Muster gemäß zu ordnen, was den Verlust von Lebendigkeit bedeutet. Innerlich entfremdet er sich auf diese Art auch von der Außenwelt.

Gefühlsmäßig hat der Wassermann-Mond das starke Bedürfnis nach Freiheit und Brüderlichkeit – stärker als der Mensch mit der Sonne in diesem Zeichen. Mit der Sonne im Wassermann handelt es sich hier um ein Bedürfnis, mit dem Mond mehr um einen Zwang. Der Wassermann-Mond braucht das Gefühl, frei und selbständig und von anderen freien Menschen umgeben zu sein – dies ist die Grundvoraussetzung für sein Wohlbefinden. Insofern wird er schon früh nach Unabhängigkeit und Selbständigkeit streben. Das bedeutet allerdings nicht, daß er als Einzelgänger durchs Leben gehen wird. Aufgrund der kommunikativen Natur dieses Zeichens (Element Luft) sucht er in seinen Kontakten die Bestätigung seiner Ideen und Gedanken (wie die Wassermann-Sonne auch). Doch beim Mond spielt auch das Gefühl von Geborgenheit bei Gleichgesinnten oder in der Gruppe eine Rolle. Das Bedürfnis nach Kontakten ist für diese Mondstellung wesentlich. Dieser Mensch ist vielleicht dadurch zu charakterisieren, daß er «mit den Wölfen heult», aus dem Grund, daß die Gruppe ihm wichtiger ist als die Meinung, um die es geht.

Mit dem Wassermann-Mond besteht eine große Empfänglichkeit für Theorien und Ideen. Diese Empfänglichkeit kann sich sowohl positiv als Eintreten für etwas, genausogut aber als Abneigung gegen eine Sache äußern. Kombinieren wir dies mit dem Bedürfnis nach der eigenen Entfaltung, ist zu erwarten, daß sich der Wassermann-Mond dann angesprochen fühlt, wenn er auf neuartige oder unkonventionelle Auffassungen stößt (was ihm wie dem Menschen mit der Sonne in diesem Zeichen revolutionäre Züge verleihen kann). Macht kann für das Zeichen Wassermann ein schwieriger Punkt sein. Dies gilt insbesondere für den Mond, weil mit ihm das außerordentlich starke Bedürfnis besteht, selbst herauszufinden, was gut oder schlecht ist.

Die Gefühlsfunktion, die im Unbewußten liegt, und das Bedürfnis, logisch an die Dinge heranzugehen, können diesem Menschen den Drang verleihen, reformerisch tätig zu werden. Sein unbewußtes Fühlen kann sich von Zeit zu Zeit auf derartig starke Weise bemerkbar machen, daß es ihm dann nicht die geringsten Probleme bereitet, sich die Lage und die Gefühle anderer Menschen klarzumachen. Auf diese Weise kann es geschehen, daß er gegen «unlogische» Situationen oder gegen Zustände der Unterdrückung rebelliert. Aus diesem Motiv heraus erklärt sich sein Eintreten für Freiheit und die Entwicklung des Individuums und die Tatsache, daß er unter Umständen zum Vorkämpfer für soziale Verbesserungen wird. Anzufügen ist, daß dieses Bedürfnis sich ebenfalls wieder auf konstruktive oder auf destruktive Weise äußern kann. Bei Behinderungen der Energie wäre zum Beispiel gewalttätiger Widerstand möglich.

Der Wassermann-Mond kann, ebenso wie die Sonne in diesem Zeichen, emotionale Verwirrung bedeuten. Es wäre beispielsweise denkbar, daß sich dieser Mensch in eine «unmögliche» Person verliebt. Das unbewußte Gefühlsleben kann ihn auf eine so heftige Weise überfallen (fixes Kreuz), daß zeitweise keine Rede mehr von logischem Denken ist. Mit dieser Stellung könnte es sogar den Anschein haben, daß es sich um einen Gefühlsmenschen handelt – was denn aber doch nicht der Fall ist. Der Mensch mit dem Wassermann-Mond hat durchaus Gefühle, aber er hat sie nicht «im Griff». Er wird denn auch so schnell wie möglich zu der ihm angenehmeren verstandesmäßigen Herangehensweise an die Dinge zurückkehren.

Wie dem auch sein mag – mit dem Wassermann-Mond besteht das Bedürfnis, die Welt auf eine so logische und systematische Art wie nur möglich zu betrachten. Aufgrund des fixen Kreuzes aber kann dieser Mensch der Konfrontation mit seinen Gefühlen nicht entgehen. Als Reaktion auf diese können sich verschiedene (Luft-)Haltungen ergeben, was aber vielleicht die Quelle von großer Kreativität ist.

☿ ♒ *Merkur im Wassermann*

Merkur mit seiner Ausrichtung auf das Mentale kommt im Luftzeichen Wassermann gut zum Ausdruck. Er kann sein Bedürfnis zu denken, zu analysieren und zu ordnen auf eine logische und systematische Weise ausleben. Der Mensch mit einem Wassermann-Merkur hat das Bedürfnis, sich auf der geistigen Ebene mittels der verschiedensten Theorien, Ideen und Modelle zu äußern, wozu vielleicht noch zu sagen ist, daß die konkrete Realisierbarkeit hier keine große Rolle spielen muß. Die Fakten, denen er in seinem Alltag begegnet, werden ebenfalls auf logische Weise geordnet und zu einem systematischen Ganzen verarbeitet. Wegen des fixen Kreuzes wird es jedoch immer wieder zu allerlei unlogischen und nicht begründbaren Impulsen kommen, die ihren Ursprung im inferioren Element Wasser haben. Aufgrund dieser Tatsache äußern sich von Zeit zu Zeit im Denken dieses Menschen bestimmte Gefühle, die der Bewußtseinsfunktion nicht zugänglich sind. Dies kann sich auf zweierlei Weise auswirken. Entweder scheint dieser Mensch auf den ersten Blick sehr objektiv zu sein, hat aber in Wirklichkeit viel Subjektivität in sich. Oder aber er ist in seinem Denken durchaus auf die tieferen Empfindungen eingestimmt, was zur Folge haben könnte, daß er sich mit Leib und Seele für das einsetzt, was ihm emotional am Herzen liegt. Wir können allerdings davon ausgehen, daß dieser Mensch auch das wieder logisch begründen kann. Er wird genau sagen können, warum die Sache, für die er arbeitet oder kämpft, so wichtig ist. Der Kern seiner Motivation liegt dann jedoch in diesem unbewußten Fühlen. Das bedeutet dann auch in der Kommunikation eine sehr große Empfindlichkeit gegenüber allem, was auf sein Gefühl anspielt.

Das Denken geht hier oft in die Tiefe (fixes Kreuz). Aufgrund seines starken Bedürfnisses, die Dinge zu verstehen (hauptsächlich das, was innerlich in ihm arbeitet), sind die Erscheinungen «Mensch» und «Natur» für ihn von äußerstem Interesse. Das Denken dieses Menschen ist für gewöhnlich von viel Verständnis für andere geprägt, weil er weiß, daß jeder seine Probleme hat. Von daher ist die Beschäftigung des Wassermanns – und insbesondere des Merkurs in diesem Zeichen – mit dem Gleichheitsgrundsatz verständlich. Sein Bedürfnis nach Denken, Austausch und Kontakt ist aber nicht nur auf einen Menschen gerichtet. Es besteht vielmehr der Drang, mit den verschiedensten Menschen und Situationen zu tun zu haben, aus dem Grund, einen möglichst großen Erfahrungsschatz für die Ordnung der Erscheinungen zu sammeln. Mit Ordnung ist hier weniger die klassische Einteilung in Hierarchien gemeint, sondern das Zuordnen von Menschen und Ereignissen in theoretische Kategorien.

Der Wassermann-Merkur weist für gewöhnlich auf ein gutes Denkvermögen hin. Es ist aber auffallend, wie wenig aufgeschlossen sich dieser Mensch manchmal gegenüber Ideen und Gedanken von anderen zeigt. Der Wassermann-Merkur bedeutet zwar eine Offenheit für mentale Eindrücke und Auffassungen, doch kann hier das fixe Kreuz Unflexibilität und Halsstarrigkeit zur Folge haben. Wenn er bei einer Meinung bleiben will, vermag ihn niemand davon abzubringen. Nur er selbst kann seine Auffassungen verändern.

Das Luftige dieser Merkur-Stellung wird durch das fixe Kreuz gezügelt. Allerdings ist doch so viel Offenheit vorhanden, daß der Wassermann-Merkur sich andere Meinungen und Theorien anhört. Es ist nicht so, daß er immer seine Ideen bis zum letzten verteidigen wird. Wenn er einsieht, daß eine andere Idee besser ist, wird er für gewöhnlich zu dieser übergehen oder probieren, sie zu integrieren. Mit dieser Stellung ist also zwar eine bestimmte Festigkeit im Denken und bei den Auffassungen, nichtsdestotrotz aber doch eine Empfänglichkeit für andere Ideen gegeben (insbesondere für solche, auf die sonst kaum jemand achtet). Diese Eigenschaft trägt dazu bei, seine Individualität zur Entwicklung zu bringen.

Alte, traditionelle Werte und Normen langweilen den Wassermann-Merkur. Er fühlt sich wohler in gedanklichen Konstrukten, die auch etwas von seiner eigenen Kreativität enthalten. Das macht ihn in bestimmten Punkten zu einem sehr unkonventionellen Menschen. Bei Behinderungen der psychischen Energie könnten hier die Originalität und das Unkonventionelle ins Exzentrische oder Provokative umschlagen. Worauf es mit dieser Stellung ankommt, ist, daß das kreative Denken sich von innen heraus immer wieder aufs neue äußern will. Jegliche Form der Behinderung muß hier zu Überkompensationen führen. Es gibt einfach keinen Weg, diese Energie im Inneren festzuhalten.

♀ ♒ *Venus im Wassermann*

Das Bedürfnis nach Sicherheit und Geborgenheit auf emotionalem und materiellem Gebiet äußert sich im Wassermann vorwiegend auf mentaler Ebene. Die vom Verstand geleitete Kommunikation sowie der geistige Austausch sind für das Streben nach Sicherheit außerordentlich wichtig. Wenn jemand mit der Wassermann-Venus Anteil nimmt, geschieht das von einem mentalen Hintergrund aus. Ein aufmunterndes Wort oder ein gutes Gespräch sind für diesen Menschen angenehmer als das tröstende In-den-Arm-Nehmen. Nichtsdestotrotz besteht auch bei der Wassermann-Venus ein starkes Bedürfnis nach Zuwendung – dann nämlich, wenn durch das fixe Kreuz von Zeit zu Zeit das inferiore Element Wasser an die Oberfläche gebracht wird. Für gewöhnlich wird dieser Mensch jedoch mit solchen Gesten nicht viel anzufangen wissen. Was ihn gefühlsmäßig bewegt, wird er unmittelbar mental verstehen und verarbeiten wollen. Im Umgang ist er insofern freundlich und kommunikativ, ein angenehmer und guter Gesprächspartner – was den engeren Kontakt angeht, hat dieser Mensch allerdings mit einigen Schwierigkeiten zu kämpfen, bevor er sich jemandem hingeben kann. In der Beziehung ist ihm zunächst einmal das Mentale wichtig.

Das Suchen nach Harmonie geschieht also von dem Hintergrund der Luft-Funktion aus, was eine mentale Ausrichtung bedeutet. Ästhetik und Kunst werden hier aus gesellschaftlichen Zusammenhängen heraus auf logisch begründbare Art und Weise betrachtet. Das fixe Kreuz aber kann es mit sich bringen, daß die gesellschaftliche «Geschmeidigkeit» leidet, nämlich dann, wenn sich dieser Mensch in seinen Meinungen fest und unbeirrbar zeigt. Im Kombination mit dem inferioren Element Wasser kann dieser Mensch aus seinem Wunsch nach emotionaler Sicherheit heraus dazu neigen, an einer Beziehung festzuhalten, die schon lange keinen Inhalt mehr hat. Wenn er mental begründen kann, weshalb er an dem Zusammenleben festhält, ist die Sache für ihn noch leichter. Das fixe Kreuz ist übrigens verantwortlich dafür, daß mit der Wassermann-Venus oftmals große Ansprüche hinsichtlich des Partners bestehen. Einerseits muß eine geistige

Verbindung vorhanden sein: Dieser Mensch braucht einen Partner, der ihm geistig ebenbürtig ist und mit dem er anregende Diskussionen führen kann. Andererseits sollte der Partner auch dazu imstande sein, das von Zeit zu Zeit durchbrechende inferiore Element Wasser «aufzufangen», nicht zuletzt aus dem Grund, daß dieser Mensch selbst so wenig von dessen tieferer Natur versteht. Es sind also sowohl intellektuelle als auch emotionale Faktoren vonnöten. Kann der andere (und das gilt häufig nicht nur für den Partner, sondern auch für gute Freunde) den regelmäßig an die Oberfläche kommenden emotionalen Inhalten nicht entsprechen, ist für die Wassermann-Venus aus der Beziehung die «Luft raus». Sie verliert dann jedes Interesse. Für die Beziehung aber, die ihr gerecht wird, wird sie alles tun.

Weil mit der Wassermann-Venus ein Unbehagen Gefühlen gegenüber verbunden sein kann, scheut dieser Mensch möglicherweise vor engen gefühlsmäßigen Bindungen zurück. Vielleicht handelt es sich hier um einen Menschen, der ein «fröhlicher Nichtsnutz» ist, überall mitmacht und mit allem und jedem schwatzt. Auch in dem Fall, daß die Außenwelt ihn wegen seiner vielen Freundschaften beneidet – innerlich zufrieden ist er mit dieser Situation selbst nicht. Früher oder später wird er aufgrund des fixen Kreuzes gezwungen sein, der inneren Stimme Aufmerksamkeit zu schenken. Wenn es also nicht zu der Überkompensation in Form des oben angesprochenen «Vagabundentums» kommt, wird sich diese Stellung in dem Bedürfnis nach emotionaler Sicherheit durch Kommunikation mit anderen äußern. Die Wassermann-Venus fühlt einen starken Drang, mit anderen geistig verbunden zu sein. Blockaden in dieser Hinsicht können dazu führen, daß sich der Mensch den Anschein gibt, vollkommen unabhängig von anderen und völlig auf die Logik ausgerichtet zu sein, worunter dann aber sein Bedürfnis nach Emotionalität (fixes Kreuz) leidet. Auf der anderen Seite wäre denkbar, daß die Logik oder die Realität geopfert wird und sich dieser Mensch dann nur noch in den ausschließlich ihm zugänglichen «höheren Sphären» aufhält. Dieser Mensch muß für sein Empfinden der Ausgewogenheit und Zufriedenheit sowohl das Mentale und Verstandesmäßige als auch die mitunter recht starken Gefühle zum Ausdruck bringen.

♂ ♒ *Mars im Wassermann*

Der angeborene Drang, sich von anderen abzuheben und zu unterscheiden, geschieht bei der Stellung in einem Luftzeichen von der mentalen Ebene aus. Dies bedeutet, daß der Mensch mit dem Mars im Wassermann sich in Diskussionen schlagfertig und wehrhaft zeigen wird (was für den Mars in allen Luftzeichen gilt). Mit dem fixen Kreuz als Richtung der psychischen Energie kann er überdies intensiv an einer bestimmten Vision festhalten und sie über lange Zeit verteidigen. Manchmal wird er dies sogar wider besseres Wissen tun, einzig und allein aus dem Bedürfnis, sich von anderen abzuheben. Insofern haben wir es mit einer Art Provokationsbedürfnis auf mentaler Ebene zu tun, welches Ausdruck seines Drangs nach Selbsterhalt ist.

Die Tatkraft und die Energie des Wassermann-Mars sind groß, wenn eine Voraussetzung gegeben ist: Dieser Mensch muß sich mit der Sache identifizieren können, für die er sich einsetzt. Wenn das der Fall ist, kann er Berge versetzen. Trifft das nicht zu, hat er größte Mühe, sich mit etwas näher zu beschäftigen. Das fixe Kreuz sorgt dafür, daß er sich mit dem regelmäßig aufsteigenden Element Wasser auseinandersetzen muß, was zur Folge hat, daß seine Motivation für Aktivitäten von Zeit zu Zeit aus dem Unbewußten kommt. In diesen Momenten tritt die mentale Betrachtungsweise in den Hintergrund. Zwar werden wir auch bei dieser Wassermann-Stellung beobachten können, daß der Mensch diverse logische Gründe für sein Handeln angibt, allerdings sind dies doch oft nichts anderes als notdürftige Erklärungsversuche im Nachhinein.

Mit Mars besteht das Bedürfnis, sich zu beweisen. Im Zeichen Wassermann wird er hauptsächlich dann aktiv sein, wenn die Situation es verlangt. Durch sein Vermögen, rasch und genau zu denken, schnell zu kombinieren und zu erkennen, welche Konsequenzen erforderlich sind, wird dieser Mensch anderen keine Antwort schuldig bleiben. Gleichfalls vorstellbar wäre, daß er die Mitmenschen in scharfer Form zurechtweist, was ihm nicht immer Dankbarkeit eintragen würde. Andererseits ist er in der Lage, Standpunkte von Gruppen oder gesellschaftlichen Interessensvertretungen deutlich und manchmal auch polarisierend darzustellen. Er hat aus seiner mentalen Überzeugung heraus keine Angst, den Kampf mit der herrschenden Ordnung oder – abstrakter formuliert – mit den herrschenden Werten und Normen aufzunehmen.

Der Wassermann-Mars ist also gut dazu in der Lage, seine Energie für progressive oder auch humanitäre Zwecke einzusetzen – vorausgesetzt, daß ihm dies selbst ein Anliegen ist. Das gute Denkvermögen des Elementes Luft aber kann dem Wirklichkeitssinn vorauseilen, was vielleicht heißt, daß der Mensch mit dem Wassermann-Mars von anderen unrealistische Auffassungen und Ideen übernimmt. Insofern verspürt er – allein oder in einer Gruppe – unter Umständen das Bestreben, Dinge zu ändern, die so schlecht nicht sind.

Der Mars-Inhalt kommt hier sowohl nach außen als auch nach innen hin zum Ausdruck. Das letztere beruht nicht nur auf dem inferioren Element Wasser, das die Selbstsicherheit erschüttern kann. Wenn dieser

Mensch den aufsteigenden Energien Widerstand entgegengesetzt, kann ihn das von seinem Wesen entfremden und ihm eine kühle und unbarmherzige Haltung geben. Hier käme es dann zu einer Einstellung, die ausschließlich mental geprägt wäre und welche nur noch den eigenen Wert beweisen sollte. Dieser Mensch würde dann wahrscheinlich vereinsamen und sich dabei vielleicht über die anderen beschweren, die das, was seiner Meinung nach nur zu deutlich ist, nicht sehen. Das Element Wasser würde sich dann aber immer häufiger auf störende Weise bemerkbar machen, so daß sich entweder ein Teufelskreis mit einer immer mentaleren und unpersönlicheren Haltung ergäbe oder es doch einmal zum Durchbruch käme. Dann könnte dieser Mensch, bereichert mit größerem Verständnis und größerer Einsicht, gesellschaftlich seinen Teil zum Ganzen beitragen, vorausgesetzt, daß hier eine Form möglich ist, die seiner Individualität gerecht wird. Durch das fixe Kreuz, das ihn ständig mit seinem eigenen Inneren konfrontiert, fühlt dieser Mensch schon recht früh Spannungen. In späteren Jahren aber kann er die damit verbundenen Einsichten gut zur Anwendung bringen.

Das Hauptproblem besteht hier darin, daß mit dieser Stellung in manchen Fällen extreme Formen der Überkompensation verbunden sein können. Grundsätzlich gilt, daß das Bedürfnis besteht, sich auf eine mentale Weise darzustellen. Der Geist ist das Instrument, mit dem dieser Mensch sich bestätigen möchte. Gelingt das nicht, kann er zuviel Aufmerksamkeit auf dieses Instrument richten. Dies kann soweit führen, daß er sich vollständig von sich entfremdet oder daß er nach einer Krise einen Weg findet, auf dem er sich selbst wirklich gemäß seinem Geist und Verstand beweisen kann.

♃ ♒ *Jupiter im Wassermann*

Die geistigen und religiösen Werte kommen beim Jupiter im Wassermann von innen heraus (fixes Kreuz) zur Wirkung, müssen aber den Bedingungen eines mentalen Analyseprozesses beziehungsweise den Gesetzen der Logik standhalten. Weil sie von innen heraus kommen, spielt das inferiore Element Wasser eine gewisse Rolle. Der Mensch mit dem Wassermann-Jupiter hat das Gefühl, daß bestimmte Werte wichtig sind, und arbeitet daran, diese auf eine klare und logische Weise nach außen zu bringen. Expansion und die Erweiterung des Horizontes kommen dann auch auf diese Weise zustande, nämlich durch die Kombination der verstandesmäßigen Betrachtung und dem unbewußt einfließenden Element Wasser. Das gibt dem Wassermann-Jupiter das Bedürfnis, seine geistigen und religiösen Werte auf Gebieten einzusetzen, die es ihm wert zu sein scheinen, was eine gefühlsmäßige Identifikation bedeutet. Weiterhin ist hier kennzeichnend, daß er dies vor sich und anderen logisch begründen kann. Dabei sind andere nur insofern von Wichtigkeit, als dieser Mensch Vergnügen daran hat, sie zu überzeugen. Was ihn selbst betrifft – ihn wird man kaum zu einer Meinungsänderung bringen können. Jupiter wirkt hier aus dem fixen Kreuz heraus, was heißt, daß in erster Linie die eigenen, innerlich gefühlten Werte von Bedeutung sind. Die Meinung der Außenwelt spielt hier keine Rolle.

Fakten und Geschehnisse werden hauptsächlich aus dem größeren gesellschaftlichen Zusammenhang heraus betrachtet. Für das Luftzeichen Wassermann ist die Beziehung zu der Gesellschaft (ungeachtet des Maßstabs) wichtig, weil er gerne in dieser zum Ausdruck kommt (Luft als kommunikatives Element). Jupiter in einem Luftzeichen also legt die Beschäftigung mit gesellschaftlichen Prozessen nahe. Nur muß hier eingeschränkt werden, daß sich die Dinge im Zeichen Wassermann durch das fixe Kreuz von innen heraus manifestieren. Das hat zur Folge, daß das Bedürfnis zu verbessern und zu erweitern schon einmal auf zwanghaft anmutende Weise zum Ausdruck kommen kann. Dies geschieht aus dem Grund, daß das inferiore Element Wasser von Zeit zu Zeit durchbricht und die logischen Begründungen durchkreuzt.

Das fixe Kreuz, welches vor allem auf innerliche Werte gerichtet ist, hat hier zur Konsequenz, daß dieser Mensch schwer durch die Außenwelt zu beeinflussen ist. Weiterhin gilt, daß für ihn alle Meinungen von gleichem Wert sind und es keine Rolle spielt, wer sie vorbringt. Der Mensch mit einem Wassermann-Jupiter ist im allgemeinen dazu fähig, eine eigenständige Meinung unverblümt zum Ausdruck zu bringen – etwas, das bestimmt nicht bei allen Zeichen der Fall ist. Dadurch kann er eine ganze Menge zustande bringen, auf Arten und Weisen, die anderen nicht einfallen würden. In diesem Zusammenhang besteht allerdings die Gefahr, in ein skurriles oder auch eigenbrötlerisches Verhalten zu verfallen und sich nur auf sich selbst zu beziehen. In diesem Falle geht viel wertvolle Energie verloren.

♄ ♒ *Saturn im Wassermann*

Saturn ist der Mitregent (oder auch Nachtherrscher) des Wassermanns. Er müßte insofern in diesem Zeichen gut zum Ausdruck kommen, und zum Teil ist das tatsächlich der Fall. Allerdings sind auch Probleme möglich. Auch hier steht Saturn für den Lernprozeß durch den Schmerz. Der schwache Punkt der Psyche ist – wie in den anderen Luftzeichen auch – die mentale Ebene (ungeachtet der Tatsache, wo die anderen Planeten stehen).

Die Angst und der Schmerz, die oft mit Saturn einhergehen, bevor wir erkennen, wie wir diese überwinden können, kommen hier auf der mentalen beziehungsweise kommunikativen Ebene zum Ausdruck. Dies macht den Menschen sehr empfindsam im Hinblick auf Denkstrukturen und Ideen (sowohl für die eigenen als auch die der Mitmenschen). Auf der anderen Seite richtet sich diese Empfindlichkeit auf gesellschaftliche und kommunikative Prozesse überhaupt (abermals sowohl im Hinblick auf die eigene Rolle als auch die von anderen). Letztere Tatsache kann dem Menschen mit einem Wassermann-Saturn unbewußt das Gefühl geben, die Unsicherheit auf der kommunikativen Ebene verbergen zu müssen: Entweder dadurch, daß er sich abschottet oder aber sich mit großem Geschrei an gesellschaftlichen Prozessen beteiligt. Dies würde ihm zwar im Grunde widerstreben, wäre aber für ihn der Beweis seiner gesellschaftlichen Mündigkeit sowie seiner kommunikativen Fähigkeiten.

Das unbewußte Element Wasser kann diesen Prozeß erschweren. Durch das fixe Kreuz steigen nämlich von Zeit zu Zeit unbewußte Inhalte nach oben, die die Unsicherheit vergrößern. Saturn im Wassermann kann die Emotionen, die damit einhergehen, nicht oder nur zum geringen Teil verstehen. Beide angeführten Haltungen könnten aufgrund dieser Tatsache verstärkt werden. Der Kern aber liegt in dem Problem der großen Verletzbarkeit auf kommunikativer Ebene, welche möglicherweise starke Gefühle der Einsamkeit zur Folge hat. Allerdings könnte es auch sein, daß sich dieser Mensch zur Verteidigung seiner Position als sehr sensibel hinstellt.

Der Wassermann-Saturn muß sich die Frage vorlegen, was die Ursache seiner Angst ist. Dies kann es ihm ermöglichen, zu den tieferen Frustrationen in sich durchzudringen. Kann und will er diese Auseinandersetzung führen, wird er mit einem tieferen Verständnis von sich selbst und häufig auch von anderen belohnt werden. Er wird dann verstehen lernen, daß es für ihn innerlich wenig Unterschied bedeutet, ob er nun aktiv an etwas mitmacht oder ob er für sich allein bleibt. Er wird dann verstehen, daß das Nicht-Anerkennen von Macht sowie der zwanghafte Drang, die eigene Individualität unter Beweis zu stellen, Eigenschaften sind, die aus den eigenen sozialen und kommunikativen Schwierigkeiten resultieren. Dann wird er merken, daß er zunächst eine eigene Identität entwickeln muß, bevor er nach außen treten kann.

In dem fixen Zeichen Wassermann hat Saturn mit seinem Bedürfnis, in die Tiefe zu gehen, wenig Mühe. Wir können hier mit einem Menschen rechnen, der sich viele Gedanken über seine eigenen und über die allgemeinen menschlichen Probleme macht. Er mag zwar danach trachten, hier mittels mentalen «Taschenspielertricks» zu einer Lösung zu kommen, und vielleicht gelingt ihm das auch für einige Zeit. Das inferiore Element Wasser aber wird ihn dann um so stärker «zur Ordnung rufen». Der Wassermann-Saturn bedeutet die Lektion, daß der Mensch unter allen Umständen er selbst bleiben muß. Er darf sein inferiores Element nicht «verstecken» – es muß ebenfalls Ausdruck an den psychischen Prozessen haben. Wie bei allen Stellungen von Saturn auch handelt es sich hier allerdings um einen mühsamen (und einsamen) Weg.

⛢♆♇ ♒ *Uranus, Neptun und Pluto im Wassermann*

Die innerliche Neigung zum Durchbrechen der Form und das Bedürfnis nach Originalität (Uranus), das Bestreben, die Form zu verfeinern, aufzulösen oder zu transzendieren (Neptun) und der Drang, Macht, Konfrontation und Transformation zum Ausdruck zu bringen (Pluto), entfalten ihre Wirkung aus dem Zeichen Wassermann heraus hauptsächlich auf der mentalen und kommunikativen Ebene. Insofern sind große Veränderungen in den Denk- und den Kommunikationsstrukturen zu erwarten, die auf den von innen heraus geänderten Einsichten (fixes Kreuz) beruhen. Aufgrund der starken nonkonformistischen Tendenzen des Wassermanns, der nur auf sein Inneres hört, sind hier fortschrittliche, aber auch destruktive Tendenzen möglich.

Zu diesen Stellungen wird es am Ende unseres und zu Beginn des 21. Jahrhunderts kommen. Auf gesellschaftlichem Gebiet können wir dann große Veränderungen erwarten, nicht so sehr bezüglich der Struktur (Steinbock), sondern vielmehr im Hinblick auf die allgemeine Einstellung und die Art der allgemeinen gesellschaftlichen und kommunikativen Prozesse. Daß sich hinter der vermeintlich objektiven Einstellung dieses Luftzeichens häufig auch ausgeprägte subjektive Züge verbergen, ist in dem fixen Kreuz begründet: Es ist die Ursache dafür, daß immer wieder unbewußte Faktoren, die zum inferioren Element Wasser gehören, aufsteigen. Aus diesem Grund können sich bei **Uranus**, **Neptun** und **Pluto** im Wassermann die verschiedensten Ausprägungen hinsichtlich des Zeitbildes ergeben.

Kapitel 6

Planeten im Element Wasser

Wasser und das kardinale Kreuz: Krebs

(Inferiores Element: Luft)

☉ ♋ *Sonne im Krebs*

Mit der Sonne in einem Wasserzeichen ist der Mensch von seinem Wesen her für den Weg des Gefühls gerüstet. Er kann sich am besten entfalten, wenn er sich emotional mit den Dingen um sich herum verbunden fühlt, und er hat das Bedürfnis, alles und jeden aus seinem Gefühl heraus zu beurteilen. In dem Zeichen Krebs ist das Element Wasser mit dem kardinalen Kreuz kombiniert. Die psychische Energie ist also nach außen gerichtet, die Verarbeitung von Eindrücken und Problemen orientiert sich in erster Linie an der Außenwelt. Es besteht also der Drang zu «fühlen», was sich in der äußeren Welt abspielt. Die eigene Rolle darin ist wichtig, auch wenn der Mensch mit der Sonne in einem Wasserzeichen das nicht unbedingt erkennen läßt. Die Kombination von Wasser und kardinalem Kreuz macht den Krebs durchaus sehr empfindlich für die Rolle, die er in der Welt hat, und wir können sicher sein, daß er sich hier auf seine eigene Weise zum Ausdruck bringen wird. Dies kann die verschiedensten Formen annehmen – zum Beispiel kann es sich um denjenigen handeln, der hinter den Kulissen die Fäden zieht, oder um einen Menschen, der seine Umgebung so gestaltet, daß er all seine pflegenden und «bemutternden» Eigenschaften voll ausleben kann und sich damit eine wichtige Rolle in der Familie oder einer Gruppe verschafft.

Ein kardinales Zeichen hat immer deutlich erkennbar viel mit der Umgebung zu tun. In Kombination mit dem Element Wasser tritt dies vielleicht etwas in den Hintergrund, nichtsdestotrotz behält es auch bei dieser Stellung grundsätzlich seine Bedeutung. Das kardinale Kreuz macht auf unmißverständliche Weise auf sich aufmerksam. Wird die Energie des kardinalen Kreuzes behindert oder blockiert, kommt es mit großer Wahrscheinlichkeit zu Überkompensationen. Im schlimmsten Fall sehen wir dann den tyrannischen Gefühlsmenschen, der fortwährend andere manipuliert. Ist die Energie jedoch im Fluß, wird dieser Mensch aufpassen, daß alles gut läuft. Die Sonne im Krebs bürgt für Wärme, Anteilnahme und viel Gefühl.

Wegen der Kombination der großen Empfindsamkeit (Element Wasser) und der Ausrichtung auf die Außenwelt (kardinales Kreuz) hat das Zeichen Krebs Mühe, die eigene Identität von innen heraus zu bestimmen. Die Chance ist groß, daß sich dieser Mensch einfach mit dem identifiziert, was gerade «gängig» ist hinsichtlich der soziokulturellen Muster. Es ist klar, daß dies mit den eigenen Charaktermerkmalen nicht übereinstimmen muß. Es ist auch so, daß mit der Krebs-Sonne im allgemeinen kein ausgeprägtes Selbstbewußtsein verbunden ist – zumeist gewinnt dieser Mensch erst dann an Selbstvertrauen, wenn er merkt, daß er von den anderen anerkannt wird. Auch dies steht wieder im Zusammenhang mit der Ausrichtung auf die Außenwelt.

Diese Ausrichtung ist auch die Ursache dafür, daß sich der Krebs viel von dem, was in der Außenwelt geschieht, zu Herzen nimmt. Das macht es schwierig für ihn, Entscheidungen zu treffen oder Urteile zu fällen, insbesondere dann, wenn diese nicht mit der allgemeinen Strömung einhergehen. Hier hat der Krebs Angst, den Kontakt zu dem kollektiven «Nährboden» zu verlieren. Berücksichtigen wir dabei noch, daß er sich nur mit viel Mühe über die eigene Identität klar wird, können wir uns gut vorstellen, daß er sich mitunter auf Dinge einläßt, die überhaupt nicht zu ihm passen. Daß er sich dann manchmal um Dinge kümmert, die ihn nichts angehen, kann nicht weiter überraschen. Allerdings dürfen wir ihm hier nicht Unbescheidenheit oder den Drang zur Indiskretion unterstellen (was höchstens bei Blockaden der psychischen Energie vorkommen kann).

Weil der Krebs als Wasserzeichen doch in einem mehr oder weniger großen Maße nach innen gerichtet ist (was wir aber nicht mit der Verarbeitungsweise des fixen Kreuzes durcheinanderbringen dürfen), kann er die aus der Außenwelt aufgenommenen Eindrücke in sich hereinholen und so tatsächlich mit anderen mitfühlen und andere unterstützen. Für Mitmenschen zu sorgen ist wie sein Mitgefühl für diejenigen, die Hilfe brauchen, seine große Tugend. Aus der Wertschätzung, die er dafür erhält, nimmt der Krebs die Kraft, seinen Weg zu gehen.

Von allen Wasserzeichen läßt der Krebs am deutlichsten seine Gefühle und Emotionen sehen. Dies hat seinen Grund im kardinalen Kreuz: Er kann sich auf diese Weise seinem Wesen gemäß darstellen. Andererseits ist es möglich, daß er die Gefühle als lästig oder hinderlich erfährt. Wegen der Mühe, die eigene Identität auszubilden, können Gefühle den wunden Punkt der Persönlichkeit darstellen. Es ist eben so, daß andere sofort Gefühle und Emotionen in ihm wecken und damit eine große emotionale Beeinflußbarkeit besteht. Aus diesem Grund spielt der Krebs oft Verstecken und traut sich nicht, seine Empfindlichkeit zuzugeben, welche aber doch für die Umgebung deutlich zu erkennen ist.

Als in sich gekehrt fühlt der Krebs in größeren beziehungsweise unpersönlicheren gesellschaftlichen Zusammenhängen Unbehagen. Er trägt den Bedürfnissen des kardinalen Kreuzes lieber im kleineren Rahmen, wie beispielsweise der Familie, Rechnung. Er richtet seine Aufmerksamkeit auf das, was um ihn herum vorgeht, und er wird gerne alle Gefühlswärme, die in ihm ist, auf andere übertragen. Zugleich ist er aber für sein eigenes Wohlbefinden von dem abhängig, was er aus der Umgebung ziehen kann. Es kann insofern auch sein, daß er das häusliche Leben dominiert – auch wenn er vorgibt, daß dies ausschließlich aus seiner Sorge oder Anteilnahme heraus geschieht.

Dem Zeichen Krebs wird häufig vorgeworfen, sich zu sehr an der Familie, den Kindern und der Vergangenheit zu orientieren. Daß Familie und Kinder wichtig sind, erklärt die Kombination aus Wasser-Element und kardinalem Kreuz. Mit dem Element Wasser können, wie bereits gesagt, Identitätsprobleme einhergehen, was es für diesen Menschen nötig macht, sich feste Bezugspunkte zu schaffen. Das Bekannte kann hier Halt geben, und dies dürfte um so wichtiger sein, je größer die Unsicherheit des Krebs-Menschen ist. Auch die Vergangenheit hat in diesem Zusammenhang ihre Bedeutung. Wenn aber der Krebs erst einmal seine Identität gefunden hat, kann er sich von dem, was hinter ihm liegt, lösen. Das kardinale Kreuz spiegelt sich an der Außenwelt, und der Krebs hat gewisse Probleme dabei, auf das zu vertrauen, was die Zukunft bringt.

☽ ♋ *Mond im Krebs*

Mit dieser Stellung ist womöglich eine noch größere Empfindlichkeit als mit der Sonne im Zeichen Krebs verbunden. Das unbewußte Reagieren auf Impulse von außen geschieht beim Krebs-Mond auf gefühlsmäßige Art, wobei aber der Bezug zur Umgebung sehr stark ausgeprägt ist (kardinales Kreuz). Der Mond gibt ja das unbewußte emotionale Verhalten wieder und die Art und Weise, auf die in unangenehmen Situationen versucht wird, Sicherheit zu erfahren. In dieser Hinsicht ist hier natürlich eine außerordentlich große Empfindsamkeit vorhanden. Sobald sich Schwierigkeiten oder überraschende Wendungen ergeben, wird der Mensch mit einem Krebs-Mond das Bestreben zeigen, sich in seinen «Panzer» zurückzuziehen. Dazu wäre noch zu sagen, daß diese Rückzugsreaktion zunächst einmal für alle Wasserzeichen typisch ist, die Aufmerksamkeit des Krebs-Mondes aber auf die Außenwelt gerichtet bleibt (kardinales Kreuz). Alles, was geschieht, ist für ihn von Wichtigkeit, weil ihn alles, was sich in seiner Umgebung ereignet, innerlich erfaßt. Er reagiert hier sehr emotional, ohne daß er dies allerdings immer nach außen hin erkennen läßt. Emotionen wie Angst oder Schrecken können ihn aber über lange Zeit beschäftigen.

Der Mond, der unsere Gefühlsreaktionen auf die Umgebung widerspiegelt, verleiht in einem so gefühlvollen Zeichen wie dem Krebs eine starke, feste Gefühlsbasis. Wie es aber bei Gefühlen der Fall sein kann, sind hier große Schwankungen hinsichtlich des inneren Gleichgewichts möglich. Das Einfühlungsvermögen ist jedenfalls groß, und auf emotionale Situationen wird positiv reagiert.

Da das Gefühlsleben so stark entwickelt ist, kann der Mensch schon auf kleinste Störungen mit Enttäuschung oder mit Rückzug reagieren. Auch beim Krebs-Mond fehlt ein unmittelbares Gefühl für die eigene Identität. Es braucht seine Zeit, bis dieses entsteht, und die Außenwelt spielt bei diesem Prozeß eine große Rolle (kardinales Kreuz). Das ist die Ursache dafür, daß dieser Mensch Kritik so schwer erträgt. Der Krebs-Mond braucht für sein Wohlbefinden und seine Sicherheit die Gewißheit, daß andere ihn nicht infragestellen.

Das gefühlsmäßige Reagieren auf die Umgebung beinhaltet häufig auch das Verständnis für die Nöte der Mitmenschen. Für andere sorgen und sich um andere kümmern ist ein Charakteristikum aller Wasserzeichen. Für den Krebs-Mond gilt es aber in verstärktem Ausmaß, weil es für das kardinale Zeichen von grundsätzlicher Bedeutung ist, aktiv in der Außenwelt beschäftigt zu sein.

Das Denken ist eher ein lästiger Faktor für das Zeichen Krebs und erst recht für den Mond. Mit dem Mond im Krebs kann ein großer Respekt davor bestehen, wie andere auf scheinbar mühelose Art kommunizieren und schwierige Sachverhalte in Wort kleiden – selbst aber verfügt der Mensch über diese Fähigkeit zumeist nicht. Das «Denken» des Krebs-Mondes steht in der Gefahr, immer wieder bei den gleichen Dingen hängenzubleiben. Bestimmte Muster oder Denkbilder können ihm emotionale Sicherheit verschaffen und insofern sehr wichtig für ihn sein, auch bei dem Prozeß der Ausbildung einer Identität. Und zum Thema Glauben wäre zu bemerken, daß er selbst zwar nicht gläubig ist, aber aufgrund der verbindenden Funktion der Religion die Existenz Gottes bejaht (dies gilt auch für die Sonne im Zeichen Krebs).

Das gefühlsmäßige Bedürfnis, in emotionaler Hinsicht eine Rolle zu spielen und in der Umgebung Anteilnahme zum Ausdruck zu bringen, kann schon früh mütterliche oder väterliche Neigungen hervortreten lassen. Weil bei dem kardinalen Kreuz soviel Aufmerksamkeit auf die Umgebung gerichtet wird, kann es sein, daß diesem Menschen das «Fühlen in der Außenwelt» schon einmal zuviel wird. Dann könnte es sein, daß er als eigenes Gefühl ansieht, was doch aus der Außenwelt stammt. Ein vielleicht etwas extremes Beispiel: Eine Frau bleibt bei ihrem Mann beziehungsweise in der Ehe, obwohl die Charaktere überhaupt nicht zueinander passen; Verträglichkeit besteht nur hinsichtlich der sozialen Klasse, dem Einkommen, der Position und dem Ansehen in der Nachbarschaft – und außerdem ist der Mann der Vater ihrer Kinder. Hier wirken die äußerlichen Werte auf die Gefühle ein: Diese Frau ist sehr gut dazu in der Lage, sich mit den Umständen zu arrangieren. Dafür zu sorgen, daß in der Umgebung alles läuft, ist für den Mond im Krebs denn auch eine Notwendigkeit, um sich glücklich zu fühlen.

☿ ♋ *Merkur im Krebs*

Der Drang, Erfahrungen zu ordnen, einzuteilen und zu analysieren, kommt hier von einem rein gefühlsmäßigen und dadurch subjektiven Hintergrund aus zum Tragen. Das «Denken» ist nicht mehr rein logisch und mental, sondern wird beherrscht durch allerlei Gefühlsinhalte und innerliche Bilder. Das Vermögen, Dinge in Worte zu fassen, muß darunter nicht leiden. Allerdings ist es so, daß sich der Mensch mit einem Krebs-Merkur oft gerne bildhaft ausdrückt und unbewußt darum bemüht ist, bei anderen bestimmte Emotionen hervorzurufen.

Das Analysieren geschieht, wie bereits gesagt wurde, auf eine gefühlsmäßige Art und Weise, was aber nichts daran ändert, daß die Schlußfolgerungen in den meisten Fällen «Hand und Fuß» haben. Der Mensch mit dem Krebs-Merkur glaubt aber manchmal, daß seine Schlußfolgerungen für allen und jeden Gültigkeit haben. Aufgrund der Kardinalität vergißt er gelegentlich, daß jeder Mensch Rechte hat und daß seine Überlegungen nicht unbedingt von höherem Wert sein müssen als die der anderen.

Auch das Verbinden von Fakten geschieht von einer Gefühlsbasis aus. Dieser Mensch kann Zusammenhänge zwischen Fakten und Erscheinungen aufspüren, ohne daß dazu ausführliche Analysen notwendig sind. Es kann sein, daß dies die Notwendigkeit aufwirft, der Außenwelt Schritt für Schritt zu erklären, wie er zu seinem Ergebnis gekommen ist. Das wirklich logische oder gewissermaßen auch mathematische Denken gemäß strenger Richtlinien ist nicht seine Stärke (er kann im Gegenteil dieser Art von Intellektualität ausdrücklichen Widerstand entgegensetzen). Sein Denken ist eher bedächtig. Längst nicht alle Themen vermögen diesen Menschen zu fesseln. Er muß von seinem Gefühl her angesprochen sein, und wenn das der Fall ist, wird er auch ein gutes Gedächtnis haben (was sonst nicht unbedingt zutrifft). Vor allem emotionale Geschehnisse und Ereignisse, die Gefühle wecken – bezüglich der Gegenwart oder der Vergangenheit –, faszinieren diesen Menschen. Hiervon fühlt er sich angesprochen, und über diese Dinge spricht er auch gern mit anderen.

Daß dem Krebs-Merkur schon einmal Konservatismus vorgeworfen wird, ist von bestimmten Gesichtspunkten aus gut zu verstehen: Weil Merkur hier von einem Wasserzeichen aus seine Wirkung entfaltet, ist das Denken mit dem Aufbauprozeß einer Identität verknüpft, was immer gewisse Probleme bedeutet. Dieser Sachverhalt in Verbindung mit dem auf die Außenwelt ausgerichteten Fühlen kann sich dahingehend bemerkbar machen, daß dieser Mensch bei dem Bekannten und Überlieferten bleibt, weil ihm das ein Gefühl der Sicherheit vermittelt. Das Denken, das durch das Gefühl sehr subjektiv gefärbt ist, richtet sich von diesem Hintergrund aus tatsächlich auf den Erhalt des Bestehenden.

Da das Denken sehr bildhaft ist, besteht mit dem Merkur in einem Wasserzeichen eine große Empfänglichkeit für die Gefühlsinhalte von Märchen, Mythen, Sagen und Legenden. Alle Erzählungen und Geschichten, die etwas zum Ausdruck bringen und nicht vordergründig auf Logik basieren, sprechen diesen Menschen an.

Das kardinale Kreuz mit seiner Bezogenheit auf die Außenwelt kann diesen Menschen vor Probleme stellen, wenn es darum geht, eine Entscheidung zu treffen oder ein Urteil zu fällen. Es ist für den Krebs-Merkur schließlich von grundsätzlicher Wichtigkeit, daß er auch weiterhin Impulse aus der Außenwelt erhält. Er möchte diese Versorgung nicht gefährden, so daß es für ihn sehr schwer ist, eine Meinung zu äußern, die von der gängigen abweicht. Dasselbe gilt im Hinblick darauf, vor anderen seine Meinung zu vertreten (was auch dann der Fall sein kann, wenn er innerlich genau weiß, ob er etwas mag oder nicht. Gewissermaßen beißt er sich dann vor Ärger lieber auf die Zunge).

Bei Blockaden der Energie kann das Moment der Abhängigkeit von der Umgebung stärker hervortreten, was mit dem Problem zusammenhängt, sich eine eigene Meinung zu bilden. Andererseits unternimmt er bei Behinderungen vielleicht auch den Versuch, die Umgebung zu dominieren, insbesondere dadurch, daß er auf die ihm entgegengebrachten Sympathien setzt. Er kann dabei recht aufdringlich werden (kardinales Kreuz). Genauso gut ist aber möglich, daß dieser Mensch sich bei Schwierigkeiten in eine Traumwelt zurückzieht, aus Scheu und Angst, sich auf der kommunikativen Ebene beweisen zu müssen.

♀ ♋ *Venus im Krebs*

Das menschliche Bedürfnis nach Schönheit und Sicherheit auf materiellem und emotionalem Gebiet, wie Venus es vergegenwärtigt, drückt sich vor dem Hintergrund des Wasserzeichens Krebs vor allem in dem Bereich der Gefühle aus. Den Erlebniswert, der den Dingen emotional zugeschrieben wird, richtet sich bei der Krebs-Venus in erster Linie auf das Erhalten. Dabei spielen die Umgebung und die Außenwelt eine wichtige Rolle (kardinales Kreuz), ohne daß dies aber sofort deutlich würde. Was in der Umgebung passiert, ist für den Menschen mit der Krebs-Venus sehr wichtig, was aber nicht sofort deutlich wird (Element Wasser). Nichtsdestotrotz ist die Rolle der Krebs-Venus klar zu erkennen. Wenn die Venus aus einem Wasserzeichen heraus wirkt, hat der Betroffene zumeist das Bedürfnis, sich anderen verbunden zu fühlen. Bei der Venus im Zeichen Krebs gilt dies noch verstärkt, weil wir es hier mit dem kardinalen Kreuz zu tun haben. Das kann sich sehr positiv auswirken, weil mit dieser Stellung die Fähigkeit verbunden ist, emotional Anteil zu nehmen und zu fühlen, was vorgeht. Bei Blockaden aber kommt es dazu, daß die kardinale Energie sich auf zwanghafte Weise ihren Weg nach außen sucht. In diesem Fall kommt das Bedürfnis dieses Menschen nach emotionaler Nähe auf eine erstickende Art zum Ausdruck.

Harmonie und Schönheit werden am liebsten im kleinen Kreise erfahren, oder dort, wo die in sich gekehrte Empfindsamkeit des Elementes Wasser auf eine sichere Art in der Umgebung wirken kann. Das kann das Bedürfnis nach einer harmonischen häuslichen Atmosphäre bedeuten. Bezüglich der Überkompensation könnte es dann dazu kommen, daß sich dieser Mensch immer wieder bei sich «versteckt» beziehungsweise sich in seinen «Panzer» zurückzieht, oder daß er aus Angst vor dem Alleinsein jede Möglichkeit nutzt, sich an jemanden zu klammern.

Das Fühlen dieses Menschen wird stark durch die Umgebung bestimmt. Aufgrund des kardinalen Kreuzes ist er auf die Umwelt angewiesen; er braucht diese für seine emotionalen Impulse. Das bedeutet gleichzeitig, daß die Werte und Normen der Umgebung und die Sicherheit, die diese bieten, hier auf unbewußte Weise bestimmend sein können. Das heißt auf der anderen Seite, daß das Bedürfnis nach Liebe und Sicherheit sich auf konventionelle Weisen äußern kann. Wie dem auch sein mag – der Mensch mit der Venus im Zeichen Krebs wird sich im Hinblick auf Beziehungen nicht schnell zu Entscheidungen drängen lassen, aus dem Motiv heraus, den Kontakt zu der Außenwelt nicht durch gesellschaftlich fragwürdige Entscheidungen zu gefährden.

Wenn dieser Mensch aber nicht mehr von der Meinung der Außenwelt abhängig ist, kann er wirkliche Anteilnahme und Fürsorglichkeit aus sich heraus zeigen, ohne daß dann noch äußerliche Impulse notwendig wären. Dann würde sich diese Stellung nicht mehr in den konventionellen Eigenschaften auswirken.

Ein Wasserzeichen übernimmt im allgemeinen nicht die Initiative, was auch für die Stellung der Venus im Zeichen Krebs gilt (ungeachtet dessen, daß es sich hier um ein kardinales Zeichen handelt). Sicherlich gehen mit dieser Stellung bestimmte Gefühle einher, die der Mensch auch nicht verleugnen wird. Durch die Kombination des auf sich selbst bezogenen Elementes Wasser mit dem nach außen gerichteten kardinalen Kreuz kommt hier also eine gewisse Dualität zum Vorschein.

♂ ♋ *Mars im Krebs*

Mars als der angeborene Drang des Menschen, sich von anderen abzuheben, kommt im Zeichen Krebs auf gefühlsmäßige und emotionale Weise zum Ausdruck. Das aktive Handeln wird primär durch allerlei Gefühlsimpulse bestimmt, die nicht immer besonders zuverlässig oder auf etwas gerichtet sein müssen. Manchmal läßt dieser Mensch kaum Aktivität erkennen – für ihn selbst haben aber auch innere Bilder, Träume und Phantasien etwas mit Handeln zu tun.

Weil dieser Mensch bei der Abgrenzung gegenüber anderen auf eine gefühlsmäßige Weise verfährt, könnte er versucht sein, seine Umgebung emotional zu beherrschen oder zu manipulieren (das kardinale Kreuz steht schließlich für den Wunsch, etwas darzustellen). Andererseits könnte er sich durch bestimmte Dinge, die für ihn einen großen Gefühlswert verkörpern, aus seiner mehr oder weniger ausgeprägten Passivität geweckt sehen und zu kämpfen beginnen. Für gewöhnlich aber neigt dieser Mensch dazu, Konflikten aus dem Wege zu gehen. Die Mars-Energie ist hier zu sehr auf die Außenwelt gerichtet, als daß er es riskieren könnte, es sich mit den anderen zu verscherzen. Die äußerlichen Impulse werden außerdem vom Wasserzeichen benötigt, um optimal zum Ausdruck zu kommen.

Störungen in der Umgebung können eine sehr negative Auswirkung auf diesen Menschen haben, wobei es denkbar wäre, daß er sich dessen gar nicht bewußt ist. Er ist in den meisten Fällen sehr aktiv damit beschäftigt, für den Erhalt des als sicher und vertraut Empfundenen einzutreten. Zugleich aber besteht der Drang, sich zur Abhebung davon und zum Beweis der Individualität von diesen Dingen zu lösen. Diese widersprüchlichen Züge bedeuten, daß sich hier sowohl harmonische als auch störende Auswirkungen ergeben können.

In dieser Planetenposition steckt eine weitere Dualität: die Zurückgezogenheit und das Empfängliche des Elementes Wasser gegenüber der Ausrichtung auf die Umgebung und dem Bedürfnis, in dieser eine Rolle zu spielen. Vielleicht ist das der Grund dafür, daß der Mensch mit einem Krebs-Mars nicht so aktiv ist (außer, wenn starke Gefühlsimpulse ihn in Bewegung bringen). Er kann aber durchaus zur treibenden Kraft im Hintergrund werden. Er kann für seinen Partner oder für andere, mit denen er sich emotional verbunden fühlt, ein Ansporn sein für Leistungen oder die Entfaltung des Wesens überhaupt. Hinzufügen wäre, daß Behinderungen der Energie sich hier in Zügen von Tyrannei auswirken können (die treibende Energie muß nun einmal zum Ausdruck kommen). Umgekehrt jedoch können Hindernisse den Gang der Dinge vollständig blockieren. In diesem Fall gelangt dann keine Aktivität mehr nach außen.

Mars als aggressive Selbstbehauptung kommt in dem Zeichen Krebs einerseits aus dem Gefühl und den Emotionen heraus zum Ausdruck. Auf der anderen Seite aber müssen wir uns klarmachen, daß dieser Mensch mit seinem Geltungsdrang nicht immer behutsam mit den Gefühlen der anderen umspringen wird – obwohl er für sich selbst ein bestimmtes Ausmaß an Gefühlssicherheit unbedingt braucht. Wenn zuviele Gefühle und Emotionen auf ihn einstürmen, kann ihn das wiederum lähmen. Die Energie schlägt dann nach innen und äußert sich in verstärktem Tagträumen und Phantasien.

Der Nachteil dieser Stellung besteht darin, daß hier hochgespannte Erwartungen im Hinblick auf die Umgebung vorhanden sind, denen die Mitmenschen kaum gerecht werden können. Insofern erlebt er vielleicht immer wieder Enttäuschungen und hält sein Leben für unbefriedigend. In diesem Fall kann der Mangel an Impulsen zum vollständigen Erlahmen der Aktivität führen.

Für den Krebs-Mars gilt also, daß er sich einerseits von der Umgebung absetzen und andererseits in ihr eine Rolle spielen will. Das alles kommt von einem stark durch das Gefühl geprägten Hintergrund aus zum Tragen. Die Dualität dieses Inhaltes wird für den Menschen mit dieser Stellung im täglichen Leben deutlich fühlbar sein.

♃ ♋ *Jupiter im Krebs*

Das Bedürfnis nach geistigen und religiösen Werten wirkt hier von einem gefühlsmäßigen Hintergrund aus. Es geht dabei aber nicht so sehr um die inhaltlichen Aspekte dieser Werte (jedenfalls nicht in erster Linie) als vielmehr um die Tatsache, daß sie auf eine bestimmte Weise beschützend wirken und ein Gefühl von Geborgenheit vermitteln können. Sie halten eine Gemeinschaft zusammen und sorgen dafür, daß eine Gefühlseinheit entstehen kann, was für das Zeichen Krebs von großer Wichtigkeit ist. Wegen des kardinalen Kreuzes ist der Krebs darauf gerichtet, seine Gefühle mit der Umgebung zu teilen, was für den Krebs-Jupiter das Bedürfnis bedeutet, mit anderen zusammen religiöse und geistige Werte zum Ausdruck zu bringen. Ob der Glaube nun von hohem spirituellen Gehalt ist oder nicht, ist dabei zweitrangig. Es macht dem Krebs-Jupiter auch grundsätzlich nichts aus, wenn irgend etwas Konkretes zur Religion erhoben wird – vorausgesetzt, daß bestimmte Gefühle bei ihm wachgerufen werden und dies die Verbindung mit seiner Umgebung oder Gruppe stärkt.

Auch das Moment der Expansion geschieht beim Krebs-Jupiter vor dem Hintergrund von Gefühlswerten. Dabei ist dieses aber auf die Außenwelt gerichtet (kardinales Kreuz). Das bedeutet eine besondere Eignung für alle Gebiete, auf denen es darauf ankommt, sich in andere einzufühlen und Anteilnahme zu zeigen. Dieser Mensch kann andere bei ihrem Genesungsprozeß unterstützen oder dabei helfen, Probleme zu lösen, er kann andere dazu bringen, in der Gesellschaft voranzukommen und anderes mehr. Als Antwort auf diese Wesensäußerungen erhält er dann wieder Gefühlsimpulse, die ihm Ansporn beziehungsweise «Treibstoff» fürs Weitermachen sind. Kommt es bei der Äußerung dieser Energie als Folge von Behinderungen im Horoskop zu Blockaden, werden Inhalt und Wirkung des kardinalen Kreuzes sich auf eher aufdringliche Weise manifestieren. Es kann dann eine gewisse Sucht, sich in alles einzumischen, vorhanden sein, immer unter dem Deckmantel der Hilfsbereitschaft oder aus dem vorgeblichen Motiv heraus, über den richtigen Glauben zu verfügen (ob es sich dabei um eine anerkannte Religionsgemeinschaft, eine Sekte oder worum auch immer handelt). Mit dem Krebs-Jupiter ist das Bestreben verbunden, aus dem gefühlsmäßigen Erleben heraus an der Umgebung beteiligt zu sein. Es geht diesem Menschen in erster Linie darum, eine herausgehobene Rolle zu spielen, in der er helfen oder etwas verbessern kann.

♄ ♋ *Saturn im Krebs*

Mit dem Saturn im Krebs ist das Gefühl der schwache Punkt. Der Lernprozeß durch Schmerz spielt sich hier im Gefühlsleben ab. Die eigenen Grenzen werden häufig auf schmerzhafte Weise erfahren, und Probleme und Schwierigkeiten sind Bestandteil des Aufbauprozesses des Egos. Das Bedürfnis nach emotionaler Sicherheit ist groß, und in der Tat sucht dieser Mensch intensiv nach Sicherheit außerhalb seiner selbst (kardinales Kreuz). Aber gerade deshalb, weil diese Suche hier so zwanghafte Züge hat und mit vielen Ängsten einhergeht (zum Beispiel der Angst, daß er niemals das Bedürfnis nach Sicherheit wird befriedigen können), ist das Verhalten gegenüber der Außenwelt oftmals widersprüchlich. Einerseits ist es stark auf emotionale Teilnahme gerichtet, andererseits ist es geprägt von den verschiedensten Abwehrmechanismen. Dies kann die Verbindung zu anderen erschweren oder sogar verhindern. Die Angst und das Gefühl von Einsamkeit und emotionaler Unzulänglichkeit machen jemanden mit dem Krebs-Saturn schnell geneigt, sich hinter einer Schutzmauer zu verstecken, was verhindern soll, daß sich problematische Gefühle bemerkbar machen. Die damit verbundene Haltung wird dann auch wieder die Umgebung davon abhalten, mit Gefühlen zu reagieren, was zu einer Verstärkung der Isolation führt. Ist dies nicht der Fall und werden ihm trotz allem Gefühle entgegengebracht, die ihn in seinem Selbstgefühl bestärken könnten, kann es sein, daß diese dann an der Mauer abprallen. Aber auch das eigene Bedürfnis, der Umgebung Wärme zu schenken, wird durch diese Mauer verhindert. Die Außenwelt erlebt diesen Menschen dann als kühl und unbeteiligt und anderes mehr – und im Grunde ist doch nichts weniger zutreffend. Er hat ein außerordentlich starkes Bedürfnis, Wärme zu geben und zu empfangen, weil er sich mit seiner Umgebung emotional verbunden fühlen möchte. Aber dem stehen Hindernisse im Weg, die überwunden werden müssen.

Kommt Saturn im Krebs jedoch zu der Einsicht, daß die Angst aus einer innerlichen Unsicherheit und weniger aus den äußerlichen Gegebenheiten resultiert, kann er den Mut fassen, seinen «Panzer» abzulegen. Dann wird er sich als treuer, geradliniger und warmherziger Mensch entpuppen, der seine Gefühle nicht verdrängt, aber auch nicht auf übertriebene Weise zum Ausdruck bringt. Solange er aber hinter seiner Mauer bleibt, kann er das Bedürfnis haben, sich immer weiter von der Umgebung abzuschirmen oder sich auf der anderen Seite immer intensiver an dieser festzuklammern, was auf die Mitmenschen bedrückend wirken könnte. Dieses zwanghafte Moment kommt solange in der Psyche des Menschen mit dem Krebs-Saturn zum Ausdruck, bis die Blockaden überwunden sind.

♅♆♇ ♋ *Uranus, Neptun und Pluto im Krebs*

Diese drei Planeten sind in unserem Jahrhundert durch das Zeichen Krebs gelaufen, was im Hinblick auf das Gefühlsleben zu mehr oder weniger unbewußten Veränderungen geführt hat. Die innerliche Neigung zum Durchbrechen der Form und das Bedürfnis nach Originalität (Uranus), das Bestreben, die Form zu verfeinern, aufzulösen oder zu transzendieren (Neptun) und der Drang, Macht, Konfrontation und Transformation zum Ausdruck zu bringen (Pluto), wirken im Krebs von einem gefühlsmäßigen Hintergrund aus, allerdings auf eine Weise, die auf die Außenwelt gerichtet ist.

Als erstes kam in diesem Jahrhundert **Neptun** in das Zeichen Krebs. Insofern waren zu Beginn dieses Jahrhunderts bestimmte irreale, aber auch verfeinernde Tendenzen zu beobachten, wie zum Beispiel elegante Kunstformen wie der Jugendstil. Überhaupt bedeutete dies eine bestimmte Sanftheit im Hinblick auf die Gefühlswelt und die Emotionen.

Pluto hat, was die Gefühle von Sicherheit betrifft, außerordentlich viel verändert. Es ist denn auch nicht zufällig, daß viele Menschen, die einen oder auch beide Weltkriege mit den damit verbundenen schweren Erfahrungen mitgemacht haben, diese Horoskop-Stellung aufweisen. Pluto kann aber zugleich anzeigen, daß aus dem Unbewußten Kraftreserven aufsteigen, wodurch Menschen in schwierigen Zeiten unter Beweis stellen konnten, was sie wert waren. In der Zeit, als Pluto durch das Zeichen Krebs lief, mußte sich die Menschheit mit radikalen Veränderungen der bis dahin gültigen Gefühlswerte auseindersetzen. (Der Übergang in das Zeichen Löwen zeigte dagegen an, daß sich die nächste Generation auf eine neue Art zum Ausdruck bringen mußte, auf eine Art und Weise, die auf noch kaum erprobten Werten beruhte. Dies brachte die Herausstellung der eigenen Individualität in den Vordergrund. Möglich war dies erst dann, als in gefühlsmäßiger Hinsicht der Boden durch Pluto im Krebs bereitet worden war,

Uranus hat als letzter dieser drei Planeten das Zeichen Krebs durchlaufen. Er baute sozusagen weiter auf dem Muster auf, das vom Pluto-Transit nach oben geholt worden war. Das Bedürfnis nach Individualität, wirkend aus dem Gefühl heraus, kann zwar auf der einen Seite zu Unsicherheit Anlaß geben, auf der anderen Seite aber dazu ermutigen, nach neuen Formen zu suchen. Durch neue Werte und Auffassungen konnten sich auch im Hinblick auf die Familienstruktur sowie deren Zusammenhang mit der

Gesellschaft Erneuerungen ergeben. Das Individuum war aufgrund der neuen Werte auf eine immer bessere Weise in der Lage, im Rahmen der gefühlsmäßigen Sicherheit eine individuelle Entwicklung zu nehmen. Die Gefahr dabei lag darin, daß die Familie nun nicht mehr die Wärme wie zuvor bot und weniger Gemeinschaftsgefühl vermittelte. Die Menschen, die mit dem Uranus im Krebs geboren sind, suchen in ihrem Leben nach Erneuerungen auf diesem Gebiet, wobei es viel zu gewinnen, aber auch viel zu verlieren gibt.

Wasser und das fixe Kreuz: Skorpion

(Inferiores Element: Luft)

☉ ♏ *Sonne im Skorpion*

Die Tatsache, daß aufgrund des fixen Kreuzes so tief von innen heraus empfunden wird (Element Wasser), bestimmt zu einem großen Teil den Lebensweg des Menschen mit der Skorpion-Sonne. Durch das fixe Kreuz ist die psychische Energie nach innen auf das Unbewußte gerichtet, und alle Inhalte aus dem Unbewußten kommen immer und immer wieder nach oben; sie werden immer wieder durchlebt und verarbeitet. In diesem Verarbeitungsprozeß spielt die Gefühlsfunktion des Elementes Wasser die Hauptrolle.

Der Skorpion-Mensch nähert sich der Welt von seinem Gefühl aus; er beurteilt Situationen, Ereignisse und – was auch wichtig ist – seine Mitmenschen auf eine gefühlsmäßige Weise. Aufgrund der Tatsache, daß er vom Element Wasser geprägt ist, besteht eine große Empfindlichkeit für Impulse aus der Außenwelt. Das Ego ist zumindest anfänglich nicht allzu stark ausgeprägt, und dieser Mensch fürchtet sich davor, daß er von allem und jedem angegriffen wird – ob diese Furcht nun berechtigt ist oder nicht. Andererseits spielt beim Zeichen Skorpion das fixe Kreuz eine so starke Rolle, daß es die so wichtigen Impulse aus der Außenwelt nach innen holt und tief im Inneren zu verarbeiten versucht. Weil bei dem fixen Kreuz das inferiore Element Luft nach oben geholt wird, kann dieser Mensch den Eindruck erwecken, die Welt von einem intellektuellen Standpunkt aus zu betrachten. Auch wenn dies nicht ganz falsch ist, muß doch ergänzt werden, daß das Denken hier von einer Basis ausgeht, die vom Gefühl beherrscht ist, und daß es niemals auf so differenzierte Weise wie das Gefühl zum Ausdruck kommt. Das alles bewirkt, daß dieser Mensch Erfahrungen tief in sich aufnimmt und – wie es bei allen fixen Zeichen der Fall ist – seine Zeit braucht, um diese zu verarbeiten. Die eher passiven Wasserzeichen lassen im allgemeinen nicht erkennen, womit sie beschäftigt sind, dem Skorpion aber kann man sehr gut ansehen, wenn er über etwas «brütet» oder ihm etwas «im Magen» liegt. Die Umgebung fühlt, daß er sich dann mit etwas auseinandersetzt.

Durch das in sich Gekehrte des fixen Kreuzes fällt es diesem Menschen schwer, seinen Gefühlen Ausdruck zu verleihen – was der Grund dafür ist, daß man den Skorpion manchmal als intellektuell einschätzt. Die Kühle oder auch das Vermögen zur logischen Erörterung maskieren nur ein tiefes und fast unglaublich differenziertes Gefühlsleben. Der Skorpion weiß um seine emotionale Verletzlichkeit, und das ist der Anlaß dafür, daß er zur Überraschung seiner Mitmenschen manchmal sehr aggressiv und streitlustig auftritt. Die an den Tag gelegte Aggression ist dann eine Äußerung der insgeheim empfundenen Unsicherheit. Das Element Wasser, das so leicht von der Außenwelt zu beeindrucken und zu beeinflussen ist, im Zusammenspiel mit dem fixen Kreuz, das immer wieder die unbewußten Inhalte – wenn auch nur für kurze Momente – ins Bewußtsein holt: Das alles sind Faktoren, die diesen Menschen verunsichern und ihn dazu bringen können, an bestimmten Zügen festzuhalten (zum Beispiel an einer tatsächlichen oder vermeintlichen Identität). Dies hat auch zur Folge, daß der Skorpion manchmal sehr ehrgeizig oder auch streberhaft ist oder einen deutlich ausgeprägten Geltungsdrang besitzt. Dieser Mensch ist eigentlich immer dabei, seinen Wert und seine Identität unter Beweis zu stellen. Insofern ist sein Geltungsdrang nicht so sehr auf das Erreichen einer gesellschaftlich wichtigen Position gerichtet – was natürlich auch möglich wäre –, sondern mehr auf allgemeinere Dinge wie zum Beispiel die Freizeit, die Familie, das Alltagsleben oder vielleicht auch das Okkulte.

Das inferiore Denken, das beim Skorpion schon einmal einen zwanghaften Eindruck macht (fixes Kreuz), bedeutet hier häufig das Bedürfnis, die Dinge in eine Ordnung zu bringen und Punkt für Punkt zu analysieren. Der innerliche Weg aber, der die bestmögliche Entfaltung der Persönlichkeit verspricht, liegt auf dem Gebiet des Fühlens beziehungsweise der Emotionen. Es ist hier zwar bezüglich des Fühlens eine große Tiefe erreichbar (das Element Wasser in Kombination mit dem fixen Kreuz) – das inferiore Denken aber wird ständig seinen verunsichernden Einfluß geltend machen. Dies wiederum versetzt den Skorpion in die Lage, sich aus der eigenen Unsicherheit heraus damit zu befassen, was andere verunsichert. Er wird hier viel Erfolg haben – auch wenn er im Einzelfall vielleicht einmal mehr wittert, als tatsächlich vorhanden ist. Das im allgemeinen so natürlich wirkende Gefühl kann hierbei zutiefst vom inferioren Denken beeinflußt werden, was außerordentlich viel Subjektivität zur Folge hätte. Vor diesem Hintergrund ist es verständlich, daß die Analysen und Ableitungen, die der Skorpion von sich gibt, nicht unbedingt immer so logisch sind, wie es zunächst scheinen mag. Sein Bewußtsein hat schließlich recht wenig Zugriff auf das Denken. Die entscheidene Rolle spielen die Gefühlswerte.

In seinem Bedürfnis, sich und andere kennen und verstehen zu lernen, legt der Skorpion ein großes Beharrungsvermögen an den Tag. Mit dieser Intensität dringt er immer tiefer vor, womit eine Art von spiralförmiger Bewegung entsteht, die von diesem Menschen erst dann gestoppt wird, wenn er da ist, wo er hinwollte. In dieser Hinsicht könnte er eine «Alles–oder–Nichts–Einstellung» zeigen, welche bei Behinderungen der psychischen Energie möglicherweise zu Gewalttätigkeit, Vernichtungsdrang oder übermäßigem Machtstreben führt. Bei positiver Kanalisierung dieser Energie kann aber auch eine tiefe Einsicht in das Leben und in den Menschen die Folge sein.

Die doppelte Unsicherheit (die verunsichernden Inhalte aus dem Unbewußten und die Empfindsamkeit gegenüber der Außenwelt) führen zu Wachsamkeit oder auch zu Mißtrauen beim Skorpion. Hiermit hängt auch zusammen, daß sich dieser Mensch nach einer unangenehmen Bemerkung oder Erfahrung schnell in sich zurückzieht. Er muß diese in der Folge erst einmal verarbeiten. Eine Zeitlang kann es dann den Anschein haben, daß dieser Mensch teilnahmslos und unzugänglich ist – was aber nicht zutrifft: Im Inneren ist er auf das intensivste mit sich und den Geschehnissen beschäftigt. Diese starke innerliche Aktivität führt auch zu dem Vorwurf, daß der Skorpion egoistisch ist und nur an sich denkt. Wenn wir uns aber klarmachen, auf welche Weise er die Dinge betrachtet und verarbeitet, wissen wir es besser. Dieser Mensch ist nicht bewußt egoistisch, und es ist notwendig für ihn, so dicht wie nur möglich bei sich zu bleiben. Hat er sich einmal eine bestimmte Idee zu eigen gemacht oder einen bestimmten Entschluß gefaßt, hinter dem er wirklich voll und ganz steht, ist ihm nichts zuviel, seine emotionale Verbundenheit mit dieser Sache zu zeigen. Das fixe Kreuz kann ihn dann bei der Verteidigung der betreffenden Werte genauso halsstarrig machen wie den Stier. Daß dies mit starken Sympathien und Antipathien einhergehen kann, dürfte klar sein. Für den Skorpion kommt es vor allem darauf an, die Welt auf eine intensive Weise von den Gefühlen her zu erleben. Diese ist bestimmt von der Unsicherheit, die er im Inneren empfindet und die er um jeden Preis überwinden will.

☽ ♏ *Mond im Skorpion*

Das unbewußte emotionale Verhalten dieses Menschen ist von einer tiefen Intensität erfüllt. Der Mond in einem Wasserzeichen bedeutet immer ein stark entwickeltes Gefühlsleben – im Skorpion kommt aber noch die Intensität des fixen Kreuzes hinzu, was den Emotionen einen großen Reichtum und eine große Tiefe geben kann. Allerdings bedeutet dies zugleich, daß dieser Mensch seine Gefühle nicht erkennen läßt. Er empfindet nicht den geringsten Drang zu zeigen, was in ihm vorgeht. Dies hat seinen Grund vor allem in der Unsicherheit, die mit diesem Mondstand einhergehen kann. Das fixe Kreuz bedeutet nämlich, daß das Fühlen mit der inferioren Funktion des Denkens verbunden ist. Das kann Gefühle der Unterlegenheit hervorrufen, die gerade hier so fatal sein können, weil dieser Mensch so eifrig danach strebt, sich durch die eigene Haltung Sicherheit zu schaffen. Wenn dieser Mensch für sich Sicherheit schaffen möchte, kann Unsicherheit die Folge sein. Vielleicht hängt es hiermit zusammen, daß diese Stellung in der Astrologie seit alters her nicht geschätzt wurde. Allerdings wurden dann hierbei auch die anderen, positiveren – wenn auch nicht einfacheren – Züge übersehen.

Der Mensch mit dieser Mondstellung setzt sich mit allem ein, was er hat, wenn er sich mit einer Sache gefühlsmäßig verbunden fühlt. Er ist dann bereit, für diese durchs Feuer zu gehen. Wegen seiner Unsicherheit möchte er aber hierfür Anerkennung erhalten. Es geht ihm vor allem um die innere Sicherheit, was insbesondere dadurch bewiesen wird, daß ihm die Belohnung an sich nicht sehr viel bedeutet. Nur das Gefühl, durch die eigene Person etwas darzustellen, ist von grundsätzlicher Wichtigkeit. Es befriedigt den Skorpion-Mond also nicht unbedingt, eine wichtige gesellschaftliche Rolle zu spielen (wie es beim kardinalen Kreuz der Fall war).

Kommt es hier zu Blockaden oder wird dieser Mensch von seiner Umgebung nicht verstanden, berührt das bei ihm einen wunden Punkt. Es kann sein, daß er sich dann tief verletzt in sich zurückzieht. Seine große Empfindlichkeit auf der einen und die Unsicherheit auf der anderen Seite machen ihn – wie denjenigen, der die Sonne im Skorpion hat – mißtrauisch und abwartend. Das fixe Kreuz kann dies noch verstärken; es kann sein, daß mit ihm die problematischen Erfahrungen sehr lange im Inneren nachwirken. Die Unsicherheit im Hinblick auf die Gefühle in Kombination mit dem intensiven innerlichen Erleben kann diesem Menschen die Idee geben, daß er seine Ungewißheit unter allen Umständen vor den anderen verbergen muß. Hiermit kann es zusammenhängen, daß er in manchen Fällen auf außerordentlich hartnäckige Weise für etwas Stellung bezieht. Und von da her überrascht es auch nicht mehr, daß er selbst nach langer Zeit noch zu Vergeltungsschlägen ausholen kann, um sich für einmal erlittenes Unrecht zu «rächen» (ob seine Einschätzung dabei zutrifft oder nicht). Die andere Partei hat dann vielleicht schon längst vergessen, worum es eigentlich ging. Hat aber jemand diesem Menschen einen Dienst erwiesen, wird er seinerseits mit Dank rechnen können. Auch hier könnte soviel Zeit vergangen sein, daß sich derjenige, dem der Dank gilt, gar nicht mehr erinnert, was der Anlaß für die Freundlichkeit ist. Für den Menschen mit dem Skorpion-Mond werden diese Erlebnisse sein Leben lang gegenwärtig bleiben. Mit dieser Stellung kann eine überaus große Treue und Anhänglichkeit verbunden sein – im allgemeinen allerdings erst dann, wenn dieser Mensch die eigene Unsicherheit und das etwas problematische Verhältnis zur Außenwelt in den Griff bekommen hat.

Das Bedürfnis, etwas zu sein und etwas zu bedeuten, ist groß. Auch bei Blockaden wird es sich auf die eine oder andere Weise manifestieren. Es können hier sehr viele Schwierigkeiten aus überkompensierendem Verhalten entstehen. Es ist hier an Verhaltensformen zu denken, die sich entweder auf den soziokulturellen oder den familiären Bereich beziehen. Was die Familie angeht, könnte es sich bei dem Menschen mit dem Skorpion-Mond um jemanden handeln, der sehr dominant oder auch tyrannisch gegenüber dem Partner und/oder den Kindern eingestellt ist. Selbst physische Gewalt könnte hier eine Rolle spielen. Die Themen Untreue, Erniedrigung, Ungehorsamkeit sind hier möglicherweise von großer Bedeutung. Eine extreme Manifestation wäre in dieser Beziehung das «Verbrechen aus Leidenschaft». Bei diesem handelt es sich ja letztlich um den (verzweifelten) Versuch, das mit so vielen Schwierigkeiten erworbene Gefühl von Identität, welches verletzt worden ist, wiederherzustellen. Bei Blockaden kann allerdings die plötzliche hervorbrechende Aggressivität seitens der Mitmenschen wiederum so negative Reaktionen hervorrufen, daß der Mensch von seinem Ziel der Ich-Bestätigung und Sicherheit weiter entfernt ist denn je. Und wenn man von der Umgebung ausgeht, ist es so, daß nur wenige gewußt haben dürften, was in diesem Menschen vor seinem Ausbruch losgewesen ist.

Mit dem Skorpion-Mond besteht das Bedürfnis, das Leben aus einem Gefühl der Intensität heraus zu erleben, womit aber häufig verunsichernde Emotionen verbunden sind. Vor diesem Hintergrund wird verständlich, warum dieser Mensch ein so starkes Bedürfnis nach Wertschätzung und Verständnis für das hat, was er tut und leistet. Hierbei handelt es sich um das, was ihn antreibt und ihm Kraft gibt. Was er sucht, ist der emotionale Anschluß an eine Umgebung, die ihn zu schätzen weiß.

☿ ♏ *Merkur im Skorpion*

Die Antriebskraft, Erfahrungen zu ordnen und zu analysieren – wie vom Planeten Merkur widergespiegelt –, wirkt im Zeichen Skorpion von einem gefühlsmäßigen Hintergrund aus. Das Bedürfnis nach Ordnung und Analyse findet bei dem fixen Kreuz in den Tiefen der Psyche statt. Es kommt hier zur Konfrontation mit dem inferioren Element Luft. Insofern wird diese Stellung auch durch das inferiore Denken geprägt, was zur Folge hat, daß es nicht besonders ausdifferenziert ist. Infolgedessen besteht mit dem Skorpion-Merkur zwar auf der einen Seite das Bedürfnis, Dinge und Faktoren der Umgebung auf eine Art zu ordnen, die auf Gefühlen und Emotionen beruht, auf der anderen Seite aber der Drang, sich den Geschehnissen von einem Standpunkt der Logik und der systematischen Vorgehensweise aus zu nähern. Das alles bedeutet, daß der Mensch mit dieser Planetenstellung in Extreme verfallen kann. Möglicherweise handelt es sich hier um jemanden, der von seinen Gefühlen aus ein außerordentlich nuanciertes Bild zeichnen kann, welches zwar sehr subjektiv, nichtsdestotrotz aber stimmig ist. Genauso gut denkbar wäre aber, daß sich der betreffende Mensch anderen oder einer bestimmten Situation gegenüber durch eine grenzenlose Neugier, Starrsinn oder durch Machtstreben auszeichnet.

Wir haben es hier mit dem fixen Kreuz zu tun, was eine Unsicherheit des Gefühls und das Bedürfnis bedeutet, die Dinge gemäß ihrem tiefsten Wesen kennenzulernen. Es kann sein, daß sich diese Person so intensiv mit den Dingen beschäftigt und alles solange analysiert, bis nichts mehr übrig ist. Das geschieht nicht, wie beispielsweise bei der Jungfrau, dadurch, daß alles fein säuberlich aufgeteilt und Stück für Stück unter die Lupe genommen wird. Beim Skorpion-Merkur geht es vielmehr darum, daß immer wieder über das Ganze nachgedacht, um nicht zu sagen «gebrütet», wird. Auf diese Weise werden die Dinge stets wieder aufs neue gefühlsmäßig erlebt. Dieser Prozeß wiederholt sich so lange, bis der Mensch dann mit einem Mal weiß, woran er ist. Dann aber hat er die Erkenntnis auf einer so tiefen Ebene gewonnen, daß er sie nie wieder vergessen wird. Der Mensch mit dem Skorpion-Merkur könnte, während er diesen Prozeß durchmacht, nach außen hin einen passiven oder gar trägen Eindruck vermitteln – in seinem Inneren aber ist er aufs intensivste beschäftigt.

Derselbe Mechanismus erklärt, warum dieser Mensch an der einmal gefaßten Meinung oder Überzeugung so stark festhält (und zwar um so stärker, je mehr ihn diese emotional berührt). Wenn er auf diesem Gebiet eine bestimmte Unsicherheit fühlt (beispielsweise bei der Konfrontation mit dem inferioren Element Luft), kann er sogar schroff und brüsk reagieren und aggressiv werden. Das, was ihm wirklich etwas bedeutet, läßt er nicht so schnell los.

Wenn dieser Mensch den Mut aufbringt, das, was in ihm vorgeht, ehrlich zu erforschen, kann er damit zu tiefen Einsichten gelangen. In diesem Fall wird er in seinen Worten vielleicht zu einem mehr oder weniger ausgeprägten Sarkasmus neigen, was aber nur ein Zeichen dafür ist, daß er die Tricks und Schliche seiner Mitmenschen durchschaut. Wer Kontakt mit ihm hat, wird sich daran gewöhnen müssen, daß er seinen Finger genau auf den wunden Punkt legt.

Diese Stellung zeigt ein nach innen gerichtetes und auf Gefühlsimpulse reagierendes Wesen an. Insofern bietet der Skorpion-Merkur eine gute Ausgangsbasis für tiefschürfende Untersuchungsarbeit, für das Okkulte und das (Para-)Psychologische. Dieser Mensch kann davon besessen sein, die verborgenen Motive seiner Mitmenschen zu erforschen. Vielleicht folgt er hier auch seinem inferioren Denken. Wie dem auch sein mag – er wird weiter als jeder andere kommen, wenn er sich auf seine Intuition und seine spontan aufsteigenden Ahnungen verläßt. Das Gefühl ist bei ihm am stärksten ausgeprägt, und er sollte erst später darangehen, logisch zu begründen, warum er dieses oder jenes getan hat.

Auch in seiner Art und Weise, Erlebnisse und Fakten zu ordnen, sowie in seinem Denken und Kommunizieren ist er immer auf der Suche nach sich selbst. Er kann dadurch schon einmal polarisierend wirken. Durch die Polarisierung sieht er sich selbst im Kontrast zu den anderen. Durch die verbale Auseinandersetzung – mit oder ohne Boshaftigkeit geführt – kann er sein Können, seine Identität oder auch seine Überlegenheit beweisen. Er kann mit diesen Eigenschaften in der Politik oder in einem anderen soziokulturellen Zusammenhang für eine Menge Unruhe sorgen, aber auch zum Sprachrohr für unterdrückte Minderheiten werden. Mit dieser Stellung ist es dem Menschen möglich, aus emotionaler Betroffenheit heraus alles in Worte zu fassen.

♀ ♏ *Venus im Skorpion*

Aus dem Zeichen Skorpion heraus kommt das menschliche Bedürfnis nach materieller und emotionaler Sicherheit sehr intensiv zum Ausdruck. Das Gefühlserlebnis ist stark, aber unsicher, was im Hinblick auf das venusische Sicherheitsbedürfnis Probleme bereitet. Dieses Bedürfnis beruht auf der Erkenntnis, daß Sicherheit nicht von vornherein gegeben ist. Aufgrund des skorpionhaften Mißtrauens und Argwohns kann es hier schnell zu

Überkompensationen kommen. Gerade aus diesem Sicherheitsbedürfnis auf emotionalem Gebiet heraus kann dieser Mensch seine eigene Sicherheit aufs Spiel setzten. Konkret kann sich das bei der Skorpion-Venus in der häufig erwähnten Eifersucht äußern. Eifersucht entsteht durch Gefühle der Unsicherheit – bestünde Gewißheit hinsichtlich der Emotionen, wäre jeder Eifersucht der Boden entzogen. Die Angst aber, die hiermit einhergeht, kann dem Auftreten dieses Menschen zwanghafte Züge verleihen und ihn bedingungslose Treue fordern lassen – Treue bis in den Tod, wie man gelegentlich sagen hört. Mit dieser Stellung können sowohl sehr starke Gefühle der Sympathie, aber auch der Abneigung verbunden sein.

Venus als Symbol des Wunsches nach Anteilnahme und harmonischen Beziehungen zu der Umgebung hat es gewissermaßen im Skorpion schwer. Diesem Menschen bereitet es Probleme, seine Hand auszustrecken – obwohl er sich vielleicht nach nichts mehr sehnt als nach Wärme und Aufmerksamkeit. Bedingung hierfür ist, daß er selbst seinen Panzer, den er sich zum Schutz für den Alltag zugelegt hat, aufmacht. Ohne diese Öffnung können seine Emotionen nicht zu den Mitmenschen durchdringen. Das ist auch der Grund dafür, daß der Mensch mit dieser Planetenstellung häufig kühl und emotionslos wirkt, was aber überhaupt nicht seinem wahren Wesen entspricht. Wenn er aber sich wirklich geöffnet hat, hat er viel Wärme und Anteilnahme zu geben.

Auch das Bedürfnis nach Harmonie und Schönheit wird hauptsächlich im Inneren erfahren – die Mitmenschen werden davon nicht viel mitbekommen. Das Vereinigen der Gegensätze geschieht, soweit es geht, ebenfalls auf der innerlichen Ebene. Das fixe Kreuz konfrontiert dieses Wasserzeichen immer wieder mit Gefühlen der Unsicherheit, was konkret heißt, daß Zustände des emotionalen Gleichgewichts nicht für längere Zeit Bestand haben. Es wäre zum Beispiel auch denkbar, daß die Heirat oder das Zusammenleben von Mann und Frau polarisierend wirkt. Wie dem auch sein mag – es herrscht hier aufgrund der Tatsache, daß das Bedürfnis nach Sicherheit kontraproduktiv wirkt und erst recht Gefühle der Unsicherheit aufkommen läßt, ein mehr oder weniger dauerhaftes Dilemma. Bezüglich der Treue oder dem Vertrauen führt dies vielleicht zu ernsten Problemen. Bei Behinderungen können sowohl das Bedürfnis nach Sicherheit als auch die Erkenntnisse, die der Mensch hier gewonnen hat, Überkompensationen unterschiedlichster Auswirkung haben. Betrug, körperliche Gewalt, das Abbrechen einer Beziehung wäre vorstellbar oder auch eine Entwicklung, in der man sich dem Partner allmählich entzieht. Die Intensität des gefühlsmäßigen Erlebens kann jedoch grundsätzlich auch für ein erfülltes und befriedigendes erotisches Leben stehen.

Die innerliche Unruhe, die brodelnde Gefühlswelt, das flammende Bedürfnis nach Wärme und die Probleme, über den eigenen Schatten zu springen, bedeuten die Möglichkeit, Spannungen auf eine künstlerische Weise zum Ausdruck zu bringen – wobei Kunst hier im weitesten Sinne des Wortes verstanden werden muß. Dieser Mensch ist dazu imstande, emotionale Tragödien zu verarbeiten. Das fixe Kreuz verlangt für diesen Prozeß seine Zeit, und die schöpferische Tätigkeit kann in diesem Zusammenhang Linderung bieten.

♂ ♏ *Mars im Skorpion*

In dem Menschen mit dem Skorpion-Mars kommt das Bedürfnis, sich von anderen abzugrenzen und die eigene Individualität zu beweisen, auf eine eher verhaltene Art (fixes Kreuz) und im Rahmen von Gefühlen (Element Wasser) zum Ausdruck. Die starke Ausrichtung auf die Gefühle verleiht diesem Menschen die Fähigkeit, sich mit seinem gesamten Wesen für die Sache einzusetzen, hinter der er emotional steht. Dieser Mensch wird zielstrebig und mit Hingabe für seine Aufgabe arbeiten, und er kann dabei Berge versetzen. Mit dem fixen Kreuz und seiner tiefen Anteilnahme macht er die Sache gewissermaßen in seinem tiefsten Inneren zu einem Teil seines Wesen. Er kann dabei sogar soweit gehen, daß er eine ganze Weile an nichts anderes mehr denkt. Daß er in diesem Prozeß eine sehr stark gerichtete und konzentrierte Energie entfalten kann, versteht sich von selbst. Das macht den Skorpion-Mars zu einer Kraft, die gesellschaftlich von sehr großem Wert sein kann – wenn erst einmal eine gewisse Bewußtheit über diese Energie erlangt wurde. Arbeitet dieser Mensch «gegen den Strich», müssen wir uns darauf gefaßt machen, daß sich hier Probleme ergeben könnten. Dieser Mensch rückt keinen Fingerbreit von seiner Position ab, wenn er weiß, daß die Sache es wert ist. Das gilt auch dann, wenn es seinen Untergang bedeuten sollte.

Die Tatkraft und die Energie äußern sich bei dieser Stellung mit großer Heftigkeit und Intensität. Mit dem fixen Kreuz möchte der Mensch die Dinge im Griff behalten. Mit dem Skorpion-Mars gibt er alles für diejenigen hin, die er gefühlsmäßig schätzt (Element Wasser). Demjenigen, dem seine Antipathie gilt, wird er hart zusetzen.

Ebenso wie bei den anderen Planeten im Skorpion ist auch bei Mars hier ein Moment der Unsicherheit und des Suchens gegeben. Durch das fixe Kreuz drängt sich das inferiore Element immer wieder dem Bewußtsein auf, was eine schwächende Auswirkung hat. Letzteres steht auch im Widerspruch zu der Tatsache, daß der Mensch mit dieser Mars-Stellung gerade beweisen will, wie sicher er sich seiner Sache ist. Hier besteht also eine große Anfälligkeit für Überkompensationen. Vielleicht ist dies der Grund dafür, daß bei dieser Stellung von jeher von großem Geltungsdrang und Ehrgeiz und viel Aggressivität gesprochen wird, wie auch von dem Bedürfnis, sich auf sexuellem Gebiet zu beweisen. Letzteres wird oft hervorgehoben, es ist aber nur ein Teil des umfassenderen Dranges, sich aus der eigenen inneren Unsicherheit heraus zur Geltung zu bringen. Insofern kann es nicht für sich allein betrachtet werden. Es muß also nicht in allen Fällen beim Skorpion-Mars zu heftigen sexuellen Aggressionen kommen. Die Kombination vom Element Wasser und dem fixen Kreuz kann im Gegenteil sehr viel Selbstbeherrschung verleihen. Diesem Menschen merkt man es denn auch nicht unbedingt an, wenn er wütend ist – er behält viel in seinem Inneren für sich. Wenn er aber einmal explodiert, wird die Detonation weithin vernehmbar sein. In diesem Fall werden sich die über Jahre hinweg angestauten Kränkungen mit einem Schlag entladen.

Beim Skorpion-Mars geht es darum, daß der menschliche Drang nach Selbstbehauptung und Selbstdarstellung von einem sehr empfänglichen Gefühl und der Unsicherheit des fixen Kreuzes aus mit gewissen Problemen verknüpft ist. Dieser Mensch muß mehr als andere darum kämpfen, ein Gefühl von Identität zu erfahren. Blockaden können hier sehr starke Überkompensationen zur Folge haben. Was die konstruktive Nutzung der Energien angeht, sind Einsatzbereitschaft, Entschlossenheit, Treue und Willenskraft anzuführen. Diese Eigenschaften stehen dem Menschen mit dem Skorpion-Mars zur Verfügung, um seine anfängliche Unsicherheit zu überwinden.

♃ ♏ *Jupiter im Skorpion*

Wenn hier auch nicht in allen astrologischen Lehrbücher positive Beschreibungen gegeben werden, handelt es sich doch um eine recht günstige Stellung. Das expansive Moment von Jupiter kommt hier in stofflicher Hinsicht nicht so schnell zum Ausdruck, und vielleicht ist es diese Tatsache, die zur mangelnden Würdigung führt. In seinem Bedürfnis nach Ausbreitung und Expansion holt der Mensch mit dieser Stellung seine Erfahrung nach innen (fixes Kreuz). Insofern wirkt diese Stellung nicht in die Breite, sondern in die Tiefe, was früher oder später zu viel Weisheit führen kann. Das Gefühl (Element Wasser) ist hier ebenfalls ein starker Faktor, so daß wir hier von einem Bedürfnis nach Erweiterung und Verbreiterung auf der innerlichen beziehungsweise psychologischen Ebene sprechen können. Es geht um das Bedürfnis, sich selbst und andere kennenzulernen und Einsicht in die Motivationen von Menschen zu bekommen – letztendlich also darum, das Leben selbst zu erkennen. Die geistigen und religiösen Werte sind dementsprechend geprägt.

Äußerlicher Pomp bedeutet diesem Menschen nichts. Ihm geht es immer um den Kern der Dinge. Erst bei der Blockierung dieser Energie könnte es passieren, daß er durch die Betonung des Äußerlichen innere Werte zu übermitteln versucht. Dies geschieht dann aus der Angst beziehungsweise der Unsicherheit heraus, ob die Botschaft, die Lehre oder die Moral ohne «Verpackung» überhaupt ankommt.

Die Konfrontation mit dem inferioren Element Luft bedeutet, daß dieser Mensch auf der Suche ist. Jedesmal, wenn er gefühlsmäßig eine bestimmte Überzeugung gewonnen hat, will er diese auch auf logische Weise erklären. Bei diesem Versuch stößt er immer wieder auf neue Faktoren, die berücksichtigt werden müssen. Hieraus kann sowohl Einsicht und Verständnis resultieren als auch das Wissen, auf welche Art Menschen manipuliert werden können. Mit dem Skorpion-Jupiter besteht das Bedürfnis, das ganze Leben zu verstehen – vor allem aber, worin die eigene Rolle in diesem liegt. Durch das fixe Kreuz wird dieser Mensch sich immer wieder mit seinen Erfahrungen auseinandersetzen. Das kann zur Folge haben, daß ihm ein paar äußerliche Details entgehen. Allerdings wird er sich niemals darüber täuschen lassen, was der Kern der Erfahrung war. Sein Interesse an dem Verborgenen ist ein Grund dafür.

Wird diese in die Tiefe schürfende Energie blockiert oder behindert, kommt es auch hier zu Überkompensationen – was seine Ursache darin hat, daß dieses Prinzip einfach zum Ausdruck kommen muß. Aus Unsicherheit über die eigene Situation kann der Mensch mit einem Skorpion-Jupiter auf eine indiskrete oder auch unverschämte Weise in anderen bohren. Es besteht hier die Neigung, den anderen bis auf die Haut zu entblößen, und ist es verständlich, daß dies seitens der Mitmenschen nicht unbedingt auf Begeisterung stößt. Weil Jupiter hier aber aus einem Wasserzeichen heraus wirkt, wird die Blockade der psychischen Energie die Subjektivität vergrößern. Es ist also die Tendenz gegeben, den eigenen Zustand auf andere zu projizieren und diese dann mit subjektiven Urteilen (nicht selten auch mit moralisierenden Ratschlägen) zu behelligen.

Wie dem im einzelnen auch sein mag – die expansive und horizonterweiternde Energie und das Bedürfnis nach religiösen und geistigen Werten kommen hier von einem gefühlsmäßigen Hintergrund aus zur Wirkung. Von diesem Hintergrund aus ist der Mensch mit dem Skorpion-Jupiter immer auf der Suche nach sich selbst und nach seiner Bedeutung. In diesem Suchprozeß kann der Mensch im Laufe seines Lebens viel Einsicht und Weisheit gewinnen.

♄ ♏ *Saturn im Skorpion*

Saturn, der den Lernprozeß durch Schmerz verkörpert, bedeutet zumeist auch im Zeichen Skorpion Erfahrungen, die als begrenzend erlebt werden. Der Lernprozeß kommt hier von einem Hintergrund von tiefen Emotionen aus zum Tragen. Mit dem Fühlen kann dieser Mensch sein Bewußtsein aufbauen – auf der anderen Seite stellt es seinen schwachen Punkt dar. Mit dieser Stellung ist die Verletzlichkeit sogar noch stärker als bei den anderen Wasserzeichen ausgeprägt, was damit zu tun hat, daß mit dem fixen Kreuz die Erfahrungen zur Verarbeitung nach innen geholt werden.

Es kann seine Zeit dauern, bis dieser Mensch seine Erfahrungen und Erlebnisse verarbeitet hat. Die Verletzlichkeit könnte – wie bei allen Wasserzeichen – die Neigung bedeuten, eine Mauer um sich zu errichten, um sich vor Verunsicherungen auf emotionalem Gebiet und vor problematischen Erfahrungen zu schützen. Auf diese Weise gelingt es hier tatsächlich manchmal, die Probleme auszublenden. Allerdings wird dann mit dieser Vorgehensweise auch Zuneigung und Anteilnahme seitens der anderen ausgeschlossen. Weil dieser Mensch dann auch seine Wärme und Zuneigung nicht nach außen bringen kann, geht die Sicherheit hier zu Lasten von wirklichem Kontakt. Insofern kann der Mensch mit dem Skorpion-Saturn vereinsamen, wenn er es nicht schafft, diesen Teufelskreis zu durchbrechen. Durch Kontaktarmut wird innerlich etwas zerstört, und infolge des inferioren Elementes Luft kommt es hier zu problematischen Einflüssen. Dieser Mensch wird dann versuchen, sein Denken zu kontrollieren, während doch in Wirklichkeit die inferiore Funktion ihn dominiert. Menschen mit dem Skorpion-Saturn können einen sehr intellektuellen und logischen Eindruck machen und dabei auch kühl und unsensibel wirken. Dabei sind sie aber eigentlich nur vor ihrem eigenen tiefen Gefühlsleben auf der Flucht.

Die Unsicherheit, die wiederum hieraus resultiert, kann allerlei Überkompensationen zur Folge haben. Es wäre möglich, daß dieser Mensch unter allen Umständen bestrebt ist, Konfrontationen zu vermeiden, oder aber um jeden Preis und in jeder Situation versucht, seinen Wert zu beweisen. Eine extreme religiöse Auswirkung wäre der Eintritt in ein Kloster. Wie dem auch sein mag – mit dieser Stellung kann ein großer Geltungsdrang verbunden sein. Dabei ist der Mensch mit dem Skorpion-Saturn grundsätzlich dazu in der Lage, hart für eine gesellschaftliche Karriere zu arbeiten.

Das Zeichen Skorpion wird oft mit Sexualität in Zusammenhang gebracht. In der Sexualität erfährt der Mensch seine eigenen Grenzen sowie das intensive Aufgehen in jemand anderem, was die Frage auf den Plan ruft, bis wohin sich die eigene Identität erstreckt und wo die des anderen beginnt. Mit dem Saturn in diesem Zeichen ist diese Frage von großem Interesse, und die Sexualität stellt eine Art und Weise dar, sie zu beantworten. Gefühle sowie die Beziehungen sind hier der wunde Punkt. Mit dieser Stellung sind die verschiedensten Überkompensationen denkbar: Das keusche Leben mit dem vollständigen Verzicht auf Sexualität oder aber auch der Don Juan, der jede Nacht eine neue Eroberung macht. Beide Formen stellen Fluchttendenzen dar beziehungsweise beruhen auf dem Wunsch, sich der Wirklichkeit zu entziehen. Sowohl das Flüchten als auch das ständige Sich-Beweisen sind Ausdruck einer tiefverwurzelten Unsicherheit und Verletzlichkeit.

Saturn braucht, wenn er in dem Zeichen Skorpion steht, die Gefühle, um dem Bewußtsein Form zu geben. Zugleich aber stellen die Gefühle hier den wunden Punkt dar, was durch die Zugehörigkeit des Zeichens Skorpion zum fixen Kreuz noch verstärkt wird. Schafft dieser Mensch es – zumeist nach vielen Schwierigkeiten –, seinem Gefühlsleben Gestalt zu geben, kann er ein sehr tiefes Verständnis seiner Stellung in der Gesellschaft und im Leben gewinnen und eine zielstrebige und dauerhafte Energie an den Tag legen. Beim Zeichen Skorpion wie auch beim Planeten Saturn sind aber die verschiedensten Extreme und Überkompensationen möglich, was vermuten läßt, daß der Mensch hier zunächst einen harten Kampf in sich ausfechten muß. Nach diesem kann er wie Phönix aus der Asche neu ins Leben treten.

⛢♆♇♏ *Uranus, Neptun und Pluto im Skorpion*

Die innerliche Neigung zum Durchbrechen der Form und das Bedürfnis nach Originalität (Uranus), das Bestreben, die Form zu verfeinern, aufzulösen oder zu transzendieren (Neptun) und der Drang, Macht, Konfrontation und Transformation zum Ausdruck zu bringen (Pluto), kommen aus dem Zeichen Skorpion heraus auf eine außerordentlich intensive Weise zum Ausdruck. Das fixe Kreuz ist der Grund dafür, daß aus den Tiefen der Psyche sehr viel nach oben kommt (auch in Verbindung mit dem inferioren Element). Dies hat zur Folge, daß mit den transsaturnischen Planeten viel Unsicherheit, aber auch viel Kraft und Intensität einhergeht. Mit dem Wasserzeichen kommt hier noch zusätzlich die Gefühlsdimension zum Tragen, und das hat wiederum zur Konsequenz, daß sowohl umfassende transformierende als auch sehr destruktiv wirkende Kräfte in Erscheinung treten können.

Letzteres wurde uns bezüglich **Uranus** und **Neptun** bereits durch verschiedene Massenphänomene gezeigt, die die betreffenden Zeiträume geprägt haben. Dabei waren die Phänomene an sich nicht neu – das Neue hier war die Art und Weise, wie sie zum Ausdruck kamen. Es bestand nun ein wachsendes Interesse an dem Verborgenen, an Dingen, die nicht direkt mit den Sinnesorganen wahrzunehmen sind, wie zum Beispiel den okkulten und parapsychologischen Erscheinungen.

Eine negative Seite dieser Planeten im Zeichen Skorpion ist, daß die Sensibilität für alles, was aus dem Inneren kommt, vergrößert ist – was auch eine Neigung, Illusionen und Träumen zu verfallen, bedeuten kann. Das fixe Kreuz macht dies zu einem großen Problem, weil mit ihm der Außenwelt wenig Aufmerksamkeit geschenkt wird. Hier besteht der feste Wille, eigene Erfahrungen zu machen und die Auswertung dieser im Inneren selbständig zu vollziehen.

Zuerst war Neptun, dann Uranus in dieses Zeichen gekommen. Damit einher ging ein wachsendes Bedürfnis nach einer eigenständigen und ungebundenen Identität und nach einer freien Entfaltung der Individualität. Die Verweigerung gegenüber gesellschaftlichen Mechanismen war stärker geworden. Die innere Stimme rief, und das Gefühl folgte.

Mit **Pluto** in diesem Zeichen kommt es nun dazu, daß all die kleineren und größeren Strömungen aufeinanderprallen beziehungsweise daß dann Mehrheiten gegen Minderheiten stehen und umgekehrt. Entscheidend ist die Bereitschaft, das, was man von seinem Gefühl her für das Wichtigste hält (fixes Kreuz und Element Wasser), bis zum letzten zu verteidigen. Dies ist eine Zeit der Erneuerung. Das Steuer wird nun herumgeworfen, und große Veränderungen spielen sich ab. Spannungen, die immer unter der Oberfläche bestanden, kommen jetzt ans Licht. Es kann letztendlich sehr viel Positives oder Negatives aus dieser Stellung hervorgehen. Kinder mit dieser Planetenstellung haben während ihrer frühen Jahre und ihrer Jugend fortwährend die Unruhe dieser Zeit empfunden: Sie tragen diese Prägung in sich. Sie können diese Unruhe mit ihren Energien noch vergrößern, und es wird schwer sein, sie «in den Griff» zu bekommen. Diese Kinder könnten aber auch früher oder später aus dieser Unruhe heraus Verbesserungen herbeiführen – wenn sie einmal gelernt haben, kreativ mit den Spannungen umzugehen und wissen, was diesen zugrundeliegt.

Insofern können Menschen, die Uranus, Neptun oder Pluto im Zeichen Skorpion haben, von innen heraus zum Ende der alten Art von Gesellschaft beziehungsweise zum Aufbau der neuen beitragen – gemäß dem, was sie innerlich erleben.

Wasser und das veränderliche Kreuz: Fische

(Inferiores Element: Luft)

☉ ♓ *Sonne in den Fischen*

Der Mensch mit der Sonne in den Fischen geht seinen Weg – zumindest am Anfang – mehr oder weniger unbewußt. Das Element Wasser hat zur Folge, daß der Schwerpunkt auf den Gefühlen liegt, was heißt, daß dieser Mensch sehr stark auf die Impulse seiner Umwelt reagiert. Das veränderliche Kreuz bedeutet hier, daß es weder zu der intensiven innerlichen Verarbeitung wie beim Skorpion noch zu der nach außen gerichteten Anpassung an die Umgebung wie beim Krebs kommt. Mit dieser Stellung ist gewissermaßen eine Mittelposition gegeben. Prinzipiell kann dieser Mensch beide Wege beschreiten, aber auch auf einem «Mittelweg» in die Irre gehen. Weil keine bestimmte Richtung vorherrscht, sind viele Wege möglich. Mit seiner Beeinflußbarkeit und seiner Veranlagung zur Passivität (Element Wasser) wird er nur allzuschnell das nachmachen, was er bei einem Menschen seiner Umgebung oder einem Vorbild sieht – ob es nun zu ihm paßt oder nicht. Dieser Mensch formt sein Bewußtsein gewissermaßen erst im Nachhinein; es handelt sich sozusagen um einen zeitversetzten Prozeß. Es ist insofern auch schwierig, genau anzugeben, wie jemand mit der Fische-Sonne sich am besten zum Ausdruck bringen kann. Es klingt eben etwas merkwürdig, wenn man sagt, daß dieser Mensch zunächst in die verschiedensten fremden Identitäten schlüpfen muß, bevor er seine eigene findet.

Nichtsdestotrotz ist dies die Art und Weise, wie dieser Mensch sein Bewußtsein formen und sich selbst zur Entfaltung bringen kann. Wenn er diesen Weg wählt, ist er mit sich im Einklang. Außer der Mühe festzustellen, wer man nun eigentlich ist, bringt diese Stellung vielerlei Vorteile mit sich, zum Beispiel die überaus große Sensibilität für andere und die Fähigkeit, unbewußt genau zu erfühlen, was der andere braucht. Dieser Mensch ist denn auch ausgezeichnet für pflegende Berufe geeignet beziehungsweise für Bereiche, in denen er anderen helfen kann. Er fühlt Verständnis und kann andere jeweils auf die Art und Weise unterstützen, die am besten zu ihnen paßt. Es kann sein, daß er selbst gar nicht merkt, wie außergewöhnlich seine Fähigkeiten sind. Das hat dann seinen Grund im veränderlichen Kreuz. Die Art und Weise, Dinge zu verarbeiten, ist dabei unstrukturiert: Die Verarbeitung kann hier sowohl im Inneren als auch in der Außenwelt geschehen, und der Dualismus dieser Veränderlichkeit macht das ziemlich unbewußte Element Wasser noch weniger gerichtet.

Dabei ist aber das veränderliche Kreuz gut dazu in der Lage, die Wechselwirkung zwischen dem Bewußtsein und dem Unbewußten zu regulieren. Bei diesem Menschen ist denn auch das Bedürfnis, Phantasie und Wirklichkeit voneinander zu trennen, nicht so stark ausgeprägt wie bei anderen Zeichen. Er kann wie in einem Traum leben und von seinem Leben träumen und damit vollkommen zufrieden sein. Lehrt man ihn jedoch zu einem bestimmten Zeitpunkt nicht, daß es noch etwas anderes gibt, was hinsichtlich der gesellschaftlichen Ebene von ausschlaggebender Wichtigkeit ist, besteht die Gefahr, daß die Persönlichkeit stagniert und das Unbewußte die Herrschaft über das Bewußtsein gewinnt. Daraus könnte ein großes Maß an persönlicher Unbestimmtheit entstehen, was dann zur Folge hätte, daß sich dieser Mensch leichtsinnig in den Dienst von irgend jemandem oder irgend etwas stellt (veränderliches Kreuz) beziehungsweise, daß bestimmte Ideen oder Strömungen sein Bewußtsein in Beschlag nehmen, ohne daß diese etwas mit seinem tieferen Wesen zu tun hätten.

Diese Unbestimmtheit oder auch Selbstlosigkeit ist unter Umständen im Kontakt zu den Mitmenschen sogar von positiver Auswirkung, zum Beispiel dann, wenn es um Hilfeleistungen geht. Es kann sich hier um einen wahrhaften Christen handeln, der von innen heraus auf bescheidene und demütige Weise Hilfe leistet und hingebungsvoll arbeitet. Es kann jedoch auch sein, daß Inhalte aus dem Unbewußten aufsteigen, welche diesen Menschen überwältigen – im Extremfall identifiziert er sich dann mit diesen und stellt sich nicht mehr als Christen, sondern als Christus dar. Zwischen diesen beiden Haltungen gibt es natürlich vielerlei Abstufungen.

Das Bedürfnis nach Abwechslung, welches immer ein Bestandteil des veränderlichen Kreuzes ist, manifestiert sich im Zeichen Fische auf dem emotionalen Gebiet, was einen starken Drang nach den verschiedensten gefühlsmäßigen Erfahrungen und Erlebnissen verleiht. Diese brauchen nicht immer auf der Wirklichkeit zu beruhen – die innerliche Erlebniswelt ist diesem Menschen so wichtig wie die äußere, und ein Mangel an äußerlichen Eindrücken kann zur Folge haben, daß das innerliche Erleben desto stärker in Erscheinung tritt. Allerdings können hieraus auch viele verschiedene Launen und Stimmungen resultieren.

Wie bei den anderen Wasserzeichen auch besteht hier eine große Empfindlichkeit für Stimmungen und Gefühle in der Umgebung, an welche sich der Mensch mit der Fische-Sonne unbewußt anpaßt. Weil es sich hier um eine Stellung im veränderlichen Kreuz handelt, ist sich dieser Mensch aber nicht sicher, ob die wahrgenommenen Emotionen nun ihren Ursprung im eigenen Unbewußten oder in dem der anderen haben. Dies hat zur Folge, daß er sich oftmals in einem nur geringen Ausmaß der eigenen Identität bewußt ist oder sich das Elend seiner Umgebung allzusehr zu Herzen nimmt. Während der Krebs aber leidet, ohne seine Identität dabei aufzugeben, läuft der Fisch Gefahr, sich in dem Leid zu verlieren – aus dem Grund, daß er nur schwer erkennt, was eigentlich zu ihm gehört und was nicht. Er kann auch unter einem schlechten Gewissen leiden für Dinge, die er gar nicht zu verantworten hat.

Die Empfindsamkeit für die Atmosphäre, für Gefühle und Stimmungen in Kombination mit der starken Beeinflußbarkeit ist Ursache der fischehaften Sensibilität, welche sich auf reale als auch auf irreale Dinge beziehen kann. Die Neigung zum Irrealen ergibt sich aus der Tatsache, daß dieser Mensch mit den Bildern und Phantasievorstellungen seines Unbewußten so vertraut ist. Zum einen kann dies zu Illusionen und vielleicht auch zu einer abergläubischen Haltung führen, auf der anderen Seite haben wir hier vielleicht jemanden vor uns, der aus dieser Empfänglichkeit heraus zum Mystiker oder auch zum Visionär wird und mit einem tiefen Gefühl für die Religion die ungeschriebenen Gesetze des Universums erfühlt und auf intuitive Weise versteht. Die Fische-Sonne kann also auf vielerlei Arten zum Ausdruck kommen: Wir sehen hier vielleicht eine abhängige, träumende, unrealistische Person oder aber jemanden, der zu tiefer und universaler Einsicht und Erkenntnis gekommen ist. Letztlich geht es dem Fisch nicht um das eigene kleine Ich, sondern um die Rolle, die er in dem großen Ganzen, Universum genannt, spielt.

Behinderungen der psychischen Energie können auch hier Überkompensationen zur Folge haben. In diesem Falle würden die extremen Haltungen noch verstärkt. Das Unbewußte spielt für den Fische-Menschen beziehungsweise für seine Haltung immer eine Rolle: Entweder die eher passive und träumende Einstellung oder aber die zwanghaft unpersönlich-persönliche, bei der er vorgibt, daß seine Identität und Meinung nicht wirklich wichtig sind und er mit bestimmten Werten versucht, seine Mitmenschen zu «bekehren». Dabei könnte es sein, daß die kollektiven und subjektiven Werte in Zusammenhang mit einer Religion, einer Sekte oder einer bestimmten Idee stehen. Der überkompensierende Fische-Mensch kann sich hier als ein überaus treuer Anhänger erweisen.

Wie dem auch sein mag – dieser Mensch hat das Bedürfnis, seine eigene Identität mittels des gefühlsmäßigen Erlebens zu formen. Er erkennt oftmals erst im Nachhinein, wie es um sein Wesen bestellt ist, aufgrund der Tatsache, daß das veränderliche Kreuz ihn zunächst in Kontakt mit allen Möglichkeiten bringt. Mit dem veränderlichen Kreuz besteht das ausgeprägte Bedürfnis nach Abwechslung, welches befriedigt werden muß, im Innerlichen wie im Äußerlichen. Erst dann, wenn dies geschehen ist, kann dieser Mensch sich selbst in allen Tiefen bewußt kennenlernen.

☽ ♓ *Mond in den Fischen*

In seinem unbewußten emotionalen Verhalten ist der Mensch mit dem Fische-Mond sehr empfindlich und auf sein Inneres gerichtet (Element Wasser). Dem wird aber durch das veränderliche Kreuz ein großes Bedürfnis nach Abwechslung hinzugefügt – allerdings, ohne daß es dazu kommt, daß die eigene Sicherheit aufs Spiel gesetzt wird.

Bei dem psychischen Mechanismus, der die gefühlsmäßigen Reaktionen auf die Umgebung beschreibt, ist mit dem Fische-Mond eine sehr große Sensibilität und eine außerordentlich stark ausgeprägte Beeinflußbarkeit gegeben. Das Bedürfnis nach Sicherheit (Mond) kommt vor allem auf dem Gebiet der Emotionen zum Tragen beziehungsweise in dem gefühlsmäßigen Austausch mit der Umgebung (Element Wasser). Wie schon bei der Sonne in diesem Zeichen sehen wir auch beim Mond eine sehr große Feinfühligkeit für Situationen und die unbewußten Emotionen der Umgebung (auf die wiederum zumeist unbewußt reagiert wird). Nun geschieht dieses Reagieren beim Fische-Mond von dem Hintergrund des Bedürfnisses nach Sicherheit aus (wie unbewußt diese Reaktion auch sein mag), während bei der Fische-Sonne das Wachsen des eigenen Bewußtseins das Thema ist. Diese Empfänglichkeit bedeutet auch die Anfälligkeit für Launen, die wir bei diesem Menschen manchmal beobachten können.

Die Dienstbarkeit, die mit dem veränderlichen Kreuz einhergeht, bedeutet die Eignung für die verschiedensten Formen von Hilfeleistung. Dies kann sich im Beruf oder auch im Privatleben äußern – kennzeichnend ist, daß das Gefühl dabei die Hauptrolle spielt. Dieser Mensch fühlt, ohne es zu wissen, die Nöte und Bedürfnisse von anderen, und er ist auch in der Lage, darauf einzugehen. Dabei ist aber die Zwitterhaftigkeit des veränderlichen Kreuzes nicht eben förderlich für die Stabilität der Gefühle: Durch Impulse aus seinem Unbewußten oder auch durch äußere Einflüsse kann er hin und her geworfen werden. Es dürfte ihm zunächst überaus schwerfallen zu entscheiden, was von innen und was von außen kommt. Auch wenn er es in seinem Leben mit der Zeit hier zu Fortschritten bringen mag: Zu einem gewissen Teil wird ihm dies immer Mühe machen.

Der Mensch mit dem Fische-Mond kann auf andere manchmal einen sehr oberflächlichen Eindruck machen. Das veränderliche Kreuz verleiht ihm scheinbar wenig Tiefgang, was aber in Wirklichkeit nicht zutrifft, da er ein intensives Gefühlsleben hat. Durch das veränderliche Kreuz bereitet ihm aber unter Umständen der Zugang zu seinen Emotionen Probleme. Der Eindruck von Oberflächlichkeit liegt möglicherweise auch in seinem manchmal unpersönlichen oder wenig individuellen Verhalten begründet. Der Mensch leidet vielleicht auch darunter, daß er nichts zum Ausdruck bringt, und nimmt dann unbewußt den erstbesten Gefühlsimpuls aus der Außenwelt auf. Erst später formt er sich eine eigene Meinung – oder aber jemand anderes äußert eine Meinung, die er dann wieder übernehmen und befolgen kann. Die Anpassungsbereitschaft des Menschen mit einem Fische-Mond ist überaus groß.

Die erste Reaktion ist passiv, abwartend und auf gefühlsmäßiges Abtasten gerichtet (Element Wasser). Ohne es selbst recht zu merken, wird dieser Mensch dann aber bald aktiv am Geschehen teilnehmen – unter der Voraussetzung, daß es ihn gefühlsmäßig anspricht. Dadurch läuft er einerseits Gefahr, sich selbst zu verlieren, andererseits sind aufgrund seiner Nachgiebigkeit bei der Kontaktaufnahme kaum Probleme zu erwarten. Seine Schwierigkeit ist es, für die eigene Meinung einzutreten (was zum Beispiel zum Problem wird, wenn der Rest des Horoskops viele Hinweise bietet, daß die Erkenntnis der eigenen Identität ein wichtiger Punkt ist).

Fürsorge und Anteilnahme – Eigenschaften, die dem Mond zugeschrieben werden – sind bei der Stellung im Zeichen Fischen stark entwickelt. Dieser Mensch kann andere liebevoll betreuen, für wohltätige Zwecke sammeln oder anderes mehr in dieser Hinsicht tun. Das Organisieren dieser Aktivitäten geht ihm leicht von der Hand (was auch für die Fische-Sonne gilt). Mit dem veränderlichen Kreuz ist hier nämlich das inferiore Element Luft verbunden, das von Zeit zu Zeit aufsteigt – was im Hinblick auf Ruhe und Ausgewogenheit allerdings nicht immer von Vorteil ist. Aus Angst, etwas nicht zu können, bekommen die Gedanken dann vielleicht etwas Heftiges oder sogar Jähzorniges: Dieser Mensch könnte sich dann dadurch auszeichnen, daß seine Planungen von fieberhaftem Eifer geprägt sind und sein Denken zu abrupt verläuft. Es könnte sein, daß er die verschiedensten Schemata, Zeiteinteilungen oder Arbeitspläne entwirft, um für das, hinter dem er gefühlsmäßig steht, auf perfekte Weise aktiv zu werden. Da es sich hier aber um das inferiore Element handelt, ist auf diesen Charakterzug kein Verlaß. Möglich wäre denn auch, daß mentale und rationale Erwägungen für lange Zeit nicht die geringste Rolle spielen und sich nur das Element Wasser mit der Ausrichtung auf das Gefühlsmäßige bemerkbar macht.

Wegen der mit dem Element Wasser verbundenen Passivität und dem Dualismus des veränderlichen Kreuzes verhält sich dieser Mensch anderen gegenüber abwartend. Er leitet seine Aktivitäten oft von dem her, was andere tun, und wartet auf ein bewußtes oder unbewußtes Zeichen von seinen Mitmenschen, bevor er aktiv wird.

Bei dem Fische-Mond geht es um das Bedürfnis, auf gefühlsmäßige Weise Sicherheit zu bekommen. Der betroffene Mensch wartet hier ab, was geschieht, und unbewußt beurteilt er von seinem Gefühl her seine eigene Position. Ist die Energie blockiert, kann es zu einer starken Zurückgezogenheit kommen beziehungsweise zum Abgleiten in die Welt der eigenen Phantasie, zu der niemand Zutritt hat. In dieser Welt kann der Mensch dann tun und lassen, was er will – etwas, das ihm die Wirklichkeit verwehrt. In positiver Auswirkung ist möglicherweise ein reiches inneres Leben mit Musik, Literatur oder anderen Formen von Kunst die Folge. Es könnten hier aber auch Abhängigkeiten entstehen.

Ob der Mensch mit dem Fische-Mond sich mit seinen Gefühlen mehr nach außen oder aufgrund der Unsicherheit sich mehr nach innen richten wird, ist schwer vorherzusagen. Der Hang nach innerlichem Erleben ist auf jeden Fall stark ausgeprägt. Das veränderliche Kreuz verleiht aber auch die Tendenz, sich nach außen zu orientieren. Hier kommt es darauf an, wie es um den Rest des Horoskops bestellt ist.

☿ ♓ *Merkur in den Fischen*

Die Ordnung und Systematisierung der Erfahrungen kommt hier auf eine schwer faßbare Art zum Ausdruck, auf eine Weise, die sowohl gefühlsbestimmt und subjektiv (Element Wasser) als auch dualistisch ist (veränderliches Kreuz). Dies hat zur Folge, daß die Analyse und die Verarbeitung der Eindrücke auf eine ganz eigene Art und Weise geschieht. Die Dinge werden hier gewissermaßen nach unlogischen Mustern analysiert, die Schlußfolgerungen können aber voll und ganz ins Schwarze treffen.

Der Merkur steht dafür, wie der Mensch die Fakten und Erscheinungen wahrnimmt. Die Wahrnehmung im Zeichen Fische ist unstrukturiert, sie erfolgt aus dem Gefühl und aus einem starken Bedürfnis nach Abwechslung heraus (veränderliches Kreuz), was für gewöhnlich auf die verschiedensten innerlichen Bilder und Vorstellungen hinweist. Das verleiht diesem Menschen häufig eine reiche Phantasie und ein Gefühl für Dinge, die für andere nicht bestehen, zum Beispiel für Märchen, Mythen und Sagen. Dieser Mensch entdeckt hier Faktoren, die anderen entgehen; er ist empfindlich für die Atmosphäre, die durch Geschichten zum Ausdruck kommen, und er kann diese als Aufhänger verwenden, an denen er die Erscheinungen des Lebens festmacht. Die Weisheit und die Wahrheit von Mythen und Märchen steht für ihn, ohne daß er sich hierüber tiefere Gedanken gemacht hätte, außer Frage.

Die Art zu kommunizieren ist zurückhaltend, still und passiv; sie wird vom Gefühl beherrscht. Dieser Mensch ist voll Verständnis für andere und vermag es, durch Gespräche zu helfen, auch dann, wenn er sich vielleicht auf Allgemeinplätze beschränkt. Er versteht es jedenfalls, viel Mitgefühl und Sympathie zum Ausdruck zu bringen, was andere aufmuntern kann. Es könnte auch sein, daß er sich aufgrund des veränderlichen Kreuzes zu beweglich zeigt – dann ist von Stille und Zurückhaltung in der Kommunikation nichts mehr zu merken. Für gewöhnlich aber bewahrt er das Moment des Veränderlichen in sich, wo es sich in einer reichhaltigen Phantasie und Vorstellungskraft auswirkt.

Wie bei allen Planeten in den Fischen ist auch bei Merkur eine starke Beeinflußbarkeit gegeben. Dies gilt natürlich schon einmal vom Element Wasser her. Aber auch das veränderliche Kreuz, das ständig für Anpassung sorgt und nach Integration sucht, schafft auf eine sehr subtile Art eine gewisse Abhängigkeit von der Umgebung. Dadurch geschieht das Ordnen, Analysieren und das Verbinden der Fakten mit dieser Stellung nicht nur auf eine subjektiv-gefühlsmäßige Weise, sondern auch unter Beteiligung der Außenwelt. Diese beruht auf der Empfindsamkeit, die dieser Mensch seiner Umgebung entgegenbringt. Es besteht mit dieser Stellung die Neigung, den Denkbildern und Ideen der Mitmenschen zu folgen. Dies könnte es mit sich bringen, daß dieser Mensch sich, ohne es bewußt zu erkennen, auf dubiose Dinge einläßt oder auf etwas, das ihm schadet. Andererseits ist auch nicht ausgeschlossen, daß er solcherart neue Erkenntnisse und Einsichten gewinnt.

Das inferiore Element Luft, das sich von Zeit zu Zeit bemerkbar macht, verleiht hier das Bedürfnis nach Logik oder auch nach mentalen «Taschenspielertricks» in der Außenwelt. Es kann sein, daß eine große Bewunderung für die besteht, die sich flüssig und gut artikulieren können. Dieser Mensch sollte aber erkennen, daß er es mit seiner Intuition und seiner gefühlsmäßigen Weise zu denken genausoweit – oder gar weiter – bringen kann. Er ist nämlich in der Lage, das im Verborgenen ruhende Material, welches der auf Logik eingestellte Mensch gar nicht beachtet, zu berücksichtigen. Dies bedeutet eine andere Art und Weise, die Dinge in den Griff zu bekommen, welche aber ebenfalls ihre Existenzberechtigung hat. Die Gefühlsunsicherheit, die das Leben in einer mental orientierten Gesellschaft in diesem Zusammenhang mit sich bringen kann, führt hier aber unter Umständen zu Gefühlen der Minderwertigkeit.

Das Fühlen ist für den Fische-Merkur die Art und Weise, wie die Erfahrungen des Lebens geordnet werden und die das Sprechen, Denken und das Kommunizieren prägt. Dieser Mensch geht von anderen Werten als der Logik aus. Bei Blockierungen der Energie kann es dazu kommen, daß er wie besessen von etwas ist beziehungsweise, daß die gefühlsmäßige Identifikation mit bestimmten Ideen ihn überwältigt – wobei das manchmal durchbrechende inferiore Element Luft dem Ganzen einen mehr oder weniger logischen Anschein vermittelt. Hier ist es möglich, daß sich der Mensch in eine Traumwelt zurückzieht und seinen Schwierigkeiten mit der Realität zu entfliehen versucht. Es handelt sich damit gewissermaßen um ein visionäres Vermögen, wobei aber zu fragen ist, ob dies noch Berührungspunkte mit der Wirklichkeit hat oder nicht. Wie dem auch sein mag – das Träumen (auch die Tagträume) können hier etwas sehr Kreatives haben.

♀ ♓ *Venus in den Fischen*

Die Suche nach emotionaler und materieller Sicherheit und Geborgenheit geschieht hier vor einem Hintergrund, der von Gefühlen geprägt ist. Die Energie des veränderlichen Kreuzes bringt es im Zeichen Fische oft mit sich, daß der Mensch gar nicht genau benennen kann, wonach er eigentlich sucht. Die Veränderlichkeit steht für eine gewisse Dualität, was auch für die Venus in dieser Qualität gilt.

Das Bedürfnis nach Auflösung und Integration, nach Dienstbarkeit und Hilfsbereitschaft (was ebenfalls mit dem veränderlichen Kreuz zusammenhängt) ist die Ursache dafür, daß dieser Mensch schon bald nach einer Beziehung suchen dürfte, in der er seine Dienstbarkeit und Hilfsbereitschaft beweisen kann. Er möchte dem anderen etwas bedeuten und zugleich in ihm aufgehen. Er sucht die Integration: die Integration des anderen in sich. Oder vielleicht besser noch: die Integration des Wesens des anderen in sich. Weil mit dieser Stellung die Identität nicht besonders entwickelt ist und weil hier eine starke Beeinflußbarkeit herrscht, wird dieser Mensch nur allzuschnell die Werte der Person, die er liebt oder mit der er sich identifiziert, übernehmen. Ein Teil dieser anderen Person zu sein, ist für ihn letztendlich wichtiger als das körperliche Verlangen. Wie dem auch sein mag: Dieser Mensch braucht das Gefühl, eins zu sein mit dem Partner. Aus dieser Einheit heraus möchte er die Dinge erleben und erfühlen. Dieses Bedürfnis ist häufig so groß, daß es nicht zu erfüllen ist. Dies kann hier zu großen Enttäuschungen führen, insbesondere dann, wenn auch der Rest des Horoskops wenig Realitätssinn verrät. Die Konsequenz daraus kann sein, daß sich dieser Mensch dann in erster Linie gefühlsmäßig auf sich selbst beschränkt, was die Außenwelt nicht unbedingt mitbekommen wird. Eine große kreative Energie ist hier gleichfalls möglich, eine Art unstillbares Hungergefühl, das den Künstler zu seiner Arbeit treibt.

Oftmals ist bei der Fische-Venus das Bedürfnis gegeben, daß die Beziehung Phantasievorstellungen entsprechen soll. Manchmal kann es den Anschein haben, daß dieser Mensch das Leben als eine Art Schauspiel oder Oper betrachtet, in der alle Freunde und Bekannte ihre Rolle haben. Es besteht mit dieser Stellung sehr viel Empfindsamkeit, was die Gefahr der Abhängigkeit von anderen vergrößert. Die Konsequenz hiervon könnte sein, daß dieser Mensch sich gewissermaßen im anderen auflöst und jedes Gefühl der eigenen Identität verliert. Denkbar wäre auch, daß er den Partner als eine Art Märchenfigur oder Phantasieprodukt ansieht und keine Beziehung zu der Person in ihrem wahren Wesen eingeht, sondern nur zu der Vorstellung, die er von dieser hat. Das kann natürlich Schwierigkeiten mit sich bringen, welche unter Umständen lange anhalten werden, weil das veränderliche Kreuz aus sich selbst heraus schwer den Ansatzpunkt zu dieser Problematik findet. Oft besteht hier die Ansicht, daß ein Problem schon dann gelöst ist, wenn sein Vorhandensein festgestellt wird. Es bedarf aber noch zusätzlicher Energie, um diese Prozesse bewußt zu verarbeiten. Wie dem auch sein mag – dem Menschen mit der Fische-Venus ist es im Grunde egal, ob eine bestimmte Sache nun auch tatsächlich existiert oder nicht. Ausschlaggebend ist, daß sie für ihn Bestand hat. Für ihn sind Träume genauso real wie alle anderen Dinge des Lebens.

Der Mensch mit der Fische-Venus hält sich von Natur aus in dem Grenzgebiet zwischen Traum und Wirklichkeit auf. Er hat das ausgeprägte Bedürfnis, andere zu idealisieren. Auf diese Weise wird auf gefühlsmäßiger Ebene Sicherheit und Geborgenheit gesucht. Es kann hier zu vielen Enttäuschungen kommen, aber auch zu einer intensiveren und reicheren Art zu leben. Auch bei Blockierungen wird dieses Bedürfnis niemals vollständig unterdrückt werden. Es kann dann nur dazu kommen, daß Dinge im Inneren noch intensiver erlebt werden, oder daß für dieses Bedürfnis auf zwanghafte Art in der Außenwelt Befridigung gesucht wird. Es ist eben so, daß es sich manifestieren muß – auf welche Art auch immer.

♂ ♓ *Mars in den Fischen*

Das passive, gefühlsmäßige Erleben ist der Hintergrund für die Manifestationsform des Fische-Mars. Bei der Außenwelt könnte hier der Eindruck entstehen, daß von Aktivität nicht die Rede sein kann und daß dieser Mensch eher passiv und faul ist. Wenn wir nur auf das äußerliche Verhalten achten, liegt dieser Eindruck nahe; berücksichtigen wir aber auch, was sich im Inneren abspielt, müssen wir diese Auffassung aufgeben. Die innerliche Aktivität ist groß: Auf dem Gebiet der Träume, der Phantasien und anderer emotionaler Prozesse ist jemand mit dem Fische-Mars fortwährend beschäftigt. Allerdings ist diese Art von Aktivität für die Außenwelt nicht einfach zu erkennen. Für den Betroffenen kann es schwierig sein, sie produktiv zu nutzen.

Die nach außen gerichtete Energie ist hier nicht konzentriert auf etwas gerichtet (veränderliches Kreuz). Der Antrieb, von dem aus dieser Mensch aktiv wird, ist ein gefühlsmäßiger. Wenn bestimmte Emotionen aufsteigen, wird die Person mit dem Fische-Mars ihre vermeintliche Passivität aufgeben und sehr wohl aktiv werden. Auch andere könnten sie aufgrund der Beeinflußbarkeit des Zeichens Fische aus dem Zustand der Trägheit herausholen.

Mars als der Drang, sich von anderen abzugrenzen und die eigene Individualität unter Beweis zu stellen, hat im Zeichen Fische eine problematische Stellung. Die typischen Mars-Eigenschaften sind mit Dienstbereitschaft, Hingabe und Empfindsamkeit nur sehr schwer zu vereinbaren. Hier liegt die Chance, die eigene Individualität zu betonen, darin, sich mehr als jeder andere mit aller Energie und Schaffenskraft für einen guten Zweck beziehungsweise für das Wohlergehen der Menschen einzusetzen. Oftmals tendiert der Mensch mit dem Fische-Mars im Hinblick auf Hilfsbereitschaft und Dienstbarkeit sogar zu einer gewissen Übertreibung – nichtsdestotrotz kann er auf diese Weise zeigen, wer er ist. Er ist in diesem Fall dazu in der Lage, über einen längeren Zeitraum hinweg geduldig und ausdauernd zu arbeiten. Allerdings neigt er dann auch manchmal dazu, andere zu beschuldigen, ihn ausgebeutet zu haben. Dabei steht fest, daß er sich in der Tat leicht zum Opfer machen läßt. Wie bereits angeführt: Mars hat es im Zeichen Fische recht schwer, vor allem auch wegen der alles beherrschenden Empfindsamkeit und der zum Teil sehr stark ausgeprägten Abhängigkeit von anderen.

Mars steht für den Drang nach Selbstbehauptung. Im Zeichen Fische scheint hier kaum ein Wissen darüber vorhanden zu sein, was das eigentlich bedeutet. Auch ist eine große Beeinflußbarkeit durch andere gegeben sowie eine Empfänglichkeit für Atmosphäre und Gefühlsströmungen. Das Moment der Selbstbehauptung kann sich darin äußern, daß dieser Mensch andere zu manipulieren versucht oder einer bestimmten Situation Widerstand entgegensetzt. Im allgemeinen aber besteht die problematische Auswirkung darin, daß er nicht weiß, wohin er seine angeborene Aggressivität lenken soll. Bei Blockierungen wird er sie oft auf sich selbst richten, auf die tieferen Regionen seiner Psyche, mit der Konsequenz, daß er dann nur noch äußerst selten aktiv wird. Es kann aber auch deshalb zu Trägheit kommen, weil es diesem Menschen am nötigen Handwerkszeug mangelt, sich zum Ausdruck zu bringen und sich zu beweisen. Weist der Rest des Horoskops allerdings auf ein aktives Verhalten hin, könnte er zwar viel unternehmen, für sich selbst aber das Gefühl haben, daß nur das Innere zählt. Das Ausleben der Energie, die mit dem Fische-Mars verbunden ist, durch Bewegung und Tanz mit einem Aufgehen in Melodie und Rhythmus ist hier eine positive Manifestationsform.

♃ ♓ *Jupiter in den Fischen*

Jupiter als das Bedürfnis nach geistigen Werten und nach religiösem Erlebnis wirkt aus dem Zeichen Fische heraus auf eine gefühlsmäßige Weise. Die Fische als das Zeichen, das durch Gefühle und Beeinflußbarkeit durch die Umwelt geprägt ist, werden diesem Bedürfnis sowohl aus sich selbst heraus als auch mittels Unterströmungen in der Umgebung Gestalt geben. Darauf, wie dieses Bedürfnismuster zum Ausdruck kommt, hat die Umwelt mit ihrer Atmosphäre und ihren Gefühlsströmungen einen starken Einfluß. Insofern kann derjenige mit einem Fische-Jupiter viel Engagement für universelle Werte wie zum Beispiel Glaubensauffassungen aufbringen (wobei hier allerdings manchmal auch ein Zusammenhang zum inferioren Element Luft besteht). Es geht ihm um den Inhalt und nicht um die Form.

Wegen des veränderlichen Kreuzes ist das Bedürfnis nach viel Abwechslung gegeben, was aber nicht heißen soll, daß dieser Mensch seinen Glauben wie sein Hemd wechselt. Das Bedürfnis nach Veränderung kann nämlich auch dadurch befriedigt werden, daß er in einem bestehenden Rahmen neue religiöse oder geistige Empfindungen entwickelt. Auch dies ist eine Auswirkung der Empfänglichkeit, die mit dem Zeichen Fische vorhanden ist: Hier kann der eine Glaube oder die eine Überzeugung mit mehr als genug Eindrücken verbunden sein.

Diese Stellung bedeutet eine Ausrichtung auf das Gefühlsmäßige. Weil sie zugleich aber etwas Unpersönliches hat, kann dieser Mensch oftmals mit den verschiedensten Strömungen zurechtkommen – unter der Voraussetzung, daß sie ihn innerlich ansprechen. Diese Unpersönlichkeit kann aus einem Mangel an Identität erwachsen, aber auch Resultat des Erkenntnisprozesses sein, daß das eigene Ego nur einen kleinen Teil der Psyche darstellt und daß kollektive und universelle Werte wichtiger als die Identität sind. Von hier aus kann dieser Mensch seine auf die Erweiterung des Horizontes zielenden Fähigkeiten vollkommen uneigennützig und selbstlos in den Dienst der anderen stellen und dabei zu einer Stütze werden. Seine Haltung kann dann von Tiefgang und Erkenntnis zeugen, von Anteilnahme und Mitgefühl für andere.

Auf der anderen Seite wird auch der Mensch, der in seinem Entwicklungsprozeß noch nicht soweit ist, Erkenntnisse gewinnen, die ihn weiterbringen. Für ihn ist dann das, was ihn sein Glauben, seine Religion oder welche religiöse oder geistige Strömung auch immer lehrt, die Grundlage für sein Leben. Auf diese kann er dann bauen, und diese kann für sein weiteres Wachstum genauso wichtig sein wie andere Werte auch – zum Beispiel metaphysische oder die Lebenserfahrung überhaupt. Er kann hier ebensoviele Erkenntnisse gewinnen wie derjenige, der die Relativität seines Egos erfahren hat.

Mit dem Fische-Jupiter kommt das Bedürfnis nach Expansion auf geistiger, religiöser beziehungsweise philosophischer Ebene zum Tragen. Dieser Mensch spürt den Drang, sich selbst und andere kennen- und verstehen zu lernen und anderen zu helfen. Bei Behinderungen der psychischen Energie richtet sich dieser Drang nach innen. Dann wird die Außenwelt nichts davon merken, wie es um seine religiösen Gefühle bestellt ist – es sei denn, daß er aus der Überkompensation heraus seine Religiosität nach außen hin auf eine übertriebene Weise zur Darstellung bringt.

Mit dieser Stellung besteht das Bedürfnis, sich als Einheit mit den Mitmenschen zu fühlen, unabhängig davon, ob sich dies nun auf den Glauben, auf eine bestimmte Lebensanschauung oder auf das Gefühl bezieht, daß alle Menschen auf der Erde bei allen äußerlichen Unterschieden eins sind.

♄ ♓ *Saturn in den Fischen*

Das Gefühl spielt bei dem Fische-Saturn für die Formung des Bewußtseins eine besonders wichtige Rolle, zugleich stellt es die schwache Stelle dieses Menschen dar. Wie in den anderen Wasserzeichen auch dürfte hier die Neigung bestehen, sich durch eine Schutzmauer vor schmerzlichen und unangenehmen Erfahrungen zu sichern. Diese Abschottung gegenüber der Außenwelt hat zur Konsequenz, daß dieser Mensch nicht mehr zeigen kann, wieviel Wärme und Anteilnahme er zu geben hat. Hinzu kommt noch, daß mit dem veränderlichen Kreuz in Kombination mit dem Element Wasser gerade auf dem Gebiet der Gefühle ein großes Bedürfnis nach Abwechslung besteht, was einen Gegensatz dazu bildet, daß mit Saturn die Gefühle ausgeklammert werden. Dieser Mensch wird vielleicht sehr schnell mit der Unzulänglichkeit seiner Reaktionen konfrontiert – allerdings könnte es sein, daß er aufgrund des veränderlichen Kreuzes das tiefere Wesen dieser Erfahrungen nicht sogleich erkennt. Es wäre dann denkbar, daß er eine ganze Weile so weitermacht, ohne sich darüber im klaren zu sein, daß er im Begriff ist zu vereinsamen. Zugleich aber ist es dieses Kreuz, das so manche Entwicklung zur Lösung der Probleme in Gang setzen kann. Voraussetzung dazu ist allerdings, daß der Rest des Horoskops auf die Fähigkeit zur beharrlichen Arbeit verweist. Was das Überwinden oder auch das Niederreißen der oben angesprochenen Mauer betrifft, besteht mit Saturn allein viel zu viel Angst vor dem Neuen.

Die Unpersönlichkeit (im Sinne der Ausrichtung auf kollektive Einflüsse) und die Tatsache, daß der Aufbau der eigenen Identität im Zeichen Fische schwerfällt, bedeuten für diesen Menschen recht große Schwierigkeiten. Saturn ist es, der dem Bewußtsein Form verleiht, und er kommt hier in einem Zeichen zur Wirkung, das erst sehr spät oder auch erst im Nachhinein feststellt, wie es um das eigene Wesen bestellt ist (was im übrigen meistens im Rahmen von negativen Erfahrungen geschieht).

Der Lernprozeß durch Schmerz ist hier an die emotionalen Erfahrungen geknüpft. Auch das Verantwortungsbewußtsein bekommt durch das Gefühl Gestalt. Es ist ohne weiteres klar, daß mit dieser Stellung gegenüber bestimmten Angelegenheiten oder auch Menschen, denen ein emotionaler Wert zugeschrieben wird, viel Verantwortungsgefühl vorhanden sein kann (wobei dies dem Betreffenden selbst vielleicht nicht bewußt ist). Dieser Mensch opfert sich selbst möglicherweise auf, beispielsweise, indem er andere in einem außerordentlich starken Maße unterstützt.

Im Hinblick auf die Gesellschaft als dem übergeordneten Zusammenhang kann es hier zu Problemen oder auch zu Gefühlen der Minderwertigkeit, der Unterlegenheit oder überhaupt zu Unklarheit bezüglich der eigenen Identität kommen – wobei es sich hier natürlich wieder um Eigenschaften handelt, die typisch für das Zeichen Fische sind. Es wäre aber auch an die Möglichkeit zu denken, daß sich diese Probleme psychosomatisch als Krankheit äußern. Die Krankheit bringt es mit sich, daß der Kranke weitgehend mit ihr identifiziert wird. Sie verleiht ihm also eine Identität sowie überhaupt die Entschuldigung dafür, daß er dieses oder jenes nicht geschafft hat. Krankheit ist zwar eine extreme Manifestationsform, nichtsdestotrotz können wir sie hier als eine gute Entsprechung ansehen.

Mit seinem reichen innerlichen Leben, seinen künstlerischen Fähigkeiten und anderem mehr strebt dieser Mensch danach, seinen Träumen und Phantasien Raum zu geben, um für die Frustrationen des Alltags einen Ausgleich zu erfahren. Ein Verantwortungsgefühl, das nicht auf die

Wirklichkeit gerichtet ist, kann hier die Folge sein. Wenn er nicht achtgibt, sondern auf diesem Weg der Realität zu entfliehen versucht, kommt es hier möglicherweise zu einer ausgeprägten Entscheidungsschwäche und einem Mangel an Durchsetzungskraft. In diesem Fall würden wir einen Menschen vor uns sehen, der vor Entscheidungen Angst hat, der die Dinge am liebsten auf sich beruhen läßt und der zufrieden damit ist, in seiner Phantasiewelt zu leben. Hier könnte also eine stark ausgeprägte Lebensschwäche die Konsequenz sein, zumindest solange, bis er sich in eine solch unmögliche Situation hineinmanövriert hat, daß er der Auseinandersetzung mit der Wirklichkeit nicht mehr entkommen kann. Durch überaus ernste sowie schmerzhafte Erfahrungen könnte er dann mit einem Schlag in die Realität zurückgeholt werden und wieder am Nullpunkt anfangen müssen. Wenn ihm das gelingt, wird er wissen, was ein Mensch sich selbst antun und welche Ängste er erleben kann. Dies bedeutet dann die Fähigkeit, auf außerordentlich einfühlsame Weise und mit großer Selbstverständlichkeit zu helfen – zum Beispiel in Krankenhäusern oder in Einrichtungen, die der Drogen-Therapie dienen oder anderem mehr.

⛢♆♇ ♓ *Uranus, Neptun und Pluto in den Fischen*

Die innerliche Neigung zum Durchbrechen der Form und das Bedürfnis nach Originalität (Uranus), das Bestreben, die Form zu verfeinern, aufzulösen oder zu transzendieren (Neptun) und der Drang, Macht, Konfrontation und Transformation zum Ausdruck zu bringen (Pluto), kommen aus dem Zeichen Fische auf eine rein gefühlsmäßige Weise zum Ausdruck. Auch wenn sie in äußerlicher Hinsicht nicht viel erkennen lassen, besteht mit ihnen doch das Bedürfnis nach viel Abwechslung (das veränderliche Kreuz).

Von 1920 bis 1928 lief **Uranus** durch die Fische, was hinsichtlich der emotionalen Grundströmung eine Zeit des Umbruchs war. Mit dieser Stellung bestand (und besteht bei den Menschen, die den Fische-Uranus im Horoskop haben, auch heute noch) gewissermaßen ein Gefühl des Hungers, emotional auf der Höhe der Zeit zu sein. Wenn sich dies zu dieser Zeit auch noch nicht eindeutig manifestierte – fühlbar war es schon. Es waren die Jahre nach dem Ersten Weltkrieg, in denen endgültig mit dem Geist des 19. Jahrhunderts Schluß gemacht und die Saat gelegt wurde für das, was emotional gesehen das geistige Klima des 20. Jahrhunderts werden sollte. Das, was im Unbewußten der Menschen vor sich ging, machte sie bereit für das Neue, für neue Verhältnisse und neue Werte. Als Uranus dann in den Widder kam, gab es etwas, woran gearbeitet und was nach außen gebracht werden konnte. Es ergaben sich hier immer wieder Rückschläge, aber die Generation mit dem Fische-Uranus war sensibel genug, um zu wissen, worum es ging. Diese Generation ist wahrscheinlich auf unbewußte Weise bei der Veränderung der Werte, die sich nach dem Zweiten Weltkrieg ergeben hat, einer der stärksten Faktoren gewesen.

Neptun und **Pluto** werden erst im 21. Jahrhundert in das Zeichen Fische eintreten, wobei der erstere den Weg bereiten wird für Pluto. Neptun wird den Menschen empfänglicher denn je machen für alle unbewußten innerlichen Werte, für andere Inhalte als die, die das Ego des Menschen ausmachen (Neptun steht in den Fischen im eigenen Zeichen). Pluto wird dann die große Wende einläuten – so, wie das bei dem Fische-Uranus in unserem Jahrhundert der Fall gewesen war. Die Fische sind in dieser Hinsicht das wichtigste Zeichen: Nichts ist eindeutig erkennbar, aber die Saat ist gelegt. Die Auswirkungen und die Veräußerlichung von dem, was im Unbewußten zustande gekommen ist, folgt dann, wenn diese Planeten in das Zeichen Widder treten. Der eigentliche Anfang und das Ende aber liegen im Zeichen Fische.

Kapitel 7

Zur Manifestationsform der Planeten

Superiores und inferiores Element

Es gibt kein Horoskop, in dem alle Planeten in dem Element stehen, das das Bewußtsein prägt (dem «superioren» Element). Das fügt der Horoskop-Interpretation eine weitere Dimension zu. Das Bedürfnis, wofür diese Planeten stehen, bleibt davon zwar unberührt, hinsichtlich der Rolle, die sie in der Psyche spielen, kommen aber einige Faktoren hinzu. Wir dürfen nie die Planeten ausschließlich in bezug auf die Zeichen betrachten, in denen sie stehen, sondern müssen immer berücksichtigen, in welchen Elementen und Kreuzen sie sich befinden. Das kann manchmal zu überraschenden Ergebnissen führen. So kann es geschehen, daß ein Planet, der anscheinend gut gestellt ist (beispielsweise ein nicht kritisch aspektierter Planet im eigenen Zeichen), doch mit erheblichen Problemen einhergeht. Um das näher zu illustrieren, möchte ich hier kurz darlegen, was ich in meinem Buch *Elemente und Kreuze* ausführlich beschrieben habe.

Es gibt im Horoskop ein Element, das die Haltung des Bewußtseins angibt, welches das «superiore» genannt wird. Diesem entgegengesetzt ist das im Unbewußten gelagerte «inferiore» Element. Mit diesen Bezeichnungen sind keine Wertungen verbunden – es geht hier lediglich darum, daß sich das inferiore Element der Beherrschung und Differenzierung durch das Bewußtsein entzieht. In jedem Horoskop kommt diese Spannung zum Ausdruck.

Das Bewußtseins- oder auch *superiore* Element, welches mithilfe einer bestimmten Technik (siehe *Elemente und Kreuze)* zu bestimmen ist, kann durch zwei andere Elemente unterstützt werden (allerdings nicht durch das inferiore Element) – es handelt sich dann um *Hilfsfunktionen.* Das *inferiore* Element bleibt immer mit dem Unbewußten verbunden. Steht nun ein Planet im inferioren Element, kommt das entsprechende Bedürfnismuster im Unbewußten zum Ausdruck. Daraus resultiert, daß sich der Mensch dieser Inhalte nicht sicher ist – weil sie eben im Unbewußten wirken und er nicht weiß, wann sie sich bemerkbar machen. Der betreffende Inhalt entzieht sich der Willenskraft des Individuums, was ein Merkmal ist, das alle unbewußten Inhalte kennzeichnet. Der Mensch kann sich zwar der Tatsache bewußt werden, daß bestimmte unbewußte Reaktionsmuster in ihm wirken, er hat aber wenig Chancen, sie jemals in den Griff zu bekommen. Von Zeit zu Zeit «überfallen» diese ihn gewissermaßen, und es kann sein, daß er das von seinem Bewußtsein her als sehr unangenehm erfährt. Allerdings hat er hier auch die Chance, aufgrund der Gegenreaktionen des Unbewußten zu erkennen, daß er sich vielleicht zu einseitig um die Entwicklung seines Bewußtseins gekümmert hat.

Wie dem auch sein mag – wenn wir in einem Horoskop den Bedeutungen der Planeten in den Zeichen nachgehen, müssen wir berücksichtigen, wie es um die Elementenverteilung bestellt ist. Dadurch können wir erkennen, wo die Probleme liegen und wo wir über besondere Fähigkeiten verfügen.

Ein Beispiel: Wir betrachten ein Horoskop, in dem Luft das superiore Element ist. Für diesen Menschen ist das Denken die Art und Weise, wie er sich bewußtseinsmäßig der Welt nähert. Das inferiore Element ist dann Wasser. Wenn hier nun der Merkur im Wasser-Element steht (es sich vielleicht also um einen Zwilling mit einem Krebs-Merkur handelt), wird er seine Wirkung vom Unbewußten her entfalten – was für den Luft-Typen ein Problem bedeutet. Merkur ist nämlich von Natur aus ein «objektiver» Planet; er spiegelt das menschliche Bedürfnis wider, die Dinge einzuordnen, zu analysieren und auf eine möglichst neutrale Weise Zusammenhänge herzustellen. Ein Planet aber, der aus dem Unbewußten heraus wirkt, kann nicht objektiv sein. Er ist im Unbewußten durch die verschiedensten kollektiven und persönlichen Inhalte gefärbt, und häufig spielen hier auch noch Verdrängungen eine Rolle. Und wenn auch das Kollektiv-Unbewußte sehr objektiv sein kann (zum Beispiel, was Träume betrifft), besteht doch eine Kluft zwischen den inferioren Inhalten und der Annäherung und Interpretation derselben durch das superiore Element. Unbewußte Inhalte äußern sich dabei häufig in einer Bildersprache, die vom Bewußtsein nicht oder kaum verstanden wird.

Auf diese Weise also kommt es in unserem Beispiel aus dem inferioren Element Wasser heraus zum Verlust der merkurischen Objektivität und neutralen Art der Analyse und Ordnung der Faktoren. Anstelle dessen würden wir hier ein stark gefühlsmäßig gefärbtes Denken beobachten. Wenn wir das dieser Person sagen würden, käme es wahrscheinlich dazu, daß sie unsere Beobachtungen abstreitet. Sie würde darauf hinweisen, daß mit der Zwillings-Sonne doch eine außerordentlich große Objektivität verbunden ist (weil es sich um die Sonne handelt, findet hier ja eine Identifikation mit dem Verstand statt). Dieser Mensch denkt dann, auf subjektive Art, daß er in seinem Ordnen der Erscheinungen und seinem Analysieren sehr objektiv ist. Mit der Stellung in dem inferioren Element aber entzieht sich Merkur dem Beurteilungsvermögen. Erst im Laufe seines Lebens wird der Betreffende zu sehen lernen, daß es ihm an irgend etwas fehlt (vorausgesetzt, daß er dies überhaupt sehen will).

Nun muß sich eine derartige Situation nicht unbedingt nachteilig auswirken, sondern der Mensch kann im Gegenteil Nutzen daraus ziehen. So wird der Denker, der seine Gefühle von seinem Bewußtsein her nicht berücksichtigt und sich in hochabstrakten Betrachtungen verliert, mit Merkur im inferioren Element Wasser durch die Hintertür doch mit seinen Emotionen konfrontiert. Es kann zwar sein, daß er dies dann lästig findet oder sich auch deshalb unsicher fühlt, was aber nicht zwangsläufig bedeutet, daß er hier Probleme hat. Vielleicht fühlt er das Bedürfnis, sich mit dieser Unsicherheit auseinanderzusetzen. Das könnte ihn erkennen lassen, was diesem Gefühl zugrundeliegt. Wenn er, durch seinen inneren Zwiespalt zwischen Denken (Luft) und Fühlen (Wasser) motiviert, hier zu Erkenntnissen gelangt ist, kann er auch andere besser verstehen. Leugnet er jedoch die Probleme (was dann möglicherweise zu einer Art «kreativer Frustration» führt), kann es zu einer Haltung der Überkompensation kommen. Dieser Mensch versucht dann möglicherweise, seine vermeintlich objektive Meinung anderen aufzudrängen. Überempfindlichkeit gegen jede Kritik könnte eine weitere Folge sein oder auch die Fixierung auf bestimmte Haltungen.

Es ist nicht so, daß zum Beispiel ein Krebs-Merkur in jedem Horoskop das gleiche bedeutet. Die Gefahr, sich auf bestimmte Ansichten oder Haltungen zu versteifen, ist viel geringer, wenn Merkur nicht aus dem inferioren Element heraus wirkt. Das heißt also, daß wir bereits bei der Betrachtung der Planeten in den Zeichen die individuellen Gegebenheiten des Horoskops berücksichtigen müssen.

Planeten, die in dem superioren Element stehen, entfalten sich auf die allgemein bekannte Art und Weise. Das Bewußtsein hat hier einen guten Kontakt zu den betreffenden Inhalten, und es kommt durch die Auseinandersetzung mit diesen zur Weiterentwicklung der Identität. Planeten im inferioren Element dagegen werden vom Bewußtsein oft als schwierig empfunden. Manchmal sind sie auch für dieses schlichtweg «ungreifbar».

Im allgemeinen kommt es hier zu den folgenden Merkmalen:

- Einer gewissen Trägheit im Entwicklungsprozeß.
- Zu Manifestationen, die sich unerwartet ergeben, was als lästig erfahren werden kann.
- Zu Unsicherheit auf dem betreffenden Gebiet, zum Beispiel in Form von Überempfindlichkeit oder Unverständnis gegenüber Kritik.
- Zu Alibi-Tätigkeiten oder zu Überkompensationen, mit dem Resultat, daß die Umgebung sich nicht wirklich auf diesen Menschen verlassen kann.

Wir können uns darüber klar werden, wie Planeten im inferioren Element zum Ausdruck kommen, wenn wir das Horoskop von Fred studieren (siehe Seite 204). Superior ist hier das Element Erde, als erste Hilfsfunktion fungiert das Element Wasser. Insofern sind die Elemente Feuer und Luft unbewußt. Feuer ist das inferiore Element. Das Element Luft wirkt aus dem Unbewußten heraus überwiegend inferior – auch wenn die Chance besteht, daß Fred dieses Element im Laufe seines Lebens ebenfalls zur Hilfsfunktion macht. Venus im Element Luft (sie steht im Zeichen Zwillinge) wirkt bei ihm inferior – und tatsächlich hat er im Hinblick auf Beziehungen zum anderen Geschlecht in seinem Leben einige Probleme gehabt. Venus in den Zwillingen bedeutet immer Schwierigkeiten, wenn es darum geht, sich von innen heraus mit jemandem auf eine intensive Art zu verbinden.

Es besteht bei Fred auch die Gefahr der Oberflächlichkeit – was allerdings durch die Tatsache ausgeglichen wird, daß er als Stier mit einem Skorpion-Aszendenten stark auf den Partner beziehungsweise eine intensive Verbindung gerichtet ist. Fred war sich aber seiner Gefühle in diesem Zusammenhang nicht sicher. Er sagte einmal, daß er auch nach einigen Jahren des Zusammenlebens nicht wußte, ob er seine Partnerin wirklich liebte. Er hatte große Mühe damit, die Venus-Inhalte auf bewußte Weise zum Ausdruck zu bringen, und seine Freundin konnte ihn immer wieder mit der Frage, ob er sie noch liebte, aufs tiefste verunsichern. Hätte Venus in einem Erd- oder in einem Wasserzeichen gestanden, wäre es hier kaum zu Schwierigkeiten gekommen, unabhängig davon, auf welche Weise sich das Venus-Prinzip nach außen hin manifestiert hätte. Die Steinbock-Venus beispielsweise kann nach außen hin kühl sein und wenig Gefühle und Emotionen verraten. Für Fred aber wäre diese Stellung viel unproblematischer gewesen. Es soll hier noch einmal nachdrücklich darauf hingewiesen sein, daß nicht jeder Mensch mit einer Zwillings-Venus diese Probleme hat. Wir müssen immer erst analysieren, wie es um die Stellung der Planeten im Hinblick auf die Elementenverteilung steht.

Der Planet in dem inferioren Element kann uns mit Unsicherheit und Schwierigkeiten konfrontieren – zugleich aber bietet er uns die Gelegenheit, den Kontakt mit unserem Unbewußten herzustellen beziehungsweise aufrechtzuerhalten. Es ist eben diese Venus-Stellung, welche Fred motiviert, die schwer faßbaren Venus-Gefühle zum Ausdruck zu bringen, wenn auch auf einem anderen Gebiet. Hierbei erfährt er Unterstützung durch den Fische-Mond. Diese Kombination verschafft ihm in Hinblick auf Musik und andere Formen von Kunst viel Befriedigung. Natürlich deutet hier auch schon die Kombination von Stier-Sonne und Fische-Mond auf eine gewisse Empfänglichkeit hin – der ausschlaggebende Faktor aber liegt in der emotionalen Spannung, die in seinem Fall mit dem Planeten Venus gegeben ist. Wir können solche Spannungspunkte in vielen Horoskopen erkennen, in denen sie als eine Art Motor wirken: Sie liefern die Energie für Aktivität und Unternehmungslust. *Was* getan wird, ist dann wieder aus dem Verhältnis dieses Planeten zu den anderen Inhalten abzuleiten.

Ein Planet in einem Zeichen kann also nie für sich allein betrachtet werden: Er ist untrennbar verbunden mit allen anderen Faktoren des Horoskops. Mithilfe der Elementenverteilung, der Analyse der Kreuze, der Untersuchung von Herrschaftsverhältnissen und der Aspekte können wir – um nur einige der möglichen Untersuchungspunkte anzuführen – etwas über die komplexe Struktur des Horoskops herausfinden.

Planetenstellungen und die damit verbundenen Chancen und Probleme

Im Hinblick auf den vorangegangenen Abschnitt erhebt sich die Frage, inwieweit bestimmte Planetenstellungen einander unterstützen oder aber behindern. Einige Planeten können durch ihre Stellung eine Stütze oder ein Hindernis für einen anderen Planeten sein – ob dieser nun in demselben Zeichen steht oder nicht. Dabei muß dies nicht aufgrund der Elementenunverträglichkeit der Fall sein. Oftmals ist aber auch die Meinung anzutreffen, daß zwei einander entgegengesetzte Planetenstände sich gegenseitig neutralisieren – so daß dann sozusagen in der Summe aller Faktoren diese Planeten «wegfallen» würden. Nichts ist weniger wahr! Wenn von zwei gegensätzlichen Inhalten die Rede ist, kommt diese Gegensätzlichkeit auch in dem betreffenden Charakter zum Ausdruck. Das kann auf die verschiedensten Weisen geschehen: Es könnte zum Beispiel sein, daß zunächst die eine, dann die andere Funktion im Vordergrund steht. Es kann aber auch jeder der Inhalte einen beschränkenden Einfluß entfalten, wenn der andere zu mächtig zu werden scheint. Innere Kämpfe und/oder viel Unsicherheit könnte daraus resultieren. Dieser Widerstreit kann hier in mancherlei Hinsicht eine wichtige Rolle spielen.

Um das Vorhergegangene zu konkretisieren, ziehen wir noch einmal ein Beispiel heran. Wir wollen einmal annehmen, daß Jupiter und Saturn im gleichen Zeichen, nicht aber in Konjunktion zueinander stehen. Weil diese zwei so gegensätzlichen Bedürfnismuster vor demselben Zeichen-Hintergrund zum Ausdruck kommen, besteht hier eine Beziehung und die Möglichkeit zur gegenseitigen Beeinflussung, ohne daß ein Aspekt vorhanden wäre. Jupiter bedeutet das Bedürfnis nach religiösen und geistigen Werten, nach Expansion, Einsicht und Erkenntnis. Der Mensch hat hier den Wunsch, alles in einem größeren Zusammenhang zu sehen und eine Synthese zu erfahren. Was für ein Gegensatz zu Saturn, der den Lernprozeß durch Schmerz symbolisiert! Saturn bedeutet die Formung des Bewußtseins, das Erkennen und Abstecken der eigenen Grenzen – und unseren wunden Punkt. Mit Saturn lernen wir – häufig in Verbindung mit schmerzhaften Erfahrungen –, uns selbst Gestalt zu geben. Das ist der Grund dafür, daß Saturn so häufig mit Angst, Behinderungen und Überkompensationen einhergeht.

Wenn diese beiden Inhalte im gleichen Zeichen stehen, ist die Art und Weise, wie sie wirken, dieselbe. Der Schmerz (Saturn) und die Heilkraft (Jupiter) verbinden sich hier also – weil sie den gleichen Hintergrund haben. Saturn im Zeichen Jungfrau (Element Erde) zeigt eine bestimmte Empfindlichkeit in stofflicher Hinsicht an. Wenn wir hier noch berücksichtigen, daß es sich um das veränderliche Kreuz handelt, welches zu verbinden versucht, können wir mit dem Bedürfnis rechnen, sich konkret und auf praktische Weise nützlich zu machen (natürlich lassen wir hier jetzt die anderen Horoskop-Faktoren außer acht). Saturn in der Jungfrau verleiht ein ausgeprägtes Bedürfnis, sich hilfsbereit zu zeigen – vielleicht aber auch die Flucht in Ausreden, wenn tatsächlich auf das Angebot eingegangen oder ein erster konkreter Schritt erwartet wird. Auch das Analysieren geschieht mit dem Jungfrau-Saturn auf konkrete und gründliche Weise. Ängste und Behinderungen können hier aber dazu führen, daß alle anderen, nicht aber die eigene Person unter die Lupe genommen wird. Hier besteht auf der einen Seite das Bedürfnis, zu helfen, Kenntnisse zu erwerben und Zusammenhänge herzustellen, auf eine so intensive Art wie nur möglich. Auf der anderen Seite aber ist Angst vorhanden, tatsächlich aktiv zu werden, Kontakte zu knüpfen und die eigene Person in die Kritik einzubeziehen.

Jupiter in diesem Zeichen gibt an, daß die Expansion auf Jungfrau-Art geschieht. Das Analysieren, Beobachten und die Einordnung des Beobachteten kann zur Einsicht in die eigene Person und in andere führen. Es liegt nicht, wie bei Saturn in diesem Zeichen, eine Behinderung vor. Die Expansion von Jupiter richtet sich jedoch hier nicht auf die großen Entwicklungslinien – dies würde im Widerspruch zu der Charakteristik des Jungfrau-Zeichens stehen. Die Aufmerksamkeit ist hier auf das Detail, auf das Pflichtgefühl und auf Dienstbarkeit gerichtet (Erde und das veränderliche Kreuz). Mit dem Jungfrau-Jupiter besteht das Bedürfnis, anderen beizustehen, um sich selbst zu helfen. Dieser Mensch muß sich und andere bis ins Detail analysieren, um sich selbst und seine Rolle in dem Ganzen – die Gesellschaft oder das Leben überhaupt – besser zu erkennen.

Wenn wir nun also diese beiden Einflüsse miteinander kombinieren, sehen wir jemanden, dessen Bedürfnis nach Heilung, Expansion und Verbesserung (Jupiter) auf die gleiche Weise zum Ausdruck kommt wie sein Drang, das Bewußtsein auszubilden (Saturn). Das kann an sich eine gute Sache sein – allerdings ist Saturn auch der schwache Punkt des Horoskops, und es wäre hier möglich, daß immer dann, wenn der Mensch mit jupiterhafter Begeisterung tätig wird, sich sofort saturnische Ängste erheben. Das Zögern, die Zweifel und die Unsicherheit, die damit verbunden sind, können dazu führen, daß der Betroffene viele Chancen ungenutzt läßt. Auch wäre es bei der saturnischen Überkompensation vorstellbar, daß der Mensch in dem Bestreben, seine Angst zu verbergen, sich hier mit Jupiter auf eine übertriebene und unvernünftige Weise verhält. So könnte die Überkompensation noch verstärkt werden.

Aber nicht alles an dieser Konstellation ist so problematisch. Wenn nämlich der Mensch mit Saturn sich in einer depressiven Laune am liebsten im tiefsten Loch verkriechen würde, kann Jupiter, der auf die gleiche Art wirkt, ihn wieder aus dem Tief herausholen. Wie tief die Depression auch sein mag – Jupiter hat hier immer einen Zugang und kann seinen Beitrag dazu leisten, daß dieser Mensch wieder nach oben kommt.

Wir wollen einmal annehmen, daß dieser Mensch eine ganze Zeit sehr hart gearbeitet hat (weil er mit seinem Jungfrau-Saturn zu helfen versprochen hatte). Er fühlt nun viel Anspannung und Unsicherheit in sich und fragt sich, ob er wirklich geschätzt wird. Jupiter aber, der von dem gleichen Hintergrund aus wirkt, schöpft aus der Hilfsbereitschaft an sich schon ein gehöriges Maß Befriedigung, weil es sich hier um die Art und Weise handelt, wie er innerlich wachsen kann. Die Zufriedenheit, das Werk beendet zu haben, kann hier schon genug sein, die saturnische Niedergeschlagenheit oder Melancholie aufzuhellen. Es spielt eigentlich keine Rolle, ob es zum Lob gekommen ist oder nicht.

Wenn Jupiter und Saturn im gleichen Zeichen stehen, könnten wir also mit den folgenden Manifestationen rechnen:

- Saturn bremst Jupiter bei dessen Entfaltung.
- Jupiter ist in der Lage, Saturn aus seinem Tief zu holen.
- Sind beide Inhalte zugleich aktiviert, kann Angst (Saturn) dazu führen, daß Gelegenheiten ungenutzt verstreichen.
- Jupiter kann die Verstärkung von saturnischen Überkompensationen bedeuten.
- Jupiter kann die Einsicht in saturnische Überkompensationen bedeuten, was zu deren Abschwächung führt.
- Beide Inhalte können einander verstärken oder abschwächen.
- Es sind im Hinblick auf diese gegenseitigen Verstärkungen oder Abschwächungen extreme Auswirkungen möglich.

Gemäß der Einstellung, die der Mensch diesen gegensätzlichen Inhalten entgegenbringt, wird der Verarbeitungsprozeß verlaufen. Versteht es der Betroffene, seinem Saturn mit der Zeit immer deutlicher Ausdruck zu verleihen (zum Beispiel dadurch, daß er seinen Ängsten mutig entgegentritt), kann hier ein beständig zunehmendes Durchsetzungsvermögen und immer mehr Tiefgang im Hinblick auf Jupiter die Folge sein. Aber bis dahin ist es oft ein langer Weg. Mit Jupiter und Saturn im gleichen Zeichen aber ist es grundsätzlich möglich, daß die Erfahrung von Schmerz und Schwierigkeiten, von Frustration und Scham (Saturn) zu Weisheit führt (Jupiter). An dieser Weisheit sind auch die anderen beteiligt, so daß eine allgemeine und sich an alle richtende Art der Dienstbereitschaft zum Ausdruck kommt. Dienst- und Hilfsbereitschaft ist in jeder Beziehung das Ausdrucksmittel des Jungfrau-Zeichens.

Diese Illustration von gegensätzlichen Inhalten macht deutlich, daß wir im Hinblick auf die Planeten in den Zeichen auch darauf achten müssen, ob Dualitäten bestehen wie zum Beispiel die oben angeführte. Diese Dualitäten heben einander nicht auf oder neutralisieren sich nicht – sie wirken gleich stark und beeinflussen einander in ihrer Äußerungsweise. Dies bedeutet dann wieder ganz andere Probleme als die der Elementenverteilung. Wir können erkennen, ob Planeten gegensätzlich wirken, wenn wir deren Stellung im Hinblick auf die Elemente untersuchen. Es dürfte auch klar sein, daß – um bei dem Beispiel zu bleiben – Saturn und Jupiter aus dem gleichen Zeichen heraus auf ganz andere Art und Weise zum Ausdruck kommen, je nachdem, ob es sich hier um das superiore oder das inferiore Element handelt. Es mag den Anschein haben, daß dies im Grunde nur Nebensächlichkeiten sind – wir müssen diesen Punkten aber durchaus Aufmerksamkeit schenken, um verstehen zu können, warum zwischen bestimmten Inhalten in verschiedenen Horoskopen so große Unterschiede vorhanden sind.

Was können wir den Planetenstellungen sonst noch entnehmen?

Es reicht im allgemeinen nicht, wenn wir dieses oder jenes über die Planeten in unserem Horoskop wissen. Häufig hören wir denn auch die Frage, was wir mit derartigen Informationen anfangen sollen. Es stimmt eben nicht, daß diese oder jene Schwierigkeit verschwindet, nur weil wir dieses oder jenes erkannt haben. Das Leben bringt uns immer wieder neue Erlebnisse, auf die wir auf neue Weise reagieren und mit immer neuer Anpassung antworten müssen. Nichts bleibt beim alten, und auch unser Inneres stellt gemäß der verschiedenen Lebensperioden unterschiedliche Forderungen. Wenn wir in einer Phase ein Problem auf eine bestimmte Weise gelöst haben, kann es sein, daß es später in anderer Form neu erscheint. Wir sind uns selbst gegenüber nicht immer ehrlich, und irgendwann könnte sich die Erkenntnis einstellen, daß sich uns ein altes Problem gewissermaßen in einem neuen Gewand präsentiert. Es kommt dann darauf an, eine neue Lösung zu finden. Wir werden es hier immer wieder mit Problemen zu tun haben, bis wir endlich begreifen, worum es wirklich geht. Wissen wir dann tatsächlich, was – unabhängig von allen äußerlichen Manifestationsformen – die Ursache der Schwierigkeiten ist, halten wir den Schlüssel zur Verbesserung der Situation in unseren Händen. Dazu ist noch anzumerken, daß jeder Inhalt, der mit Schwierigkeiten einhergeht, auch konstruktiv genutzt werden kann.

Als Beispiel hierzu möge Rob dienen. Einhergehend mit einer bestimmten Planetenkonstellation entwickelte sich bei ihm ein Bedürfnismuster, welches zu einem Mutterkomplex führte. Seine Mutterbindung war außerordentlich stark, und er war ihr Augapfel. Als sich Spannungen zwischen den beiden ergaben, meinte Rob, daß seine Mutter ihn bremste und seine Entfaltung verhinderte. Zumindest in gesellschaftlicher Hinsicht stimmte dies nicht – sie förderte ihn hier sehr. Irgendwie wußte er aber auch selbst, daß das nicht alles war. Er brach für eine Zeitlang jeglichen Kontakt zu ihr ab, um Klarheit zu gewinnen. Dies verschaffte ihm zunächst auch Gefühle der Erleichterung, und er dachte schon, daß er auf diese Weise sein Problem gelöst hätte und daß nun seiner Weiterentwicklung nichts mehr im Wege stünde. Aber er hatte nicht wirklich verstanden, worin die Bedeutung dieser Planetenkonstellation lag. Das zeigte sich, als er sich in eine viel ältere und reife Frau verliebte, die ihm eine Art mütterliche Sicherheit geben konnte. Aber auch hier kam es recht bald zu Problemen. Aufs neue brach Rob die Beziehung einfach ab, wonach er abermals das Gefühl hatte, wieder er selbst zu werden. Nun beschuldigte er die ältere Freundin, ihn in seiner Entwicklung behindert und ihn wie ein unmündiges Kind behandelt zu haben.

Nach dieser Erfahrung versenkte sich Rob in seine Arbeit, welche ihm viel Freude bereitete. Schließlich aber kam es zu einem Zustand der Erschöpfung. Er gab hier der Arbeit die Schuld – trotz der Tatsache, daß sie ihm eigentlich Spaß gemacht hatte. Auf jeden Fall wollte er diese Tätigkeit nicht mehr verrichten. Einmal mehr schob er die Schuld auf etwas, was außerhalb von ihm lag. Aber irgendwann erinnerte er sich daran, daß seine Mutter ihm eine harte Erziehung hatte zukommen lassen, gemäß dem Sprichwort, daß Laster aller Müßiggang Anfang sei und anderem mehr. Arbeit war von ihr als überaus positiv hingestellt worden. Nachdem sich Rob dessen klargeworden war, erkannte er, daß der Bruch mit seiner Mutter ihn keinen Schritt weitergebracht hatte. Die Zuneigung für die reife Frau und die harte Arbeit waren beides Ersatzmittel für die Mutter, nach der er suchte. Es mußte also tief in ihm etwas verborgen sein, das ihn hierfür empfänglich machte.

Rob lernte nun allmählich, sich mit seinem schwachen Punkt auseinanderzusetzen. Er verstand allmählich die Wurzeln seines Mutterkomplexes und die eigenen Verhaltensweisen. Damit war er ein Stück weitergekommen. Er suchte nun nicht mehr die Schuld außerhalb von sich selbst, sondern begriff das Wesen der Probleme, die er mit sich herumtrug. Diese Einsicht hat ihn in die Lage versetzt, sich auf eine positivere Weise dem Leben gegenüber zu behaupten. Er kann die Planetenkonstellation seines Horoskops nicht ändern, er kann aber nach einem Ausdrucksmittel beziehungsweise nach einem Ventil suchen, welches zur Folge hätte, daß sich die Inhalte nicht mehr so störend auswirken. Es kommt hier darauf an, daß er die betreffenden Gefühle und Bedürfnisse auch tatsächlich zum Ausdruck bringt. Mit einem solchen Ventil können wir unter Umständen viel Kreativität freisetzen.

Wenn wir bei den Planeten in den Zeichen darauf achten, wie es um den Hintergrund bestellt ist, haben wir eher die Möglichkeit zu begreifen, wo die Probleme liegen. Wir können dann Mängel besser erkennen, als wenn wir uns nur auf die konkrete Manifestationsweise beschränken. So können sowohl der Widder- als auch der Skorpion-Mars auf ziemlich aggressive Art zum Ausdruck kommen. Es handelt sich hier um den gleichen Planeten, aber um einen unterschiedlichen Hintergrund – mit dem Resultat, daß die Aggression im ersten Fall eine andere Ursache hat als im zweiten. Wollen wir die Aggression verstehen, müssen wir uns mit dem beschäftigen, was in der Tiefe liegt. Der Mensch mit dem Widder-Mars kann aus dem Grund aggressiv werden, daß er einfach zuviel Energie hat und nicht weiß, was er damit anfangen soll. Vielleicht sieht er sich aber auch in seinem Drang nach Aktivität Behinderungen oder Beschränkungen gegenüber, was er nicht ertragen kann. Ein Kind mit einem Widder-Mars, das aggressiv wird, kann sich zum Beispiel durch eine Tätigkeit wie Sport gut abreagieren – unter der Voraussetzung, daß es gerne Sport treibt. Das Kind mit dem Skorpion-Mars fühlt Aggressionen in sich aufsteigen, wenn die Unsicherheit zu groß wird. Mars kann in diesem Zeichen vielerlei Formen von Überkompensation bedeuten. Während das Kind mit dem Widder-Mars unmittelbar «Dampf ablassen» kann, braucht das Kind mit dem Skorpion-Mars eine Beschäftigung, die ihm Bestätigung und Selbstvertrauen gibt. Das könnte natürlich ebenfalls Sport sein – der Unterschied besteht hier aber darin, daß der körperliche Aspekt keine wichtige Rolle spielt. Hier ist die Aggression nicht die Folge eines Überflusses an Energie, welche kein Betätigungsfeld findet.

Ebenso wichtig wie die Hintergrund-Faktoren bezüglich der Zeichen ist der Platz, den die Planeten hinsichtlich der Stellung der *Kreuze* haben. Bei dieser Betrachtung geht es nicht mehr um das inferiore und das superiore Element und die Hilfsfunktionen, sondern um die Art und Weise, wie die Erlebnisse verarbeitet werden. Mit einer Betonung des *Kardinalen* bezieht sich die Verarbeitung zum Beispiel in erster Linie auf die Außenwelt und die Rolle, die der Mensch in dieser hat. Das soll nicht heißen, daß dieser Mensch niemals das Bedürfnis haben wird, sich von anderen abzusondern und sich mit seinem Inneren zu beschäftigen. Es muß sich hier auch nicht um die Art und Weise handeln, wie bestimmte Probleme gelöst werden. Es kann durchaus sein, daß sich der Betreffende hier auf einen Planeten bezieht, der in einem fixen Zeichen steht – aus dem Grund, daß er auf diese Weise mit den tieferen Schichten seines Inneren und vielleicht auch mit seinem inferioren Element in Kontakt kommt. Wenn aber der mit dem Problem in Verbindung stehende Planet sich in einem fixen Zeichen befindet, bedeutet dies, daß die Lösung durch das fixe Kreuz angezeigt ist. Der Mensch kann also nicht nach Belieben diesen oder jenen Planeten oder diese oder jene Art der Verarbeitung einsetzen beziehungsweise immer wieder eine neue Einstellung zum Ausdruck bringen. Er ist hinsichtlich eines Planeten an das Zeichen mit der dazugehörigen Verarbeitungsweise gebunden.

Die meisten Menschen werden von sich aus immer wieder zwischen den verschiedenen Bereichen, wie sie von den verschiedenen Planeten dargestellt werden, wechseln. Jeder Planet steht für ein bestimmtes Bedürfnis. Oft aber gibt es Schwierigkeiten zu erkennen, auf welchem Gebiet die Lösung liegt. Entdeckt der Mensch dann, wo er die Lösung finden kann, führt das zu außerordentlich befriedigenden Ergebnissen. Es spielt keine Rolle, um welchen Planeten es hierbei geht. Entscheidend ist das

Kreuz beziehungsweise dessen Verarbeitungsweise. Nehmen wir als Beispiel das fixe Kreuz. Der eine Mensch kann besser zu sich selbst kommen durch Merkur (Ordnung, Einteilung und Analyse), der andere führt die Konfrontation mit seinem Unbewußten lieber mit Mars (Aktivität, Geltungsdrang und so weiter). So stehen jedem Menschen im Hinblick auf die verschiedenen Verarbeitungsweisen alle Planeten zur Verfügung, in Abhängigkeit von den Zeichen beziehungsweise Kreuzen, in denen sich diese befinden. Das gilt auch für die transsaturnischen Planeten.

Hat jemand jegliches Gefühl für sein Gleichgewicht verloren, und stehen in seinem Horoskop ein oder mehrere Planeten in veränderlichen Zeichen, können die mit diesen verbundenen Inhalte ihm helfen, wieder ins Lot zu kommen (der Verarbeitungsprozeß des veränderlichen Kreuzes ist auf das Schaffen von Übergängen, Harmonie und auf Dienstbereitschaft gerichtet). Dabei spielt es keine Rolle, um welche Inhalte oder Planeten es hier geht. Handelt es sich beispielsweise um Uranus, kann es sein, daß der Betroffene durch sein Unabhängigkeitsstreben, seine Individualität oder auch durch die Provokation anderer das innere Gleichgewicht wiederfindet – wie unpassend all das auf den ersten Blick auch scheinen könnte. Vielleicht könnten diesem Menschen sogar ungewöhnliche Dinge wie beispielsweise das Kartenlegen, die Astrologie oder das Okkulte überhaupt oder auch die Luftfahrt oder die modernen Kommunikationstechnologien helfen, wieder zu sich zu finden.

Jedes Planetenmuster hat die vielfältigsten Ausdrucksmöglichkeiten. Uranus kann auf allen angeführten Gebieten zum Ausdruck kommen, aber – als Planet der Sprengung der Form – auch dadurch, daß etwas zerstört wird. Es könnte dem Menschen in dieser Hinsicht helfen, wenn er (altes, überflüssiges) Geschirr in Scherben wirft. Es ist letztlich ohne Belang, *wie* sich die Energie äußert: Entscheidend ist, *daß* sie zum Ausdruck kommt. Es bestehen hier viele Möglichkeiten. Wenn wir die Kreuze näher betrachten, können wir uns besser verstehen lernen. Wir können dann erkennen, welche Inhalte uns beim Kontakt zu anderen unterstützen (kardinales Kreuz) oder welche uns helfen, ein ausgewogenes Verhältnis zwischen Bewußtsein und Unbewußtem herzustellen (veränderliches Kreuz). Die Stellung der Planeten hinsichtlich der Elemente gibt dann wiederum Aufschluß darüber, ob wir in der Lage sind, diese Planeten bewußt zu gebrauchen, oder ob das betreffende Bedürfnismuster in unserem Unbewußten verankert ist.

Ein letzter Punkt noch zum superioren und zum inferioren Element. Wir wollen als Beispiel annehmen, daß jemand Luft als superiores Element und den Mond im Skorpion hat. Wenn wir nun beim Zeichen Skorpion lesen, daß das fixe Kreuz von Zeit zu Zeit immer wieder das inferiore Element Luft aufsteigen läßt, kann es leicht zu Verwirrung kommen. Man könnte dann sagen, daß Luft ja ohnehin superior ist und daß darum mit dem Skorpion-Mond keine inferioren Inhalte verbunden sein können. Das ist etwas, was wir niemals tun dürfen! Der Mond im fixen Wasserzeichen Skorpion ist in erster Linie durch seine auf das Gefühl ausgerichtete Haltung gekennzeichnet. Von Zeit zu Zeit kann es hier zu «Denkimpulsen» kommen – welche aber eindeutig von inferiorer Art sind. Sie werden dann auch niemals die auf das Gefühl gerichtete Einstellung dieses Menschen übertönen können. Sobald hier aber der Denkprozeß in Gang gekommen ist, wird sich dieser Mensch «automatisch» seiner Luftfunktion bedienen, weil das Element Luft nun einmal superior ist. Insofern geschieht es dann, daß ein anderer Planet die Führung übernimmt und der Mond nicht mehr «gefragt» ist.

Folgende Auswirkungen sind also denkbar:

- Ein Planet in einem fixen Zeichen läßt immer wieder bestimmte Inhalte aus dem Unbewußten aufsteigen, die dem inferioren Element zuzuordnen sind. Zum Beispiel: Bei der Stier-Sonne (Element Erde) steigen inferiore Feuer-Inhalte auf, beim Skorpion-Mond (Element Wasser) ist Luft inferior.

- Ein Planet in einem veränderlichen Zeichen bedeutet ebenfalls, daß von Zeit zu Zeit unbewußte inferiore Inhalte aufsteigen (wenn auch in geringerem Ausmaß als beim fixen Kreuz).

- Wenn aus der Elementenverteilung hervorgeht, daß das Element Luft dem Bewußtsein zuzuordnen beziehungsweise superior ist, dann wirken die Planeten, die sich im Element Wasser befinden, aus dem Unbewußten heraus.

- Beim Menschen mit Luft als superiorem Element wirkt der Skorpion-Mond aus dem Unbewußten heraus (also inferior). Das fixe Kreuz läßt hier jedoch bezüglich des Mondes immer wieder Inhalte aus dem Unbewußten beziehungsweise dem für den Mond inferioren Element Luft aufsteigen. Diese Inhalte werden inferior bleiben, ungeachtet der Tatsache, daß andere Luft-Inhalte sich bei diesem Menschen auf superiore Weise auswirken.

Die Planeten in den Zeichen können ein Schlüssel sein, mit dem wir Einsicht in uns selbst erlangen. Ungeachtet ihrer Wichtigkeit handelt es sich hier aber nur um einen Teil der Horoskopdeutung. Die Häuser, die Aspekte und anderes mehr geben uns weitere Informationen, welche zeigen, inwiefern sich die Manifestationsformen der Planeten gegenseitig unterstützen oder behindern. Weiterhin können wir ihnen entnehmen, auf welchen Gebieten die betreffenden Inhalte zum Ausdruck kommen. Hier spielen die Elemente und die Kreuze im Hinblick auf die Planeten-Zeichen eine wichtige Rolle. Sie sind Symbole dafür, wie sich die menschlichen Bedürfnisse im Leben manifestieren.

Anhang 1

Zwei Übungsbeispiele

Einleitung

Fußend auf dem, was wir eben angeführt haben, wollen wir nun zwei Horoskope näher auf Bedürfnismuster und mögliche Manifestationsformen hin betrachten. Wie schon erwähnt, ist die Interpretation des Horoskops eine komplexe Angelegenheit, bei der noch zahllose andere Faktoren von Wichtigkeit sind. So ist es beispielsweise wichtig zu wissen, in welchem Zeichen der Herrscher eines bestimmten Planeten steht – weil das mehr dazu erkennen läßt, wie dieser zum Ausdruck kommt. Bei der Sonne in der Waage herrscht Venus über die Sonne: Venus ist die Herrscherin des Zeichens Waage, in dem hier die Sonne steht.

Wenn ein Mensch zum Beispiel den Merkur im Widder und den Mars, den Herrscher über den Widder und insofern den Herrscher über den Merkur, im Stier stehen hat, bedeutet dies einen etwas mäßigenden Hintergrund im Hinblick auf das Bedürfnis nach Analyse und Kommunikation. Der Merkur-Herrscher kommt nämlich im Stier auf eine ruhigere Art und Weise zum Ausdruck als vielleicht im Schützen. Wir werden uns hiermit später beschäftigen, wenn wir uns mit der Deutung im einzelnen befassen. Nichtsdestotrotz ist es wichtig, zur Vermeidung von Verwirrung darauf hinzuweisen, daß hier Unterschiede zu machen sind. Dies bedeutet aber keine Einschränkung dessen, was wir in den vorangegangenen Kapiteln behandelt haben: Die Bedürfnismuster und die Hintergrund-Informationen aufgrund der Zeichen, Elemente und Kreuze üben immer ihren Einfluß aus. Die Beziehungen zwischen den planetarischen Herrschern aber können uns dabei helfen, weitere Unterschiede zu erkennen.

Im folgenden soll an zwei Horoskopen demonstriert werden, wie diese Informationen praktisch anzuwenden sind.

Das Horoskop von Fred

Sonne, Mars und Merkur stehen bei Fred im Zeichen Stier (Horoskop Seite 204). Wenn sich drei persönliche Planeten im gleichen Zeichen befinden, ist dies natürlich von sehr großer Wichtigkeit. Sicherheit in materieller Beziehung sowie die konkrete Wirklichkeit sind denn auch für Fred von entscheidender Bedeutung. Das Zeichen Stier symbolisiert die Art und Weise, wie er am besten zu sich finden kann (Sonne) und wie er Menschen und Erfahrungen analysiert und Verbindungen herstellt (Merkur). Sein Denken ist insofern, ohne daß er sich dessen bewußt wäre, von der Ausrichtung auf das Konkrete sowie dem Wunsch nach Sicherheit und Bewahrung des Bestehenden geprägt. Seine Erfahrungen ordnet er gemäß erprobter und bewährter Muster, und er sieht alles im Zusammenhang mit der sinnlich wahrnehmbaren Realität (Merkur im Stier). Es kann sein, daß er sich wesensmäßig zutiefst mit dieser Sicht beziehungsweise Analyse der Dinge identifiziert (Sonne im gleichen Zeichen wie Merkur).

Als Stier ist seine Art des Verarbeitens bedächtig und gründlich, was auch für seine Analyse der Erfahrungen gilt. Insofern können wir annehmen, daß Fred nicht besonders schnell reagiert auf das, was um ihn herum vorgeht. Allerdings könnte er mit seiner Zwillings-Venus hier äußerlich einen anderen Eindruck erwecken – was sich aber nur auf Dinge bezieht, die nicht wirklich wesentlich sind. Das fixe Kreuz, zu dem das Zeichen Stier gehört, bringt es mit sich, daß Fred seine Worte ruhig und bedächtig wählt und überlegte Äußerungen von sich gibt, zumindest dann, wenn es um Angelegenheiten geht, die ihm wichtig sind. Er will sich dessen, was er sagt, wirklich sicher sein, was der Grund dafür ist, daß er hier auf das hört, was ihm seine innere Stimme sagt. Das Bedürfnis nach Sicherheit ist deshalb so stark, weil es sowohl für seine Sonne, seinen Merkur als auch für seinen Mars gilt. Diese Inhalte verstärken einander also in ihrem Bedürfnismuster.

Freds Reaktionen gegenüber der Außenwelt sind – insbesondere in Situationen der Unsicherheit – vom Fische-Mond geprägt: Sie kommen auf gefühlsmäßige und sensitive Art zum Ausdruck. Fred hat ein Gespür für Situationen und das, was «in der Luft» liegt – nichtsdestotrotz hat er das Bedürfnis, das, was damit verbunden ist, so schnell wie möglich in konkrete Begriffe zu fassen (Merkur im Stier). Durch die Veränderlichkeit dieser Mondstellung läßt er zwar zunächst nach außen hin Hilfsbereitschaft erkennen, um Sicherheit zu erfahren, ist aber zugleich aufgrund der Dualität dieser Stellung immer wieder dazu verurteilt, aufs neue mit Unsicherheit konfrontiert zu werden. Mit der Sonne im Stier (fixes Zeichen) zeigt er das allerdings nach außen hin nicht so

FRED

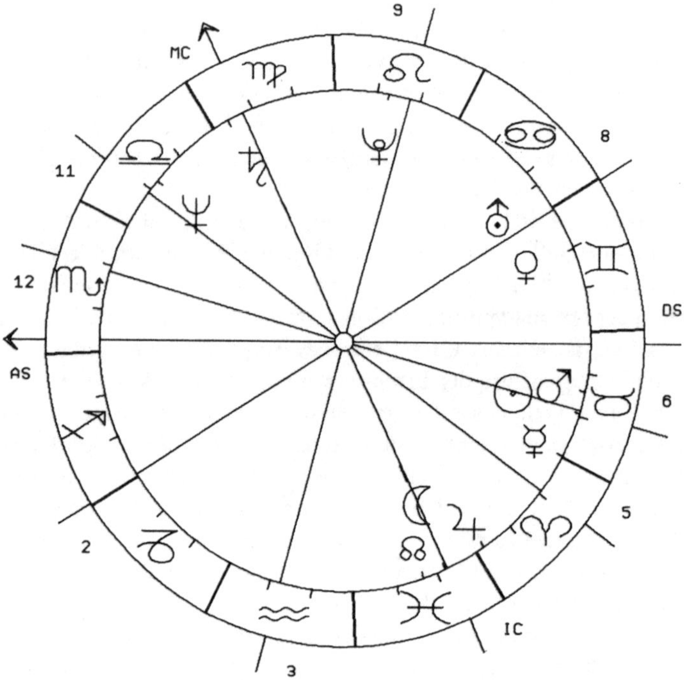

Radix

☉	♉	10	39		☉										
☽	♓	21	59			☽									
☿	♉	0	1	r			☿								
♀	♊	19	23			□		♀							
♂	♉	15	48		☌				♂						
♃	♈	2	15						∠	♃					
♄	♍	26	10	r	⚼	☍					♄				
♅	♋	6	25		*					□		♅			
♆	♎	17	33	r				△	⚻				♆		
♇	♌	17	25					*	□	⚼			*	♇	
☊	♓	16	23	r				□	*						☊
AS	♏	27	4								*				
MC	♍	22	18			☍		□							

1/ 5/1951
21h 28m
VEENDAM
1hE 0m
6E 58'
53N 6'

Placidus
2. ♐ 29 27
11. ♎ 20 51
3. ♒ 12 24
12. ♏ 11 13

deutlich, was auch im Hinblick auf die Kontakte zutrifft (Merkur im Stier). Hier besteht die Tendenz, die Dinge erst einmal innerlich zu verarbeiten.

Die erste Reaktion ist hier auf das Innerliche gerichtet – nach außen hin läßt Fred eine abwartende und eher passive Haltung erkennen. Dies basiert auf dem Fische-Mond. Das soll nicht heißen, daß Fred niemals den Mund aufmacht: Es macht ihm durchaus Spaß, sich in Gesellschaft mit anderen zu unterhalten (Venus in den Zwillingen). Allerdings kann er mit dieser Verhaltensweise auch mancherlei kaschieren und sozusagen Zeit gewinnen, um sich dann wieder mit seinem Fische-Mond sicher zu fühlen. Hat er diese Sicherheit auf emotionalem Gebiet gefunden, wird er mit diesem Mond sowie der stierhaften Zähigkeit an der Situation oder Verbindung festhalten wollen. Eine überaus tiefe Beziehung kann die Folge davon sein. Wenn es hier aber zu Störungen kommt, wird ihm das sehr zu schaffen machen, mehr, als man denken würde.

Diese Gefühlsinhalte stellen gewisse Probleme für ihn dar – aufgrund der Tatsache, daß sie mehr oder weniger «ungreifbar» sind (Mond in den Fischen). Mit dem Stier-Merkur wird er darum nach Wegen suchen, die Gefühlsinhalte konkret zu machen. Seine Möglichkeiten hierzu liegen auf der Ebene des Stofflichen und der sinnlichen Wahrnehmung, also auch in der Musik oder in anderen Formen von Kunst. Das muß nicht heißen, daß Fred sich zu einem großen Künstler entwickeln wird. Es geht vielmehr darum, daß er mit künstlerischen Mitteln einen Zugang zu bestimmten Inhalten von sich gewinnen kann, woraus möglicherweise viel Befriedigung resultiert.

Mit Mars ist es ähnlich. Hier wird viel Energie auf das Innere und auf unbewußte Prozesse gerichtet (fixes Kreuz). Die marsische Aggression kommt also nicht sofort nach außen, mit der Konsequenz, daß sie vielerlei Auswirkungen im Inneren haben kann: Freds innerliches Leben ist intensiver, als man zunächst denken würde (dies wird unterstützt durch den Fische-Mond). Wenn Fred jedoch aktiv wird, geschieht das aus einem konkreten Bedürfnis heraus. Er zieht es dabei vor, sich an etwas Konkretem zu bewähren (dies auch deshalb, weil Sonne und Merkur im gleichen Zeichen stehen). Wenn es nötig ist, arbeitet er hart und ausdauernd (Mars in einem fixen Zeichen), was ihm zusätzlich zu seinen «zuverlässigen» Planeten Sonne und Merkur Durchsetzungsvermögen verleiht. Dieses Durchsetzungsvermögen zeigt sich sowohl innerlich als auch äußerlich: Zum einen dadurch, daß er in sich lange mit den Dingen beschäftigt ist als auch insofern, daß er an bestimmten Tätigkeiten festhalten wird, bis er die Arbeit fertiggestellt hat. Es muß schon einiges passieren, bevor er die Flinte ins Korn wirft und aufgibt.

Die Stellung der Venus paßt nicht recht zu dem, was wir bis jetzt herausgefunden haben. Venus als das Bedürfnis nach emotionaler Sicherheit in den Zwillingen – welche eher mental orientiert und auf viel Abwechslung aus sind – bedeutet Lebenslust und eine Art Frohsinn, der mit dem Wunsch nach Sicherheit und Geborgenheit nur schwer in Übereinstimmung zu bringen ist. In der Tat besteht hier ein Gegensatz zu den anderen Inhalten, was zur Folge hat, daß Fred kaum weiß, wie es um diesen Teil seines Wesens bestellt ist. Es wird seine Zeit dauern, bis er begreift, daß da etwas in ihm ist, das nach Tempo und Abwechslung verlangt. Mit dieser Stellung ist im Hinblick auf Gefühle und Beziehungen das fortwährende Bedürfnis nach Veränderung gegeben sowie der Wunsch, mit dem Partner geistig verbunden zu sein und anregende Gespräche zu führen. Allerdings steht der Fische-Mond dem entgegen – mit diesem sucht Fred nach einem Partner, der ihm Sicherheit bietet. Hier bestehen also bezüglich der zwei Gefühlsinhalte Mond und Venus sehr unterschiedliche Auswirkungen. Auch die Veränderlichkeit der Zeichen Fische und Zwillinge dürften es ihm zumindest am Anfang nicht leichtmachen, Sicherheit, Klarheit und vor allem Beständigkeit im Hinblick auf diese Bedürfnisse zu erreichen. Hier dürfte sich Fred des öfteren in seinem Leben mit der Frage beschäftigen, was er emotional eigentlich will. Für ihn, der auf Sicherheit und Stabilität ausgerichtet ist (Sonne im Stier), kann diese Frage wichtiger sein, als wir zunächst einmal aufgrund der Stellung von Mond und Venus erwarten würden.

Berücksichtigen wir nun, wie es um die Elementenverteilung steht (siehe dazu auch *Elemente und Kreuze*, a. a. O., S. 76f), können wir bezüglich der Zwillings-Venus noch weitere Erkenntnisse gewinnen. Die Venus befindet sich in dem Element, welches als zweite Hilfsfunktion anzusehen ist (das Element Wasser ist deutlich erkennbar die erste). Die zweite Hilfsfunktion kommt für gewöhnlich erst spät – oder auch überhaupt nicht – zur Entwicklung, weshalb wir sie auch dem Unbewußten zuordnen können. In Freds Fall wirkt also die Venus aus dem Unbewußten heraus, was bestimmte Folgerungen nahelegt. Freds Bewußtsein hat keinen Zugang zu diesem Inhalt. Das heißt möglicherweise, daß er hier etwas im Äußeren sieht, was doch eigentlich in ihm liegt. Dieser Sachverhalt kann zu seiner Unsicherheit beitragen. Das alles macht, daß sein Bedürfnis nach gefühlsmäßiger Sicherheit und sein Bedürfnis nach Sicherheit auf dem Gebiet der Beziehungen auf störende Weise in Erscheinung treten, in Augenblicken, in denen er nicht damit rechnet. Umgekehrt könnte es sein, daß er seine Emotionen gerade dann nicht zum Ausdruck bringen kann, wenn er das eigentlich möchte. Mit der Stier-Sonne ist zum Beispiel der Wunsch nach einem ruhigen, auf die eigene

Person bezogenen Leben verbunden – was im Widerspruch zu der Zwillings-Venus steht, die nach Kontakten und Abwechslung verlangt. Insofern ist die Zwillings-Venus in diesem Horoskop ein Faktor, der Unruhe erzeugt.

Diese Zwillings-Venus kann sich im Hinblick auf die Gesellschaft gewissermaßen als leichtfertig entpuppen. Bei der Venus handelt es sich um den Faktoren, der unser Bedürfnis nach Nähe und Anteilnahme zum Ausdruck bringt. Fred hat hier, weil dieser Inhalt weitgehend unbewußt ist, nicht viele Zugriffsmöglichkeiten. Er wird aber immer wieder merken, daß da bezüglich der Kontakte zu anderen irgend etwas ist, was Probleme bereitet. Dies gilt um so mehr, als er hier eine Diskrepanz zu seinem eher langsamen Denken und Sprechen verspüren dürfte (Merkur im Stier). Auch der Fische-Mond bedeutet keine Sicherheit im Hinblick auf Beziehungen. Diese Fakten in ihrer Gesamtheit erklären, daß Venus als der Planet der Geselligkeit von Zeit zu Zeit in Fred «durchbricht» und ihn damit mit einem luftbetonten, mental orientierten und auch fröhlichen Teil von sich konfrontiert. Wenn er dies auch von seinen ruhigeren Stier-Inhalten her durchaus zu schätzen weiß, kann er es doch nicht wirklich verstehen, weil es sich um etwas handelt, das aus dem Unbewußten aufsteigt. Auch kommt er hier nicht zu der Sicherheit, die ihm ein so wichtiges Anliegen ist (mit dem Fische-Mond braucht man ganz andere Dinge, um sich sicher und geborgen zu fühlen).

Auf der einen Seite bewahrt ihn also die Zwillings-Venus davor, sich in sich zu verschließen, andererseits aber kann sie dazu führen, daß er sich einsam fühlt – so gegensätzlich das auch klingen mag. Fred sieht diesen Inhalt nämlich nicht als einen Teil seiner selbst, was auch bedeutet, daß er ihn erst später in seinem Leben wird integrieren können. Mit ihm kann aber eine Fröhlichkeit einhergehen, die Freds melancholischer, empfindsamer und ernster Wesensart – wie sie vom Rest des Horoskops angezeigt ist – widerspricht. Ohne daß dies auf einer bewußten Willensentscheidung beruhen würde, können mit der Venus allerdings doch viele Kontakte geknüpft werden, welche Fred auch durchaus als befriedigend erleben kann. Damit verbunden ist aber die Erkenntnis, daß er nach außen hin ein Bild von sich vermittelt, welches ihm in Wirklichkeit nicht entspricht. Er hat dann Mühe zu zeigen, wie er wirklich ist. Dies gilt nicht zuletzt wegen seiner Venus, die sich dann wieder aus dem Unbewußten heraus manifestieren könnte (um so leichter deshalb, weil sie «schneller» ist als sein Stier-Merkur). Das alles bedeutet jedoch, daß Fred dann, wenn er einen Partner beziehungsweise eine Partnerin gefunden hat, der/die ihn wirklich versteht und kennt, diesem/dieser sehr intensiv verbunden sein wird. Dieser Prozeß ist insofern außerordentlich komplex, weil hier die Venus über den Stier-

Merkur herrscht und der Merkur seinerseits über die Zwillings-Venus. Diese psychischen Inhalte sind also aufs engste aneinander gekoppelt.

In einer Phase mit wenigen Kontakten könnte Fred sich hinsichtlich seiner Zwillings-Venus einsam fühlen; bezüglich des Fische-Mondes wäre eine solche Periode aber nicht problematisch, sondern durchaus hilfreich. Alle Inhalte wollen zum Ausdruck kommen, und wir können nicht einem zuliebe einen anderen ausblenden. Wie dem auch sein mag – hierin können wir die Erklärung für Freds innerliche Unruhe in bezug auf sein Gefühlsleben und in bezug auf Frauen überhaupt sehen. Im Horoskop des Mannes geben der Mond und die Venus Aufschlüsse darüber, wie er Frauen erfährt und was er (unbewußt) von ihnen erwartet.

Jupiter und Saturn schließlich, die nicht mehr als persönliche Faktoren aufzufassen sind, sondern dem Horoskop eine andere Dimension hinzufügen, vervollständigen das Bild wie folgt: Jupiter als geistig-religiöses und auf Expansion gerichtetes Bedürfnis kommt bei Fred aus dem Zeichen Widder heraus zur Wirkung. Das Zeichen Widder gehört zu seinem inferioren Element. Insofern wird das fixe Kreuz (neben anderen Planeten steht auch die Sonne im Zeichen Stier) immer wieder Inhalte aus dem Element Feuer aufsteigen lassen, was dann auch Jupiter betrifft. Das wird sich als das Bedürfnis äußern, Altes aufzugeben und die Grenzen auszuweiten. Beim Widder-Jupiter kann es hier zu recht überraschenden Entwicklungen kommen, das starke fixe Kreuz (unter anderem mit Sonne, Merkur und Mars) wird aber einen zügelnden Einfluß geltend machen. Wie dem auch sein mag – tief im Inneren wirkt ein Drang nach Expansion, den Fred nicht richtig verstehen kann. Wie seine Venus kommt auch Jupiter aus dem Unbewußten zur Wirkung. Fred kann aber diesen Inhalt nicht ausblenden. Er kann mit seinem Jupiter zwar mehr von der Welt sehen (wörtlich und im übertragenen Sinne), von dessen Wesen her geht es hier aber um einen Inhalt, der sich störend auf das Bewußtsein auswirkt. Freds Bedürfnis ist auf Sicherheit und auf deutliche und fest gesteckte Grenzen ausgerichtet, sowohl bezüglich des Inneren als auch des Äußeren (das Zeichen Stier). Es kann hier zu großen Problemen kommen, wenn der Widder-Jupiter sich in aller Heftigkeit manifestiert. Und heftige Reaktionen sind in der Tat zu erwarten, weil Jupiter sich in dem kardinalen Kreuz befindet – was für Wirkung in der Außenwelt steht.

Das Bedürfnis, das Leben zu genießen (Sonne im Stier), erhält in Verbindung mit dem Widder-Jupiter einen etwas abenteuerlichen Einschlag. Dies kann sich für längere Zeit im Inneren abspielen, dann aber doch irgendwann nach außen hin deutlich werden (wozu allerdings zu sagen ist, daß der Jungfrau-Saturn hier als hemmender Faktor in Erscheinung treten wird). Fred verfügt über viel Verantwortungsgefühl, welches ebenfalls auf die konkrete, stoffliche Ebene bezogen ist (Jungfrau als Erdzeichen). Mit dieser Saturn-Stellung gibt es eine große Empfindlichkeit und Sensibilität, was eine Stärke sein kann. Saturn in einem Erdzeichen bedeutet aufgrund dieser Empfindlichkeit eine Ausrichtung auf das Sichere, was in Übereinstimmung zu Freds innerer Wesensart steht (Sonne im Stier).

Die Veränderlichkeit beziehungsweise Dienstbereitschaft des Zeichens Jungfrau hat zur Folge, daß für Fred die konkrete Sicherheit in seinem Alltag an erster Stelle steht. Dieses Bedürfnis hat Vorrang vor dem mit dem Widder-Jupiter verbundenen Abenteuerdrang, welcher noch durch die reiche Phantasie des Fische-Mondes stimuliert wird. Wir dürfen diesen Abenteuerdrang nicht als kindisch abtun – er resultiert aus einem inneren Antrieb, der den Weg widerspiegelt, auf dem Fred Expansion und den Sinn des Lebens erfahren kann. Es handelt sich dabei um seine ganz persönliche Art und Weise, sich dem Leben zu nähern.

Für unsere Einstellung dem Leben gegenüber ist natürlich auch Saturn von ausschlaggebender Bedeutung. Mit dem Jungfrau-Saturn ist das Bedürfnis verbunden, alles gründlich zu analysieren und für andere von Nutzen zu sein. Saturn in Verbindung mit dem Stier-Merkur bedeutet für Fred, daß er neuen Situationen gegenüber eine gewisse Passivität zeigt oder sich auch ganz verweigert. Bevor er hier aktiv wird, muß er alle anderen Pflichten erfüllt haben.

Das Wichtigste ist ihm aber eigentlich, sich immer wieder nützlich zu machen. Fred verleiht sich selbst Gestalt durch seinen Jungfrau-Saturn, und das bedeutet Hilfsbereitschaft und Dienstbarkeit. Da Saturn aus dem superioren Element heraus und auf die gleiche Weise wie seine Stier-Sonne zur Wirkung kommt, kann er sein Horoskop in vollem Bewußtsein entfalten.

Das Horoskop von Peter

Peters Horoskop (Seite 210) hat ein ganz anderes Aussehen als das von Fred. Mit der Sonne in einem Feuerzeichen ist das Bedürfnis gegeben, sich auf eine enthusiastische und temperamentvolle Weise zu verhalten – «feurig» eben. Mit der Sonne im kardinalen Kreuz hat der Mensch das Bedürfnis, sich in der Welt zu erproben und sich einen Platz zu erobern. Mit dieser Stellung ist sowohl innerliche Aktivität als auch eine Abhängigkeit von äußerlichen Faktoren gegeben. Peter braucht die Impulse von seinen Mitmenschen (kardinales Kreuz), um das Gefühl zu haben, am Geschehen beteiligt zu sein und um sich anhand von neuen Erfahrungen neu zu bestimmen.

PETER

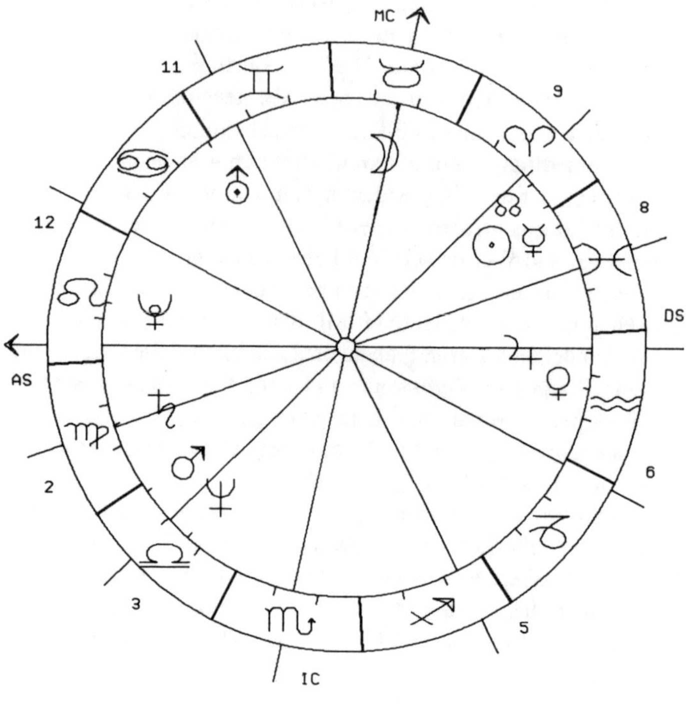

Radix

☉	♈	1	24		☉											
☽	♉	14	44		∠	☽										
☿	♓	26	1		☌		☿									
♀	♒	16	53		∠	□		♀								
♂	♎	2	16	r	☍		☍	⚼	♂							
♃	♒	25	14				⚺			♃						
♄	♍	14	51	r		△					♄					
♅	♋	1	2		□	∠	□	⚼	□			♅				
♆	♎	16	23	r		⚻		△			⚺		♆			
♇	♌	16	4	r	⚼	□		☍	∠		⚺	∠	✶	♇		
☊	♈	7	51	r											☊	
AS	♌	26	18				⚻			☍						
MC	♉	14	7			☌		□			△			□		

22/ 3/1950
15h 28m
UTRECHT
1hE 0m
5E 8'
52N 5'

Placidus
2. ♍ 15 27
11. ♊ 23 25
3. ♎ 10 42
12. ♋ 28 36

Allerdings spielt ihm der Stier-Mond hier manchen Streich. Im Hinblick auf das Bedürfnis nach Sicherheit kommt nämlich der Wunsch nach dem Konkreten und Materiellen hinzu, was der Widder-Sonne vollkommen entgegengesetzt ist. Peter wird insofern schon als Kind einen Zwiespalt in sich entdeckt haben: in die weite Welt hinauszuziehen und sich von der Sicherheit eines behüteten Zuhauses angezogen zu fühlen.

Es ist nicht davon auszugehen, daß er darüber viel mit anderen geredet hat. Sein Merkur steht im Zeichen Fische, und das bedeutet nun nicht gerade, daß er sich immer der verschiedenen Inhalte vollständig klar ist oder daß er überhaupt viel Lust hat, hierüber zu reden. Diese Stellung zeigt, daß der Mensch seine Erfahrungen von einer gefühlsmäßigen Wahrnehmung her einordnet, daß er schnell vergißt, was er nicht (mehr) wissen will und daß er zu Träumen hinsichtlich seiner Wunschvorstellungen neigt. All das bezieht sich aber vor allem auf das Innere.

Seine Phantasie ist sehr groß, und sie kann durch die Widder-Sonne noch Unterstützung erfahren, weil mit dieser das Bedürfnis nach Abenteuern und dem Neuen vorhanden ist. Mit diesem innerlichen, an der Phantasie orientierten Erleben kann Peter im Geiste Abenteuer vor sich Revue passieren lassen, ohne dabei die Sicherheit auf der konkreten Ebene aufs Spiel zu setzen (Mond im Stier). Hier besteht das Bedürfnis, innerlich Träumen nachzuhängen und äußerlich auf das Leben in seinen verschiedensten Schattierungen zu reagieren. Diese Umstände machen es für andere natürlich nicht leicht, ihn zu verstehen. Aber auch er selbst wird wegen dieser gegensätzlichen Inhalte Schwierigkeiten haben zu erkennen, was er will.

Das ganze wird dadurch erschwert, daß er es hier mit den einander entgegengesetzten Elementen Feuer und Erde zu tun hat. Wir dürfen davon ausgehen, daß in der Jugend die Sonne den superioren Teil der Psyche angibt, so daß der Mond in diesem Fall aus dem Unbewußten heraus wirkt. Das Bedürfnis nach Sicherheit, Geborgenheit und materiellen Dingen, das mit seinem Stier-Mond verbunden ist, wird er nur allzu gerne leugnen – was nicht verwundert, da er mit seiner kardinalen Widder-Sonne kaum auf sein Unbewußtes gerichtet ist. Die unbewußten emotionalen Reaktionen aus dem Bedürfnis nach Sicherheit heraus stehen in starkem Kontrast zu seiner bewußtseinsmäßigen Haltung nach dem Motto: Leben im Hier und Jetzt (Sonne im Widder).

Durch die Dualität zwischen Feuer und Erde, an der in seinem Fall Sonne und Mond beteiligt sind, hat er seine Schwierigkeiten mit dem Konkreten und Praktischen. Das soll nicht heißen, daß er hier von seinem Bewußtsein her Probleme hat. Es geht vielmehr darum, daß die Schwierigkeiten aus dem Unbewußten heraus wirken. Der Stier-Mond im inferioren Teil seiner Psyche wird eine gewisse Art von Ungeduld in bezug auf materielle Bedürfnisse verleihen. Dies ist für Peter aber kein wesentliches Problem, aus dem Grunde eben, daß es nichts mit seinem Bewußtsein zu tun hat. Schwierigkeiten könnten sich allerdings ergeben, wenn Peter hier jedes Gefühl für das Maß verliert. Dazu könnte es auch deshalb kommen, weil das saturnische Verantwortungsbewußtsein auch vom inferioren Element Erde aus wirkt. Zumindest in jungen Jahren dürften hieraus gewisse Probleme resultieren.

Durch den Zwiespalt zwischen der Widder-Sonne und dem Stier-Mond besteht ein Dilemma zwischen dem Bedürfnis nach Freiheit und den verschiedensten Abenteuern und dem Bedürfnis nach Sicherheit und Geborgenheit. Auf die Außenwelt kann Peter insofern manchmal einen launischen Eindruck machen. Venus und Mars bieten in dieser Hinsicht kaum Unterstützung. Die Venus im Zeichen Wassermann läßt Peter den Wunsch empfinden, mit geistesverwandten Freunden über das zu reden, was ihn bewegt. Das Reden gelingt ihm aber nur dann, wenn er sich wohlfühlt in einer Gruppe von ihm bekannten Menschen oder wenn er sich mit einem Freund oder mit einer Freundin auseinandersetzt (Merkur in den Fischen). Die Atmosphäre, in der das Gespräch stattfindet, ist bei dieser Merkur-Stellung sehr wichtig, und wir sehen hier eine Bedürfnislage, die der Wassermann-Venus widerspricht. Allerdings kann die Venus in einem fixen Zeichen die Empfindsamkeit für Stimmungen noch vergrößern.

Inferior zu der Venus im Wassermann im Element Luft ist das Element Wasser, in welchem Peters Merkur steht. Insofern hat Peter mit seiner Wassermann-Venus das Bedürfnis nach anregenden intellektuellen Gesprächen mit Freunden – insbesondere auch hinsichtlich der Beziehung. Allerdings ist hierzu noch zu sagen, daß er erst dann die passenden Worte findet, wenn er sich von seinem Gefühl her mit seinem Partner/seinen Partnern wohlfühlt. Wenn die Atmosphäre stimmt, wird Peter keine Schwierigkeiten haben, sich zum Ausdruck zu bringen (Merkur in den Fischen). Von Isolation oder Verschlossenheit kann dann keine Rede sein.

Wegen der Stellung der Wassermann-Venus im fixen Kreuz wäre es aber auch möglich, daß Peter sehr lange an bestimmten Auffassungen und Ideen festhält. Dies steht dann wieder im Gegensatz dazu, daß mit der Venus in einem Luftzeichen das Bedürfnis nach vielen Kontakten und Offenheit vorhanden ist. Peter kann sich mit seiner Wassermann-Venus sehr tolerant zeigen – in bestimmten Punkten aber dürfte seine Toleranz Grenzen haben. Mit seinem Fische-Merkur geht eine große Empfänglichkeit für Strömungen einher, was bedeuten kann, daß er sich beeinflussen läßt und seine Auffassungen und Meinungen immer wieder ändert. Er ist für unterschwellige Manipulationen sehr empfänglich, auch wenn er das von seinem Widder-Bewußtsein aus bestreiten wird. Und wenn er dann solche neuen Vorstellungen «entwickelt» hat, kann es wieder zu einer sehr entschiedenen Verteidigung der Ansichten kommen.

Der Waage-Mars gibt auch ein Bedürfnis nach Kontakten wieder. Peter liebt es, unter Menschen zu sein und in seiner Umgebung eine aktive Rolle zu spielen. Dies kann sich auch auf Arbeits- oder Lernsituationen beziehen. Sein Geltungsdrang kommt auch auf kommunikativem Gebiet im Hinblick auf Arbeit oder Geselligkeit zum Ausdruck. Hier kann er einen großen Eifer zeigen (in Kombination mit der Widder-Sonne) und vielleicht zuviel des Guten tun, was dann wieder Gefühle der Unsicherheit zur Folge hätte. Dies würde auch störend auf sein Bedürfnis wirken, Vorstellungen und Ideale mit anderen zu teilen (Venus im Wassermann) und seine Feinfühligkeit gegenüber Strömungen beeinträchtigen. Weiterhin würde das Ausdrucksvermögen (Merkur) leiden, wenn sich hinsichtlich des Waage-Mars Störungen ergäben.

Auf die eine oder andere Weise symbolisieren die Planeten hier also einen grundsätzlichen Zwiespalt. Das Bedürfnis nach Freiheit und das Bedürfnis nach Sicherheit kollidieren miteinander, was sich auf verschiedene Art zeigt, zum Beispiel im Wunsch nach einer harmonischen Atmosphäre, um sich in dieser gewissermaßen aufzulösen, oder im Drang, sich im sozialen Umfeld mit anderen zu messen. Dies alles ist in der Stellung der Venus im Wassermann und dem Merkur in den Fischen auf der einen und dem Mars in der Waage und der Sonne im Widder auf der anderen Seite angelegt.

Was den Waage-Mars betrifft: Er kann zunächst Störungen verursachen, dann aber aktiv versuchen, die Dinge wieder in Ordnung zu bringen. Der Erfolg hierfür ist allerdings nicht garantiert – aus dem Grund, daß mit den kardinalen Planeten Mars und Sonne (letztere gerade schon im Widder) die eigene Individualität mit großer Betonung zum Ausdruck gebracht werden muß. Sobald hier aber wieder Unsicherheit aufsteigt, kommt der Stier-Mond ins Spiel. Es geht hier gleich zweimal um Sicherheit: Einmal im Hinblick auf den Mond (welcher auch für das Bedürfnis nach Sicherheit steht), einmal durch das Zeichen Stier (für welches die konkrete, materielle Sicherheit außerordentlich wichtig ist). Wenn aber der Zustand der Sicherheit wiederhergestellt ist, braucht Peter mit seiner Widder-Sonne neue Impulse. Vielleicht ist es aber auch der Waage-Mars, der dann «aus der Reihe tanzt» – woraufhin sich das ganze Schauspiel wiederholt. So kann es dann immer weitergehen.

Jupiter als das Bedürfnis nach Expansion und Ausweitung des Horizonts kommt im Wassermann in erster Linie auf mentale Weise zum Ausdruck. Das fixe Kreuz hat dabei noch zur Folge, daß Peter seine Überzeugungen mit viel Nachdruck von sich gibt. Er schenkt hier kaum jemand anderem Gehör, was insbesondere dann gilt, wenn er sich auch von seinem Gefühl her mit seinen Gedanken und Idealen identifiziert. Jupiter kann ihm eine Hilfe sein in dem Sinne, daß er mit seinem Enthusiasmus andere mitreißt und so für alle Unsicherheit, Launenhaftigkeit und Ungeduld entschädigt, die möglicherweise von ihm ausgeht. Es kann auch eine Rolle spielen, daß die Mitmenschen beeindruckt sind von dem, was hier entsteht.

Saturn – der Inhalt, der für den Aufbau des Egos, für dessen Grenzen und für das Verantwortungsgefühl steht – kommt aus dem inferioren Element heraus zur Wirkung. Das soll nicht heißen, daß es bei Peter nicht zum Aufbau eines Egos kommen kann oder daß er kein Gefühl für Verantwortung hat. Was letzteres betrifft: Er ist sehr gut dazu in der Lage, Aufgaben zu übernehmen und zu einem Ende zu bringen – unter der Voraussetzung, daß diese ihn ansprechen. Mit den «gewöhnlichen» Pflichten hat Peter bei aller Hilfsbereitschaft, die mit dem Jungfrau-Saturn verbunden ist, von seinem Widder-Naturell her Probleme. Peter ist gefällig und hilfsbereit, aber nur, wenn es ihm paßt. Er hat Mühe zu erkennen, daß seine Hilfe auch dann erwünscht sein könnte, wenn es ihm ungelegen kommt.

Mit diesem analytischen und auf die Beobachtung der Mitmenschen ausgerichteten Jungfrau-Saturn kann er aber schließlich die Verantwortung akzeptieren, die er hat. Mit seinem Wassermann-Jupiter und der Widder-Sonne ist er ehrlich genug, den Dingen irgendwann ins Auge zu schauen, was bedeutet, daß er dann auch für Verbesserungen tätig werden wird. Ein Problem ist dabei die Merkur-Stellung: Peter hat Schwierigkeiten damit, die Dinge mit einem gewissen Abstand zu sehen, aus dem Grund, daß Merkur in den Fischen eine sehr starke Gefühlsbetonung mit sich bringt. Insofern neigt er also zu einer eher unrealistischen und sehr subjektiven Betrachtungsweise.

Peter hat das Bedürfnis nach Erlebnissen, die ihn emotional berühren, nach intellektuell geprägten Kontakten, nach Freiheit und nach Sicherheit, kurzum: nach einer ganzen Skala von gegensätzlichen Dingen. Die Wahl hier fällt ihm schwer, und es bereitet ihm Probleme zu erkennen, was er selbst wirklich will. Verschiedene Inhalte kämpfen in dieser Beziehung gegeneinander, und welche gewinnen werden, läßt sich sehr schwer sagen. Grundsätzlich aber gilt: Jedes Bedürfnis will befriedigt sein. Peter wird hier die verschiedensten Dinge unternehmen (sein Bedürfnis nach Abwechslung) – erst, wenn er dies getan hat, wird er erkennen, welche Gegensätze in ihm wirken. Ohne daß wir schon die Aspekte oder andere Interpretationsfaktoren hinzuziehen würden: Die Planeten in Peters Horoskop vermitteln ein Bild voller Spannungen, und es enthält vielerlei einander entgegengesetzte Inhalte. Das kann auf der einen Seite eine große Vielseitigkeit bedeuten, andererseits aber die Gefahr der Zersplitterung anzeigen. Wie dem auch sein mag – Peter braucht vielfältige Impulse, um sich ausleben zu können.

Anhang 2

Eine kurze Beschreibung von Planeten, Elementen und Kreuzen

Es erweist sich für die Praxis immer wieder als nützlich, eine kurze Zusammenfassung zu den verschiedenen astrologischen Stichworten zu geben. Die Elemente und Kreuze sind in aller Ausführlichkeit schon in meinem gleichnamigen Buch behandelt worden, auf welches ich hingewiesen habe. Ich gebe in diesem Anhang noch einmal eine stichwortartige Zusammenfassung zu den Planeten, Elementen und Kreuzen. Die beiden letzten Faktoren sind deshalb so wichtig, weil aus ihrer Kombination die Zeichen hervorgehen. Anhand dieser kurzen Darstellung ist es dem Leser vielleicht besser möglich, sich an die Deutung eines Horoskops zu machen. Wer bereits mit diesen Begriffen vertraut ist, kann den Anhang getrost übergehen.

Die Planeten

☉ *Sonne*

Bedeutung: Das Ego; der beste Weg, sich in Übereinstimmung mit seinem tiefsten Wesen zu entwickeln.

Zugrundeliegendes Bedürfnis: Man selbst zu sein und sich selbst zu verwirklichen. Die Sonne hat in der Psyche eine integrierende Funktion; sie spiegelt wider, auf welche Weise wir die übrigen Horoskop-Faktoren zu integrieren versuchen.

Stellung im Horoskop: Die Art und Weise, wie der Mensch seine Ziele und Ideale zu verwirklichen versucht.

Manifestationsmöglichkeiten: Lebenskraft und Schöpferdrang, Dynamik, Wärme, schöpferische Kreativität und Kraft. Selbstvertrauen, Willensstärke, Zielbewußtsein, Edelmut, Loyalität, Würde, Führerschaft. Ambitionen, Machtstreben, Herrschsucht, Egozentrik, Blendertum und Prahlerei, Despotismus. Schüchternheit, Minderwertigkeitsgefühle oder mangelnder Ehrgeiz. Organisation.

☽ *Mond*

Bedeutung: Das unbewußte emotionale Verhalten, die unbewußten Reaktionen oder Reflektionen.

Zugrundeliegendes Bedürfnis: Das schöpferische Prinzip der Sonne durch Reproduktion zum Ausdruck bringen, auf die verschiedensten Weisen und Erscheinungsformen. Formgebung.

Stellung im Horoskop: Wie der Mensch seine unbewußten Reaktionen zum Ausdruck bringt. Die nicht hinterfragte Art und Weise, auf Vorfälle und Menschen zu reagieren. Das Verhalten, das wir zeigen, wenn wir uns in Situationen der Unsicherheit befinden. Das Verhalten, das uns Wohlbefinden verschafft. Gesellschaftlich bedingte Konditionierungen (Maske). Das selbstverständliche Reaktionsmuster.

Manifestationsmöglichkeiten: Formgebende Kreativität, künstlerisches Vermögen, Beeinflußbarkeit, Empfänglichkeit, Reproduktion, Veränderlichkeit, Launenhaftigkeit, Unruhe. Einbildungskraft, Anpassung, Sympathie, Produktivität, Verwurzelung in der Vergangenheit, das Konservieren von Eindrücken, Vorsicht. Das Hegen und Pflegen, Bemuttern und Beschützen. Instabilität, Unbeständigkeit, Unverläßlichkeit. An der Familie leiden. Schwacher Wille, apathisches oder irreführendes Verhalten, emotionale Ausbrüche.

☿ *Merkur*

Bedeutung: Analysieren, einteilen, überdenken, austauschen und verbinden auf neutrale Art.

Zugrundeliegendes Bedürfnis: Die Lebenserfahrungen und Fakten betrachten, ordnen und analysieren mit dem Ziel, sie zum Zwecke der Integration zu verarbeiten. Unbewußte Motive erkennen, sowohl durch innerliche Analyse als auch anhand der Spiegelung an anderen (Kontakte).

Stellung im Horoskop: Die Art und Weise, wie wir unsere Erfahrungen und die Fakten klassifizieren und verarbeiten. Wie wir denken, kommunizieren und Kontakte knüpfen.

Manifestationsmöglichkeiten: Das Denken. Verbindungen zwischen dem Bewußtsein und dem Unbewußten und zwischen Menschen, Tatsachen und Erfahrungen herstellen. Drang zur Analyse und zum Wissenserwerb. Kommunikation, Beredsamkeit, Neugier. Offenheit gegenüber neuen Theorien, (über)kritische Einstellung, List. Unbeständigkeit, Unzuverlässigkeit, Nervosität, Reizbarkeit, Vergeßlichkeit, Entschlußschwäche, Unruhe. Schlagfertigkeit oder auch Redesucht.

♀ *Venus*

Bedeutung: Sicherheit auf emotionalem und materiellem Gebiet. Harmonie und Schönheit. Drang nach Selbsterhalt in seiner passiven Form.

Zugrundeliegendes Bedürfnis: Gegensätze vereinigen. Das Gleichgewicht und Harmonie herstellen und bewahren.

Stellung im Horoskop: Die Art und Weise, wie wir von unserem Gefühl her die Dinge wahrnehmen. Der Wert, den wir den Dingen zuschreiben. Unser Gefühl und Verhalten in bezug auf Beziehungen. Wie wir Sicherheit suchen in emotionaler und materieller Hinsicht.

Manifestationsmöglichkeiten: Harmonie schaffen, Frieden stiften, Kompromisse und Freundschaften schließen, Beziehungen herstellen. Gegensätze vereinen. Zusammenarbeit, Partnerschaft, Gleichgewicht, Mitgefühl, Friedensliebe, Sinn für Kunst und Schönheit. Liebe, Zuneigung. Unordentlichkeit, Ungeschliffenheit, Schüchternheit, Taktlosigkeit, Faulheit. Unmoral, Eitelkeit.

♂ *Mars*

Bedeutung: Der Drang nach Selbsterhalt in seiner aktiven, aggressiven Form. Sich selbst beweisen, Tatkraft, Energie.

Zugrundeliegendes Bedürfnis: Sich von anderen abheben und die eigene Individualität zum Ausdruck bringen.

Stellung im Horoskop: Die Art und Weise, wie der Mensch seine Energie einsetzt, um die eigene Individualität hervorzuheben und sich selbst zu beweisen.

Manifestationsmöglichkeiten: Aggressivität, Tatkraft, Geltungsdrang, Ehrgeiz, Streitlust. Begierde, unmittelbare persönliche Betroffenheit bei Erfahrungen, Heftigkeit, Leidenschaftlichkeit, Sexualität, Ungehemmtheit, Abenteuerlust, Ungebundenheit, Unabhängigkeit, Mut, Unternehmungslust, Pionier- und Tatendrang, Spontanität, Kampfeslust. Leichtsinn, Tollkühnheit, Unverschämtheit, Egoismus, triebhaftes Verhalten, Zerstörungsdrang, Gewalt, Grobheit, Heftigkeit, Herrschsucht, Intoleranz, Ziellosigkeit.

♃ *Jupiter*

Bedeutung: Geistige und religiöse Bedürfnisse. Ausbreitung, Vergrößerung, Expansion.

Zugrundeliegendes Bedürfnis: Tatsachen und Ereignisse im größeren Rahmen sehen. Die Verbesserung oder auch Evolution von Geist und Materie.

Stellung im Horoskop: Wie wir geistige und religiöse Bedürfnisse erleben. Die Art und Weise, wie wir dem Expansionsprinzip in uns Gestalt geben – wie wir Nahrung suchen für unser inneres und äußerliches Wachstum.

Manifestationsmöglichkeiten: Wachstum von Bewußtsein und Einsicht, von Wissen und Verständnis. Ausbildung von geistigen und religiösen Werten und Normen. Verbreitung der Einsichten, Verbesserung der Position. Rechtschaffenheit, Edelmut, Wohlwollen, Großmut. Beschützend, religiös, heilend, behütend. Aufdringliche Behilflichkeit, Snobismus. Bindungslos, eigenmächtig, eingenommen, leichtsinnig, verschwenderisch, scheinheilig. Sich selbst überschätzend. Fanatismus. Reisen im Geist

(Studium etc.) sowie in der Realität, mit dem Resultat, daß sich der Horizont weitet. Philosophische oder auch pädagogische Fähigkeiten. Die Dinge im größeren Zusammenhang sehen und im Geschehen einen Sinn erkennen. Optimismus.

♄ *Saturn*

Bedeutung: Formung des Bewußtseins. Lernprozeß durch Schmerz. Die daraus hervorgehende Form und Struktur. Unsere Begrenzungen.

Zugrundeliegendes Bedürfnis: Entwicklung des Egos, Vordringen zum Kern der Dinge. Entwicklung des Verantwortungsgefühls. Erkennen der Grenzen aufgrund beschränkender und schmerzlicher Erfahrungen.

Stellung im Horoskop: Unser wunder Punkt. Die Art und Weise, wie wir uns aufgrund des Lernprozesses durch Schmerzen selbst Ausdruck verleihen.

Manifestationsmöglichkeiten: Selbstachtung. Der Wille, gute Arbeit abzuliefern, Ehrgeiz. Bedürfnis, seine Fähigkeiten unter Beweis zu stellen. Konzentrierte Energie, Zähigkeit, Zielstrebigkeit, Tüchtigkeit, Fleiß. Pflichtbewußtsein. Drang zum Konsolidieren der Dinge sowie zum Aufstellen von Regeln und Gesetzen. Kontrollbedürfnis. Begrenzung, Beschränkung. Realistische und praktische Lebenseinstellung. Lernen aus Fehlern. Innenschau. Mäßigkeit, Treue, Geduld. Angst, Pessimismus, Zurückgezogenheit, Trauer, Sorgen, Einsamkeit, Isolation, Gefühl der Minderwertigkeit, Schutzmechanismen. Verbote. Mißtrauen, Fatalismus, Kleinlichkeit, Hartherzigkeit. Unbeugsamkeit, Unsicherheit, Kälte.

⛢ *Uranus*

Bedeutung: Unabhängigkeit und Individualität. Das Durchbrechen von Formen und Konventionen.

Zugrundeliegendes Bedürfnis: Eine ausgeprägte Identität und Individualität darstellen. Der Drang, man selbst zu sein. Unbewußt nach Veränderungen oder nach dem Bruch mit dem Hergebrachten streben.

Stellung im Horoskop: Die Art und Weise, wie wir unsere Individualität zur Entwicklung und zum Ausdruck bringen.

Manifestationsmöglichkeiten: Originalität, Einzigartigkeit, Unabhängigkeit, blitzartige, geniale Eingebungen, individuelle Kreativität, Aufsässigkeit, Widerstand gegenüber bestehenden Mustern, Anarchismus, Destruktivität. Freiheit, Brüderlichkeit. Selbstentfaltung und Selbstausdruck. Streben nach Freiheit und Toleranz. Verschrobenheit, Exzentrik, Explosivität, Gewalttätigkeit, Impulsivität. Interesse am Nicht-Materiellen, zum Beispiel am Okkultismus.

♆ *Neptun*

Bedeutung: Auflösung oder Transzendierung der Form. Unklare Vorstellungen; Idealisierung, Vervollkommnung.

Zugrundeliegendes Bedürfnis: Bestehende psychische Inhalte verfeinern – auf das Universelle hin. Aus dem Erlebten ein wirklich individuelles oder auch überpersönliches menschliches Ideal gewinnen.

Stellung im Horoskop: Die Art und Weise, wie der Mensch höhere, spirituelle Werte erfährt. Allerdings auch die Gefahr, sich im «Nebel» zu verlieren oder Luftschlösser zu bauen. Wie man seine universelle Liebe zum Ausdruck bringt.

Manifestationsmöglichkeiten: Verfeinerung, tiefe Erlebnisse, universelle Liebe, Verständnis, Wärme, Zuwendung. Inspiration für Religion und Kunst. Idealisierung und starke Empfänglichkeit. Fluchttendenz gegenüber der alltäglichen Realität, Neigung zu Tagträumen, Halluzinationen und pseudo-religiöse Erfahrungen. Aufopferungsvolle Selbstverleugnung. Obsessionen, ungreifbare Ängste, Instabilität, Verstandestrübung, Täuschung – sich selbst und anderen gegenüber. Hysterie. Formlosigkeit oder Transzendierung der Form. Vervollkommnung und Zusammengehen von Denken und Fühlen. Träume und Phantasie. Blick durch die «rosarote Brille». Umformung der objektiven Tatsachen. Verschwommenheit. Erweiterung des Geistes und das Erfahren von universellen spirituellen Werten. Menschenliebe, Romantik, Zärtlichkeit, Hang zur Mystik. Ekstatische Grenzerfahrungen. Scheinhaftigkeit, Glamour. Sucht. Transzendenz oder Auflösung der Persönlichkeit.

♇ *Pluto*

Bedeutung: Wille zur Macht. Aufsteigen von verdrängten unbewußten Inhalten. Zerstörung beziehungsweise Veränderung der Form.

Zugrundeliegendes Bedürfnis: Der innerliche Drang nach Liquidation oder Transformation der aufgestiegenen unbewußten Inhalte. Verarbeitung und Integration zum Zweck, einen Zustand des Gleichgewichts zwischen Unbewußtem und Bewußtsein zu erreichen.

Stellung im Horoskop: Die Weise, wie die zwingende Kraft zur Integration in Erscheinung tritt. Auf welche Weise sich Willensprozesse und Machtkomplexe manifestieren und wie die Transformationsprozesse verlaufen.

Manifestationsmöglichkeiten: Überaus heftige emotionale Ausbrüche, manchmal an Hysterie grenzend. Schocks, Spannungen, neurotische Tendenzen. Gefahr, daß die Psyche beziehungsweise das Bewußtsein von den aus dem Unbewußten aufsteigenden Verdrängungen überwältigt wird. Machtkomplexe. Der Wunsch, hinter die psychischen Mechanismen zu blicken. Selbstzerstörerisches Verhalten, aber auch die Kraft beziehungsweise der Zwang zur fortwährenden Erneuerung. Tod und Neugeburt. Manipulation, psychische Kraft (Wille).

Die Elemente

Die Elemente geben an, wie wir auf die Welt der Erscheinungen blicken und welche psychische Einstellung wir zu ihnen haben. Wir kennen gemäß der vier Elemente Feuer, Erde, Luft und Wasser vier Grundhaltungen, nämlich:

Erde = Empfindung: Hier wird das Objekt hinsichtlich seiner Bestandteile untersucht. Die Form, die Materie und die Qualität spielen dabei die entscheidende Rolle.

Luft = Denken: Die Tatsachen werden in einen begrifflichen Rahmen oder eine Theorie eingepaßt. Es wird ein Zusammenhang zwischen den verschiedenen Fakten gesucht.

Wasser = Fühlen: Das Entscheidende ist hier das Gefühl, das mit den Dingen und Erlebnissen verbunden ist.

Feuer = Intuition: Das Potential beziehungsweise die innewohnenden Möglichkeiten sowie der Ursprung der Dinge stehen im Vordergrund. Hinter der stofflichen Form wird nach anderen Inhalten gesucht.

Die Elemente bilden den Hintergrund, vor dem wir die Welt der Erscheinungen erfahren und betrachten. Die Planeten werden durch sie gefärbt. Neben dem Element spielt hier auch noch eine Rolle, welchem Kreuz das Zeichen angehört, in dem dieses steht. Dies gibt die Information, wie die Dinge und Erfahrungen von der Psyche her verarbeitet werden.

Feuer

Bedeutung: Die Suche nach dem, was hinter dem Stofflichen liegt. Die Frage nach dem Warum. Wovon leitet sich die Erscheinung her, und wie wird sie sich weiter entwickeln? Die Suche nach dem roten Faden beziehungsweise dem Zusammenhang, der unter der Oberfläche alles miteinander verbindet. Das unbewußte und intuitive Erfassen der Ereignisse.

Haltung: Auf sich selbst gerichtet, enthusiastisch, optimistisch, voller Vertrauen, naiv, impulsiv, kreativ, zukunftsgerichtet, spontan, loyal, warm, ehrlich, selbstbewußt, originell. *Aber auch:* aufdringlich, leichtsinning, unverantwortlich, extravagant, sorglos, ehrgeizig, ungeduldig, maßlos, hastig, dramatisierend, herrisch.

Manifestationsmöglichkeiten: Unstillbarer Aktivitätsdrang, kraftvolles Auftreten. Geistesgegenwärtiges Reagieren, Mut, Willensstärke und Inspiration. Treue gegenüber dem Ideal. Durchsetzungsvermögen. Der «Rebell», der nur seine eigene Moral und sein Freiheitsbedürfnis anerkennt. Offen sein für die verschiedensten Möglichkeiten. Bedürfnis nach Abwechslung und Veränderung. Kann tiefe und manchmal sogar prophetische Einsichten haben.

Probleme: Schwierigkeit, anderen wirklich zuzuhören. Auf den eigenen Standpunkt fixiert. Mangel an Selbstbeherrschung und taktloses Auftreten. Ungenaue Wahrnehmung oder Probleme, das Wahrgenommene in eine Form umzusetzen. Unter- oder manchmal auch Überschätzung materieller Dinge und Werte. Unbewußte zwanghafte Bindung an das Stoffliche. Hilflos. Kann sich auf Irreales versteifen und dabei die konkrete Wirklichkeit aus dem Blick verlieren. Neigt dazu, sich vollständig körperlich oder auch geistig zu verausgaben – bis hin zu Erschöpfungszuständen.

Erde

Bedeutung: Auf die wahrnehmbare Wirklichkeit und das Aufbauen von stofflicher Sicherheit gerichtet. Auf die Sinneswahrnehmungen eingestellt. Die konkrete, materielle Form sowie deren Qualität und Struktur stehen hier im Vordergrund.

Haltung: Praktisch, solide, zuverlässig, fleißig, geduldig, vorsichtig, beherrscht, passiv, empfänglich, beharrlich, konventionell, förmlich, zweckmäßig, bescheiden, nachgiebig, verträglich, zielgerichtet, konzentriert, nüchtern, zurückhaltend. *Aber auch:* eigensinnig, störrisch, mißtrauisch, unsicher, träge, ohne Initiative, abergläubisch, dogmatisch, bigott.

Manifestationsmöglichkeiten: Mit Ausdauer und praktischem Verstand Dinge untersuchen. Zweckmäßiger Einsatz von Energie. Sich entscheiden können. Aus dem Gefühl für Form und Materie heraus tätig werden. Sich mit der nüchternen Realität auseinandersetzen können. Aus dem Bedürfnis nach sinnlicher Wahrnehmung und materiellem Genuß heraus an äußeren Formen interessiert sein (einschließlich der Kunst).

Probleme: Im Hinblick auf Motivation und Inspiration auf andere angewiesen sein. Die praktische Haltung kann unter Umständen zu Haarspalterei führen, die Hochschätzung von Äußerlichkeiten zu Luxusstreben und Genußsucht werden. Die Suche nach Halt kann die Fixierung auf Besitztümer zur Folge haben. Angst vor Veränderungen führt möglicherweise zu einer Routine, die das ganze Leben über nicht abgelegt wird. Unvermögen für abstrakte beziehungsweise theoretische Überlegungen.

Luft

Bedeutung: Auf das Herstellen von Verbindungen zwischen Menschen, Ereignissen, Tatsachen und so weiter gerichtet, aus einer rationalen Betrachtungsweise heraus. Bedürfnis nach Kommunikation und Austausch.

Haltung: Legt den Nachdruck auf die sozialen Aspekte des Lebens. Ist objektiv, friedliebend, freundlich, aktiv und arbeitsam, lebendig, wissensdurstig, mitteilsam. Theoretisiert gern, denkt logisch, ist kommunikativ. *Aber auch:* Mangel an Standhaftigkeit und Kontinuität, launenhaft, kühl, emotionslos, zwiespältig und dogmatisch. Manchmal von sehr unpersönlicher Wesensart.

Manifestationsmöglichkeiten: Das Vermögen, in abstrakten Formen, Ideen und Begriffen zu denken, ermöglicht das Aufstellen und Ausarbeiten von Theorien. Beweglicher Geist und intellektuelle Fähigkeiten. Flexibilität in Gedanken, Worten und Gebärden. Der Denkprozeß ist von entscheidender Wichtigkeit, daneben besteht eine Vorliebe für das Besprechen und das Austauschen von Ideen und Gedanken. Prüft gemäß den Gesetzen der Logik. Aufgrund des konstruktiven Denkens kann es zu einer äußerst positiven Entwicklung kommen.

Probleme: Durch Überbetonung der Vernunft kann es zur Vernachlässigung der Gefühlsseite und dadurch zu der Gefahr kommen, daß spontane Lebensäußerungen dem Verstand untergeordnet werden. Starre Konzepte und übertriebenes Theoretisieren können dazu führen, daß der Kontakt zur Realität und dem Machbaren verloren geht. Beim Denken den Kopf «verlieren». Kann gegenüber Kritik auf geradezu fanatische Weise oder mit viel Mißtrauen und Argwohn reagieren. Dem Stofflichen – auch dem Körper – wird wenig Aufmerksamkeit geschenkt.

Wasser

Bedeutung: Gefühle gegenüber Menschen, Dingen und Geschehnissen empfinden. Auf emotionale Art und Weise urteilen.

Haltung: Empfindsam, emotional, verletzbar, beeinflußbar, einsam, friedliebend, einfühlsam, wohlwollend, beschützend, fragend, verlangend, erwartungsvoll, hilfsbereit. *Aber auch:* instabil, passiv, überempfindlich, wechselhaft, sentimental, argwöhnisch, materialistisch, geizig, schauspielernd, herrschsüchtig.

Manifestationsmöglichkeiten: Durch ein reiches inneres Gefühlsleben unbewußt dazu in der Lage, andere über lange Zeit zu beschützen und zu versorgen. Fähigkeit, auf einer tiefen Basis zu verstehen und zu lieben. Liebe zur Stille. Mit unbewußten psychischen oder auch okkulten Kräften dazu imstande, zum Kern der Sache vorzudringen. Kann – wiederum unbewußt – viel Weisheit erwerben. Eine starke Empfindlichkeit für Stimmungen.

Probleme: Schwierigkeiten mit der Logik und dem Denken. Aufgrund der Sensibilität anderen gegenüber nicht immer in der Lage zu erkennen, was die eigene Identität ausmacht. Unbewußte Egozentrik. Hat manchmal eine bedrückende Wirkung auf seine Umgebung, mit Zügen der Tyrannei. Möglicherweise eine naive oder auch unterkühlte Ausstrahlung, was dann aber nur ein Übermaß an Lust- oder auch Unlustgefühlen verdecken soll. Läßt sich gern von anderen formen. Neigung zu demutsvoller oder auch leidender Einstellung.

Die Kreuze

Durch den Fluß der psychischen Energie stehen die Inhalte der Psyche miteinander in Verbindung. Auf diese Weise wird der Verarbeitungsprozeß in Gang gesetzt. Die Kreuze symbolisieren, wie der Mensch seine Erfahrungen und Erlebnisse verarbeitet und integriert. Die drei Kreuze stehen jeweils für eine bestimmte Verarbeitungsweise: Sie bedeuten eine bestimmte Anpassung an die äußeren und inneren Umstände. Das *kardinale* Kreuz orientiert sich insbesondere an der Außenwelt, das *fixe* Kreuz an der eigenen inneren Welt und das *veränderliche* Kreuz nimmt eine Zwischenposition ein, abhängig vom Moment und der Stimmung.

Das kardinale Kreuz

Ausrichtung: Die bewußt erfahrenen Forderungen des Lebens und der Umgebung. Der Drang, diesen gemäß in der Außenwelt aktiv zu werden.

Psychologische Auswirkung: Die progressive Richtung der Lebensenergie.

Kennzeichen: Fortschreitende Ausdifferenzierung des superioren Elementes. Blick auf äußere Werte. Drang, sich mit der Außenwelt auszutauschen und Anerkennung zu erfahren. Subjektive Faktoren werden häufig unterschätzt, aus dem Grund, daß die eigenen Wesenszüge nicht hinterfragt werden. Es könnte zuviel Gewicht auf die Bewußtseinsfunktion gelegt werden, was zu Lasten des Unbewußten ginge.

Zeichen: Widder, Krebs, Waage, Steinbock.

Das fixe Kreuz

Ausrichtung: Die eigenen, innerlichen Forderungen, die im Unbewußten liegen. Der innerlichen Stimme Aufmerksamkeit schenken.

Psychologische Auswirkung: Die regressive Richtung der Lebensenergie.

Kennzeichen: Aktivierung der inferioren Funktion. Insofern ein Mittel, wieder das Gleichgewicht herzustellen, wenn das Bewußtsein eine dominierende Stellung eingenommen hat. Die Aktivierung psychischer Inhalte, die bis dahin im Hintergrund oder auch verdrängt gewesen waren. Keine bewußte Ausrichtung auf die Entwicklung des Bewußtseins. Die psychische Energie kommt am besten im freien Fließen zum Ausdruck. Durch die für das Bewußtsein störenden Inhalte können Probleme auftauchen, die möglicherweise zu Unsicherheit führen. Der Mensch ist hier auf sein Inneres bezogen. Die Außenwelt spielt eine untergeordnete Rolle.

Zeichen: Stier, Löwe, Skorpion, Wassermann.

Das veränderliche Kreuz

Ausrichtung: Die Forderungen der Umgebung sowie die des innerlichen Unbewußten, in Anhängigkeit von der Situation. Manchmal auch ohne gerichtete Anpassung. Die Anpassung kann auch im Nachhinein geschehen.

Psychologische Auswirkung: Keine bestimmte Richtung der Lebensenergie. Das veränderliche Kreuz kann sowohl auf progressive als auch auf regressive Weise zum Ausdruck kommen. Ebenfalls möglich ist ein Stillstand auf der Grenze zwischen Bewußtsein und Unbewußtem.

Kennzeichen: Das Schaffen von Übergängen (auch im Hinblick auf Bewußtsein/Unbewußtem und Progression/Regression) und die Vereinigung von Gegensätzen. Dualität. In der Lage, stimulierend – unter Umständen aber auch hemmend – zu wirken. Dienstbarkeit. Bereitschaft zur Anpassung. Bedürfnis nach Abwechslung und Veränderung. Das Bedürfnis zu verändern oder zu integrieren ist mit der Gefahr verbunden, daß der Mensch in diesen Prozeß das, worum es eigentlich geht, aus dem Blick verliert und sich entweder nur noch mit sich selbst beschäftigt (wie wir es beim fixen Kreuz gesehen haben), oder sich nur noch für die Außenwelt interessiert (wie es beim kardinalen Kreuz der Fall war).

Zeichen: Zwillinge, Jungfrau, Schütze, Fische.

Karen M. Hamaker-Zondag, 1952 in Schiedam/Niederlande geboren, hat am C. G. Jung Institut studiert. Sie gründete 1980 die inzwischen über die Grenzen der Niederlande hinaus bekannte Astrologieschule «Stichting Achernar». Ihre Bücher sind Standardwerke der astrologischen Literatur.

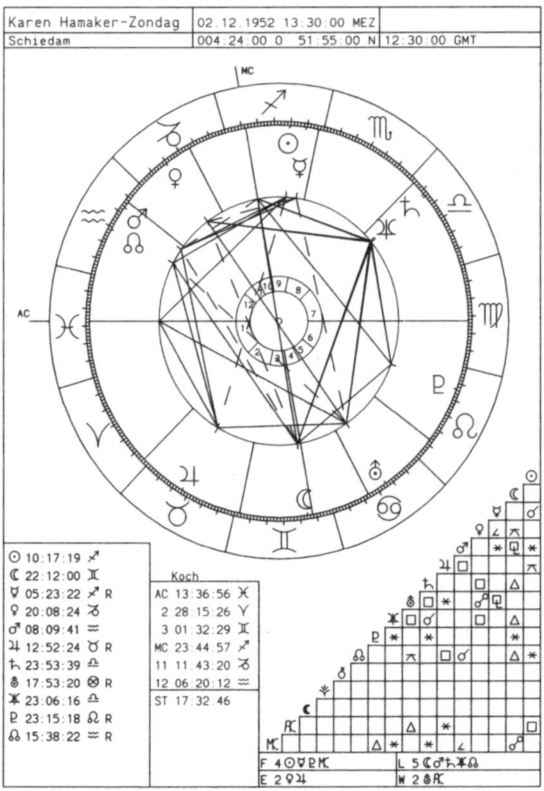

Karen Hamaker Zondag

Deutung der Häuser

Die Planeten in den zwölf astrologischen Häusern

In diesem dritten Band ihres fünfbändigen Lehrwerkes »Astrologische Deutung« beschreibt die Autorin die Bedeutung der astrologischen Häuser. Sie erklärt deren Wirkung nicht als unveränderliche, starre Konstante, sondern als Stationen eines dynamischen Entwicklungsprozesses, wodurch bestimmte Situationen zu lösen sind.

Bei der Beschreibung eines jeden Hauses wird neben der Bedeutung auch die psychologisch-symbolische Wirkung erläutert. Damit vertieft die Autorin die Einsicht in das Wirken der Planeten in den Häusern und in die dazugehörigen Motivationen und Projektionen. Zudem werden die Beziehungen der Häuser untereinander, die wesentlichen Einflüsse der vier Elemente und Kreuze sowie die Polaritäten logisch und leicht verständlich beschrieben. *ISBN 978-90-76274-06-5*

Karen Hamaker-Zondag

Deutung von Aspekten und Aspektfiguren

Im vierten Band ihres fünfbändigen Lehrwerkes »Astrologische Deutung« beschreibt die Autorin auf ihre bekannt deutliche und einleuchtende Art und Weise die Aspekte, das heißt, die Winkelbeziehungen von Planeten zueinander. Karen Hamaker-Zondag erklärt die Wirkung aller bekannten Aspekte, die dazugehörigen Orben – den Spielraum der Aspekte, den Unterschied zwischen ein- und ausgehenden, sowie den zu- und abnehmenden Aspekten. Zudem ergänzt sie dieses Lehrbuch mit dem selten behandelten, aber wichtigen Thema der Wirkung von unaspektierten Planeten. *ISBN 978-90-76274-16-4*

Karen Hamaker-Zondag

Häuserherrscher und Häuserbeziehungen

Im fünften Band ihres fünfbändigen Lehrwerkes »Astrologische Deutung« beschreibt Karen M. Hamaker-Zondag ausführlich ein zu Unrecht vernachlässigtes Stiefkind der Astrologie, nämlich den Einfluß der Häuserherrschaft, das heißt die Herrschaft des Planeten, der das Zeichen beherrscht, in dem sich das betreffende Haus befindet. Die astrologischen Häuser spielen eine wichtige Rolle, weil sie zeigen, auf welchem Lebensgebiet sich die durch ein Sternbild gekennzeichnete seelische Energie eines Planeten manifestiert. Die Autorin betont die Wichtigkeit der Häuserbeziehungen untereinander, die durch die Häuserherrscher verursacht wird. Systematisch beschreibt sie die verschiedenen Arten von Herrschaft, die Häuser selbst, ihre Beziehung zueinander und die Aspekte der Häuserherrscher sowie die Herrscher in den verschiedenen Häusern. *ISBN 978-90-76274-26-3*

Liz Greene und Howard Sasportas

Die inneren Planeten

Venus, Mars und Merkur in der Mythologie und im Horoskop

Die Planeten Merkur, Venus und Mars bilden, neben Sonne und Mond, die individuelle Persönlichkeitsstruktur eines Menschen im Horoskop ab – seine persönlichen Eigenarten, Vorlieben, Widerstände, Problemfelder und seine besonderen Talente. Diese inneren Planeten spiegeln das eigene Ich wieder und bilden damit die eigentlichen Bausteine unseres Charakters. Daher sind diese Planeten für eine solide Deutung des Horoskops unverzichtbar.

Auf der Grundlage von Psychologie und Mythologie wird die Bedeutung der inneren Planeten erläutert. Die Erkenntnisse bleiben keineswegs theoretisch, sondern werden an vielen Beispielhoroskopen belegt.

Die inneren Planeten beschreibt, wie wir unsere persönlichen Gefühle und Qualitäten in eine harmonische Beziehung zur Außenwelt bringen können.

ISBN 978-90-76274-75-1

Tracy Marks

Schwierige Aspekte

Herausforderungen und Chancen

In diesem Buch beschreibt Tracy Marks, wie man lernen kann, schwierige Aspekte positiv zu nutzen. Wenn wir mit Oppositionen, Quadraten und T-Quadraten ringen, sei es im Geburtshoroskop oder durch Transite und Progressionen oder im Partnervergleich, bietet die Autorin im Gegensatz zu den gängigen Auffassungen brauchbare Alternativen an. Sie betont die positiven Effekte für unsere Motivation, unsere potentiellen Leistungen und die Entwicklung unseres Bewußtseins, die diese schwierigen Aspekte beinhalten.

Auch wenn sich im Geburtshoroskop z. B. kein T-Quadrat befindet, so werden wir doch im Laufe der Jahre durch Transits mit seiner Problematik und seinen Möglichkeiten konfrontiert. Weil Tracy Marks nicht nur das Dilemma, wie zum Beispiel charakterlich bedingte Zwiegespaltenheit, sondern auch vielfältige Wege beschreibt, das kreative Potential zu wecken und für die individuelle Entwicklung zu nutzen, sind ihre Aussagen für jeden äußerst wertvoll.

Sie erklärt zudem, wie man die Qualitäten der Planeten, Sternzeichen, Häuser und Aspekte, die schwach oder gar abwesend erscheinen, entwickeln kann.

ISBN 978-90-76274-17-1

Bücher von NEUE ERDE im Buchhandel

Im deutschen Buchhandel gibt es mancherorts Lieferschwierigkeiten bei den Büchern von NEUE ERDE. Dann wird Ihnen gesagt, dieses oder jenes Buch sei vergriffen. Oft ist das gar nicht der Fall, sondern in der Buchhandlung wird nur im Katalog des Großhändlers nachgeschaut. Der führt aber allenfalls 50% aller lieferbaren Bücher. Deshalb: Lassen Sie immer im VLB (Verzeichnis lieferbarer Bücher) nachsehen, im Internet unter **www.buchhandel.de**

Alle lieferbaren Titel des Verlags sind für den Buchhandel verfügbar.

Sie finden unsere Bücher in Ihrer Buchhandlung oder im Internet unter **www.neueerde.de**

Bücher suchen unter: **www.buchhandel.de**. (Hier finden Sie alle lieferbaren Bücher und eine Bestellmöglichkeit über eine Buchhandlung Ihrer Wahl.)

Bitte fordern Sie unser Gesamtverzeichnis an unter

NEUE ERDE GmbH
Cecilienstr. 29 · D-66111 Saarbrücken
Fax: 0681 390 41 02 · info@neueerde.de

IRIS

IRIS ist ein Imprint bei NEUE ERDE